古代東国の考古学8

# 古代東国と風土記

阿久津久
田中広明 編

高志書院刊

# はじめに

現存する五つの『風土記』の中で『常陸国風土記』『播磨国風土記』『出雲国風土記』は、巻首ないしは巻末に国司から中央官庁への報告公文書の様式「解」が表記されている。『常陸国風土記』では、総記の冒頭に、「常陸国の司、解す。古老の相伝ふる旧聞を申すこと。」とあり、報告文であることを示している。

『常陸国風土記』の特徴は、総記で国の成り立ちを述べている。「国郡の旧事を問ふに、古老こたえて曰へらく、古は、相模の国足柄の岳坂より東の諸の県、惣べて我姫《あづま》の国と称ひき。是の当時、常陸と言わず。唯、新治・筑波・茨城・那賀・久慈・多珂の国と称ひ、各、造・別を遣はして撿挍めしめき。」と、常陸国成立前の状況と、「難波の長柄の豊崎の大宮に臨軒しめしし天皇の世(孝徳)に至りて、高向臣・中臣幡織田連等を遣して、坂より東の国を惣べ領らしむ。時に、我姫の道を、分ちて八つの国と為し、常陸の国は、その一つに居れり。」と大化の改新以後の常陸国の成立過程が記述されている。

我姫の国時代は、地域色の強い土器が、遠距離を運ばれて大量に交わることから始まっている。奈良県纒向遺跡では、二世紀後半から三世紀前半の、弥生時代から古墳時代への転換期に、地域色豊かな土器が周辺から集まっている。このことにより、ヤマト王権の始まりとされている。茨城県では、弥生時代後期から古墳時代初期には、南関東系の土器群が広く分布し、四世紀になって初めて、纒向遺跡に見られる東海系や北陸系の土器群が、県内に分布し定着している。

これらの動きは、『日本書紀』崇神天皇（御間城入彦五十瓊殖天皇）の条に「十年九月九日、大彦命を北陸に、武渟川別を東海に、吉備津彦を西海に、丹波道主命を丹波に遣わされた。詔して「もしも教えに従わないものがあれば兵をもって討て」といわれた。それぞれ印綬を授かって将軍となった。」と、ヤマト王権の全国進出の様子が語られている。『常陸国風土記』では、六国の成立の話として、崇神天皇から成務天皇の各期に、「古老の相伝ふる旧聞」説話としてみられる。新治郡の条には「昔、美麻貴の天皇の馭宇しめしし世（崇神天皇）、東の夷の荒ぶる賊（俗、阿良夫流爾斯母乃という。）を平討けむとして、新治の国造が祖、名は比奈良珠命といふを遣わしき。」とあり、行方郡の条には「東の垂の荒ぶる賊を平むけむと為て、建借間命即ち此は那珂国造が初祖なり。を遣しき。」がみえる。建借間命は、軍士を率いて安婆（浮島）の島について、国栖を討つために船を連ね、筏を組んで攻めている。この記述を裏づけるように、浮島はもとより、霞ヶ浦周辺には四世紀の古墳が点在し、六世紀には、北九州に見られる横穴式石室に装飾された古墳や、横穴墓が現れる。このことで九州の多氏との関連が指摘されている。

孝徳朝時代の常陸国の成立と、建評（郡）の記述は、六国から十二評、十一郡の成立経過が多珂郡の条にみられる。この流れは、ヤマト王権が軍事的基盤として確立した、地方豪族の支配権の統合を示すもので、領域的支配の実現過程がみられるものである。そのなかで、カシマの神と神郡の成立が、我妻の国時代から継承して成立させているのも、地方豪族の支配の中で、中央とのかかわりを表していると思われる。

また、『常陸国風土記』には、郡家・駅家の存在が示されている。蝦夷対策の最前線にある常陸国にとっては、新設される道と駅家の役割は重要で、「榎の浦の津あり。便ち、駅家を置けり。東海の大道にして、常陸路の頭なり。」（信太郡）と養老二年（七一八）に設置されたとされる「常陸路」について示され、北上する、那珂郡・久慈郡・多珂郡の各条に「駅家あり」の記載があり、養老二年から、蝦夷対策が休息する弘仁三年まで運用されていたことが分かる。

常陸路・駅家関連の調査は、少しずつ明らかになってきているが、日立市長者山遺跡（藻島駅家推定地）では、道路跡の東に並行して、八世紀前半から後半の掘立柱建物群がみられ、九世紀後半からは多珂郡郡家の別院として礎石立の倉庫群が確認されたことで、『長者山官衙遺跡及び常陸国海道跡』として国指定史跡になっている。
本書は、「東国古代遺跡研究会」第七回大会で行った「『常陸風土記』の世界―古代社会の形成」の成果をまとめたものである。大会会場として鹿島神宮参集殿を提供していただいた。鹿島神宮宮司鹿島則良氏、当研究会の企画を快くお引き受けいただいた高志書院の濱久年氏および関係者の方々に心からお礼申し上げます。

二〇二四年十月吉日

阿久津 久

# 目次

## 第2部　風土記の人びと

# 第1部　東国古代と常陸の人びと

# 古式土師器の北上とフロンティア拡大
## ――茨城県久慈郡にみる四・五世紀の世界――

田中　裕

## 1　『常陸国風土記』と久慈郡の四・五世紀

### (1)『常陸国風土記』の地名伝承

『常陸国風土記』が残る茨城県域は、地図を見るように連続的な文脈で、古代の土地情報に触れられる特別な環境にある。風土記編纂の詔には「諸国の郡郷の名は好き字を着けしむ、…、また古老の相伝ふる旧聞・異事は、史籍に載して言上せしむ」(『続日本紀』巻六(元明天皇)和銅六年五月甲子)とあり、『常陸国風土記』総記は「古老の相ひ伝へたる旧聞の事」から始まって、地名由来説話が続く。このことから、詔を受けて常陸国から中央政府に返された公認の報告書であることや、新たに漢字を付けた地名が生まれる契機になったことがわかる。地名を通じて土地(に住む人々)の誇りや名誉を歴史に求めることは、今も日常会話にある。そうした心情が長い間に伝承を変え、政治的意図が加われば大幅に変更される。『常陸国風土記』には水戸市の大串貝塚にまつわる巨人説話のような、今に伝わる昔話が記され、昔話がいつ成立したのかわからないことに驚かされる。その巨人説話自体を史実と考えるものはいない一方で、『常陸国風土記』久慈郡条の「久慈」地名起源などに登場する「倭武天皇」説話は、『記紀』の「ヤマトタケル」説話に比されるため、何らかの史実が反映されていると私たちは考えたくなる。自分の知っている名前が登場すると安心し、その土地（に住む人々）が身近に思えたり、誇りに思えたりする。これは、私たちに染みついた習性、あるいは人情のようなもので、説話の主人公が限られた人物に集約するのは、人間が本来的に備えるこうした認知の仕組みに乗じて、仲間意識が形成されてきた表れでもあると考える。

『常陸国風土記』にみえる「倭武天皇」の表記は、『記紀』とは合致しない。古訓で「ヤマトタケルノミコト」とされる『古事記』の「倭建命」、『日本書紀』の「日本武尊」は、いずれも天皇とは扱われていない。後者では「成務天皇」の父とされるので諡号により天皇の扱いもありうる、との理解が一般的であるが、上述した認知の仕組みに結論を委ねるきらいもある。例えば、『宋書』倭国伝に記される「倭王武」は自ら姓名を「倭武」と名乗っているという［渡邉 二〇一二］。「倭王武」と目される「ワカタケル」大王が後に雄略「天皇」と諡号され(1)、中国には「倭武」として倭の東西を自ら平定したとする点を、文献の示す年代にとらわれず比較すれば、『常陸国風土記』の「倭武天皇」表記に最も合致する、ともいえる。こうした比較は荒唐無稽であろうか。

『景行紀』等の「ヤマトタケル」伝承は四世紀頃（古墳時代前期）に比され、『雄略紀』や『宋書』倭国伝は五世紀（古墳時代中期）のことである。これらは別の話とされてはいるが、「ヤマトタケル」伝承は雄略天皇と表裏一体の構造をもつ説話になっており、雄略天皇の伝承から分離した説話が前代に組み込まれた可能性がある、との文化人類学的な指摘もある［篠原 一九九七］。結論はともかく、時期の異なる説話に構造的類似性があるのであれば、歴史に位置づけるのは問題である。四世紀のことか、五世紀のことかによって意味は異なる上に、時期を問わなければ歴史にならない。伝承は出来事の文脈より、その舞台となった時期のほうがすり替わりやすいのである。父系原理が未確立の無文字社会で、舞台が曾祖父の代か、曾祖父の父の代かは系譜の語り方次第であり、語り手の思惑や悪意のない勘違いでさえ変化する。四世紀と五世紀を精密に分ける研究が必要な現在、「ヤマトタケル」の軌跡と前期古墳分布の比較（最近では平川［二〇〇八］など）のような作業は卒業して、次の議論に進みたい。

### (2) 国造国の記事と孝徳朝における建評記事

『常陸国風土記』は、国造国が評(郡)に編成される七世紀の地方再編を八世紀に記録した重要史料である。ただし、久慈国などの国造国が、それよりはるか以前の四世紀や五世紀に存在したことを示す記事とまではいいがたい。古墳時代の地域結合体が固定的である証拠はなく、国造国を古墳時代の全期間に当てはめてしまっては、むしろよりダイナミックな社会変化を見落とす危険性さえある。

四・五世紀を考えるのに有益なのはむしろ、久慈郡条における玉川の記事などの記載である。(2) 玉造り遺跡は、四・五世紀に盛行するも、八世紀に入るころには廃れており、玉類は仏像用などの用途に限定されてしまう。つまり玉川で丹石が混じる旨の記事は前代からの記憶の残滓に近い。考古学的な景観復原にすこぶる有効であるが、時期の特定は難しく、そのまま積極的に位置づけることも難しい。

したがって、五世紀以前の地域社会を理解するには史料に頼ることはできず、久慈川流域等に久慈国等のまとまりが形成されたであろうという結果から逆算しながら、考古学的情報を幾重にも重ねた領域分析が有効である。

## 2 文化的障壁の存在とその崩壊――三世紀前後の列島と関東――

### (1) 弥生時代後期後半(二世紀)における関東の状況(第1図)

弥生時代後期後半(二世紀)の文化的要素には、①石器は消滅する(鉄器の普及か)、②土器の地域色が強まる、の二点がある。関東には大きく三分する次の土器分布圏があったと整理されている[設楽 一九九一]。

ア　北関東系の縄文多用土器群(十王台式・上稲吉式・二軒屋式など)

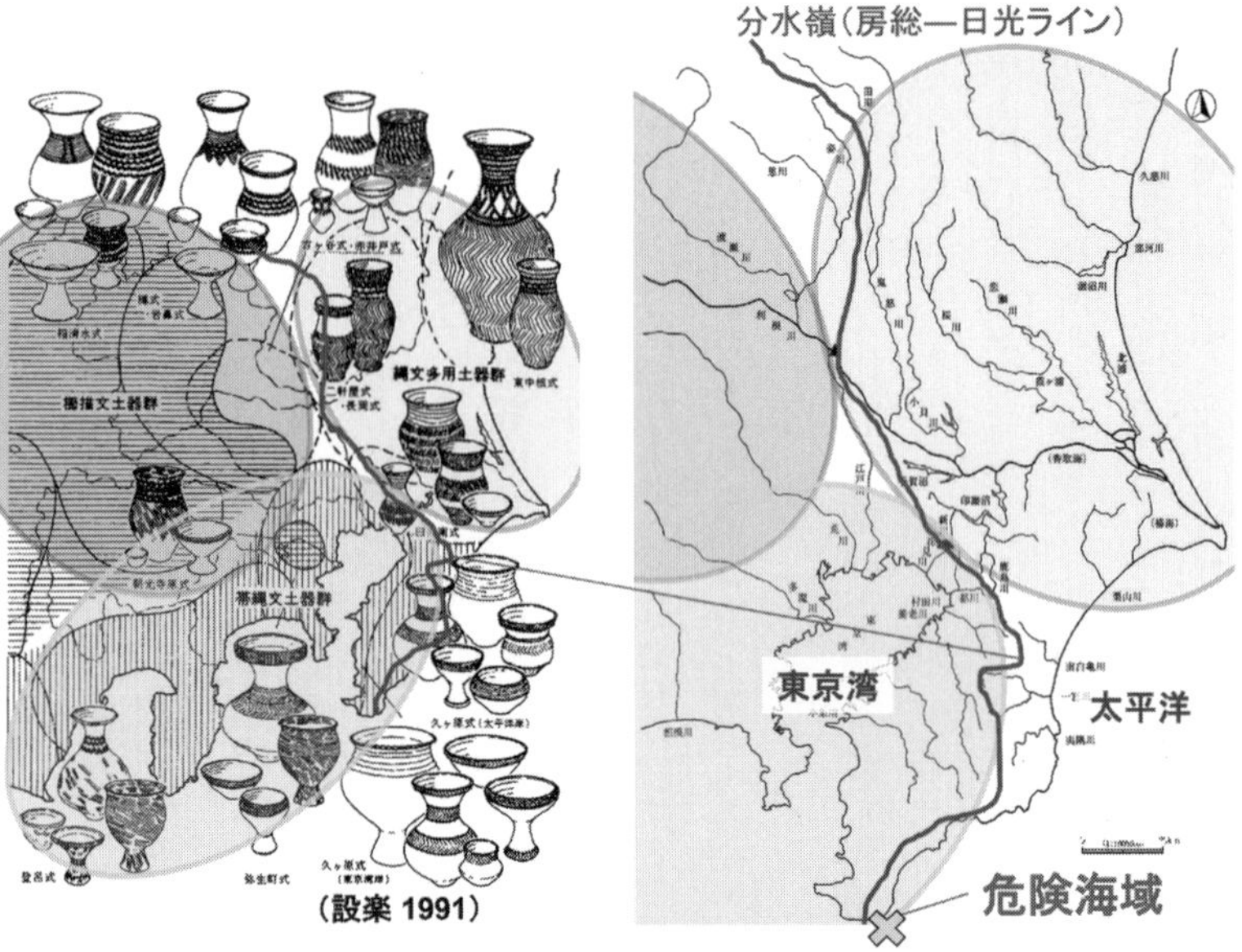


第１図　関東における後期弥生土器の分布圏（2 世紀）

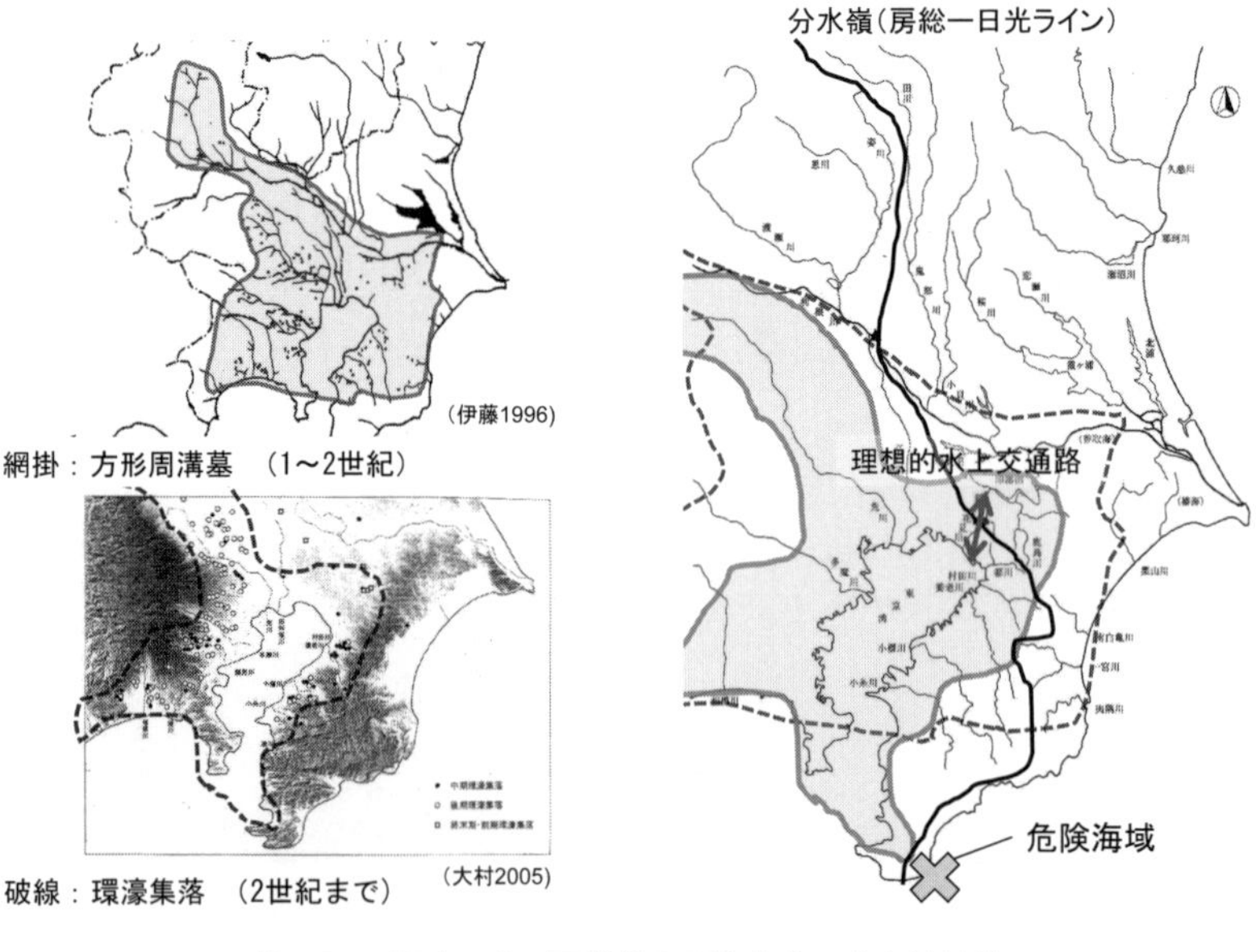


第２図　関東の方形周溝墓と環濠集落の分布境界線

イ　南関東系の帯縄文系土器群（久ヶ原式・弥生町式など）

ウ　群馬・中部高地系の櫛描文系土器群（樽式・箱清水式・朝光寺原式など）

弥生時代の文化的要素として、①方形周溝墓、②環濠集落、の二要素が、関東の弥生時代を考えるポイントになる。①・②のいずれもが、原則として、アの土器圏には入らない。つまり、縄文多用の著しい地域色が発露するアの範囲（千葉県域北部から茨城県域・栃木県域）と、イ・ウの範囲（南関東・西関東）が接触する千葉県北縁から茨城県南縁の間に、文化的障壁があるといってよい（第2図）。

茨城県域内でも、県南と県北とで明瞭な地域色がある。南部は上稲吉式土器、北部は十王台式土器が分布する。十王台式土器には装飾付土製紡錘車が頻出し、土器圏は一定の文化的特色も備えているとみられる［鈴木 二〇一二］。さらに、十王台式土器圏において集落は極度に偏在し、中心地は次の二地域に分かれているといえる。

a　那珂川河口・涸沼川下流付近（ひたちなか市南部・大洗町）

b　久慈川中流の低地（常陸太田市南部・旧金砂郷町）

## ⑵ 土器からみえる「大交流」期（二世紀後半～三世紀）

二世紀頃の日本列島は、朝鮮半島に素材を依存する鉄器がすでに使用されている点で、西日本でも東日本でも、広く共通の状況が生まれていた。一方で、土器圏は細かく分かれ、列島史上最も地域色が顕在化した時期でもある。土器圏は最大径四〇キロ～六〇キロ圏程度の大きさをもつ平野や盆地など、起伏に富んだ列島の地形と対応しているようにみえる場合が多い。政治的・社会的に結束を強めた集団が各地に存在し、とくに西日本では集団間の争いが存在したことも想定されている。

ただし関東平野は、近畿とは比べるべくもなく広く、山岳等による遮蔽のない標高一〇〇メートル以下の地形が径一五〇

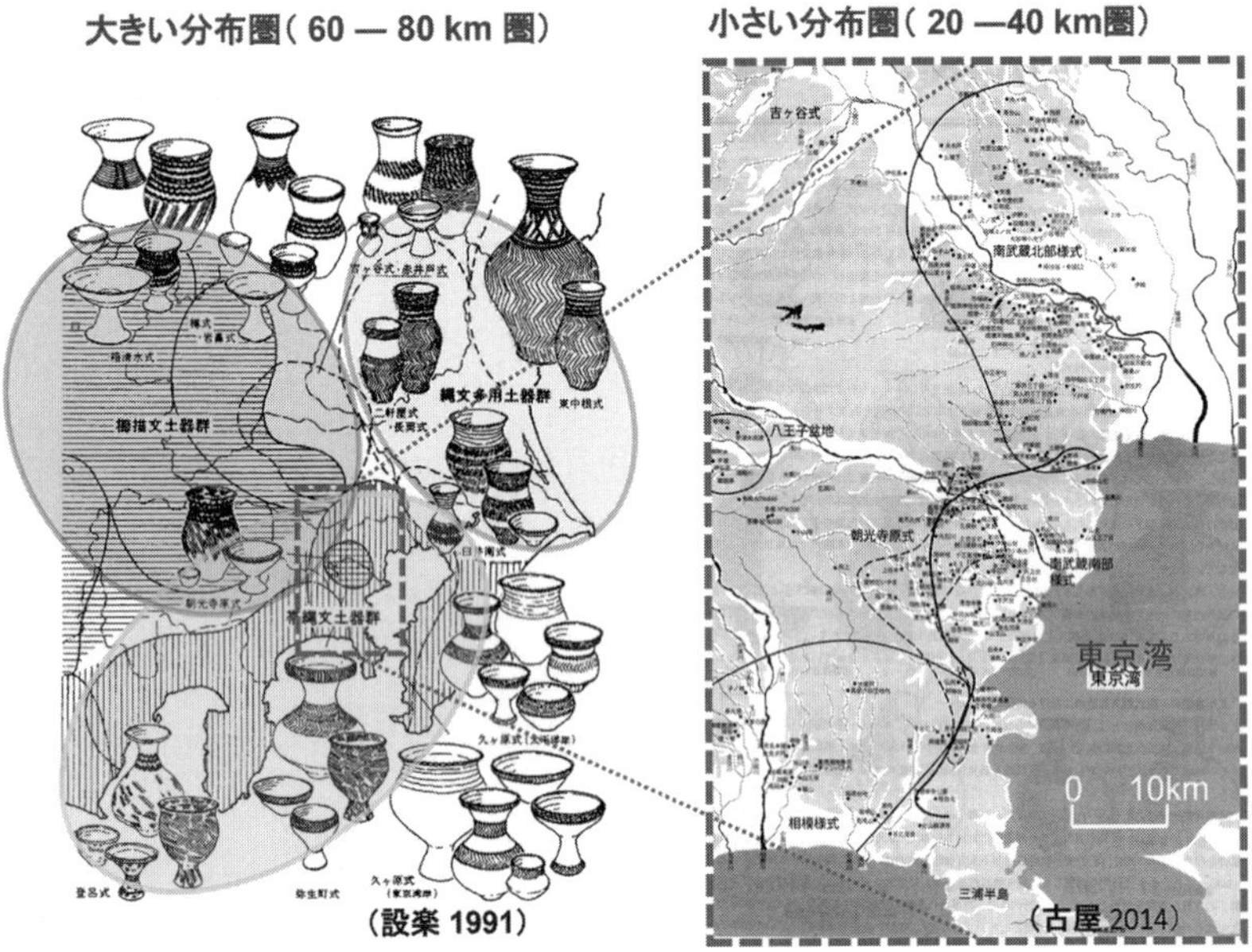


第3図　関東における後期弥生土器の分布圏（2世紀）

㌔も連続する。二世紀頃には、相互に質的といえるほど異なる土器圏が、関東平野を南部・北西部・北東部に三分している。これらは他の盆地や平野の広さに匹敵する径六〇㌔～八〇㌔圏程度の「大きい分布圏」をなす。その中に細かい地域色も明瞭であり、中河川や湖沼の沿岸毎に径二〇㌔～四〇㌔圏程度の「小さい分布圏」が見分けられる。このように、二世紀頃の土器には結びつきの強い集団の活動圏に相当しそうな「小さい分布圏」と、交流の障壁や限界を想像させる「大きい分布圏」があり、地域色が非常に強く現れていた（第3図）。

ところが、土器の強い地域色は突然に崩壊する。古墳の成立に先立つ弥生時代末から古墳時代初頭（二世紀後半から三世紀）に、列島各地で強固な土器圏の「障壁」を越えて土器が遠距離に運ばれ、大量に混ざり合う現象が巻き起こるのである。この時期を「大交流」期と呼ぶ。近畿では、奈良盆地東南部の纒向遺跡において、東日本や西日本から地域色豊かな土器が集結し、一緒に投棄、大量埋納された遺構（辻4号土坑等）が知

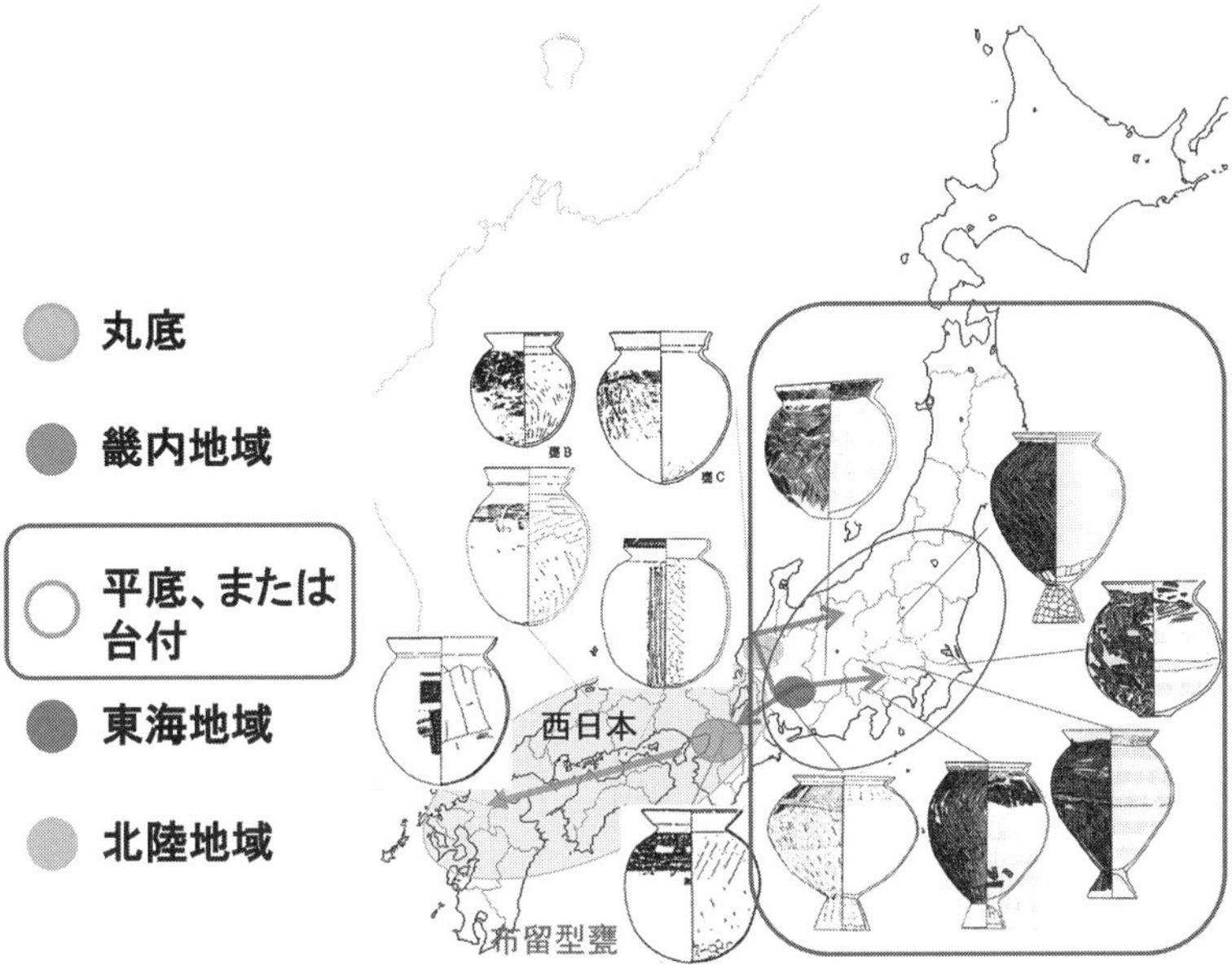


第４図　古式土師器の甕の特徴

られる。纒向遺跡にみられる埋納土器群は、各地の集団を象徴する土器を一緒に用いて行う政治的な儀礼の存在を語るものと考えるが、少なくとも、奈良盆地東南部がこのころの交通に中心的役割を果たす地点になっていたことは確実である。

### (3) 古墳出現前後の西日本と東日本（第４図）

西日本では、「大交流」期の直後に、近畿の影響を受けた土器が定着する。政治的中心地となる奈良盆地を起源とする布留式土器の影響を受け、壺や甕などの土器の底がこぞって球体化するのである。丸底の土器と同時に出現する前方後円墳には、近畿・瀬戸内海沿岸地域を中心に、同一規格で築造されるものが知られる。定型化した前方後円墳である。長距離の水上交通に有利な瀬戸内海沿岸では、直接的な政治的関係による直接的交流が可能であった。これが「前方後円墳体制説」［都出 一九九一］等により説明される政治的秩序の基礎になったと考える。

東日本では、「大交流」期の直後に、東海と北陸の影響を強く受けた土器が定着する。とくに甕と高杯は東海の影響が強く、甕の多くは台付甕、その他は平底甕、そして高杯は東海系の開脚高杯となる。壺は東海・近畿双方の影響が見受けられるが、丸底にはならない。

西から東への物資や文化的影響の流れが顕著なこの時期、西日本に初期の前方後円墳が集中し、東日本には前方後方墳が多く築かれると指摘されている。これを受けて、「大交流」期は近畿や東海の人々が東日本各地を往来したり、移住したり、征服した時期であるとの説が議論されてきた。「ヤマトタケル」東征に比する意見〔川添 一九七七〕、その発展形の「東海将軍派遣説」〔高橋 一九八五〕、「漂流民(ボートピープル)説」〔赤塚 一九九二〕、「前方後方形墳墓体制説」〔宇野 一九九五〕などである。

「大交流」期をめぐる見解を検証するには、列島全体を俯瞰する一〇〇〇キロ圏に及ぶマクロの視野、集落分布・土器・微地形に対応して集団の生活圏との関係が濃い二〇キロ圏以下のミクロの視野を踏まえた上で、山岳・平野・盆地といった大地形に対応する六〇キロ～一五〇キロ圏程度のいわば中位の視野において、集団がどのくらいの距離をどう動いているのか、具体的に探ることが必要である。今回、焦点を当てる対象は、茨城県北部の久慈川流域である。

## 3　文化的障壁とその消滅―久慈川流域からみた「大交流」期の実態―

### (1) 関東を二分する分水嶺と水上交通の障壁

東日本の関東平野は、標高二〇メートル～五〇メートルの台地と小河川が交互に入り組む連続的な地形が広がる。小河川は、東京湾に流入する大河川と、太平洋に流れ出る大河川のいずれかに流入し、十七世紀に行われた河川の付け替え以前には、完全に東西二つの水系に分断されていた。平野の中央を縦断する分水嶺【房総―日光ライン】は、低いところで標高二〇メートル程度の数ある狭い台地の一つに過ぎないが、海の難所である房総半島突端部に端を発するという特徴が重

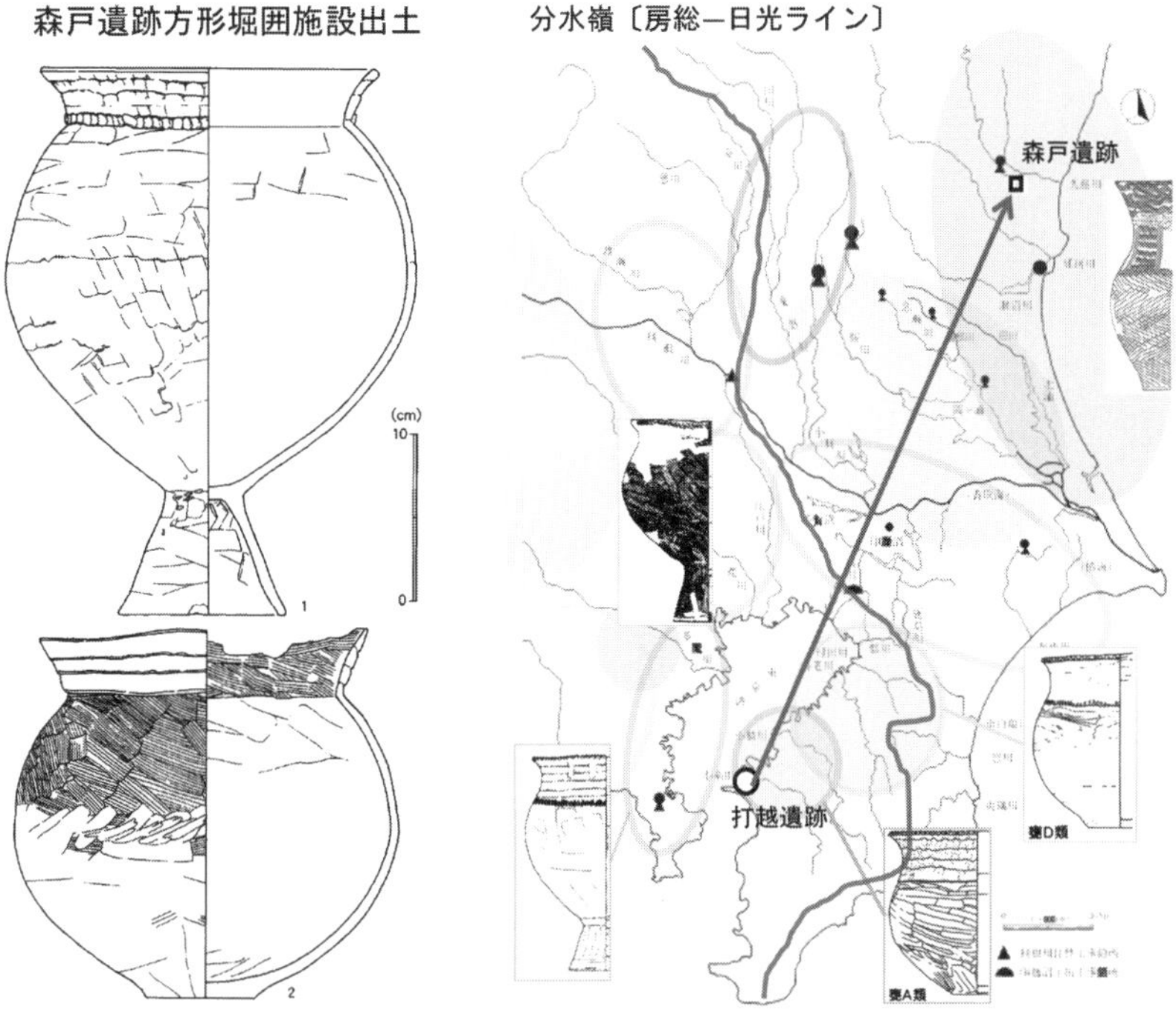


第5図　「く」の字状輪積口縁甕の移動と弥生甕の地域色

要である（第1・2図参照）。二世紀の弥生時代社会にとっては、この程度の低い分水嶺が文化的障壁になった。土器圏の境界とともに、環濠集落・方形周溝墓・鉄剣など、弥生文化に広く共有された諸要素の分布限界に影響しているのである。つまり、大型家畜と車を欠き、水上と陸上の運搬効果が奇形的に格差を生じた環境で、生活必需品を外部に依存する弥生時代後期には、低く狭い丘でさえ深刻な交通の障害となり、文化的障壁となりえた〔田中 二〇〇五〕。当該期の長距離交通は、大小の舟を駆使する最大限の水面利用と、人力による最小限の陸越えを原則とする。

### ⑵「房総様式」土器北上の具体像—房総半島南部と茨城県久慈川流域の関係—（第5図）

三世紀までの「大交流」期に、列島規模の動きと連動的に近畿・東海・北陸系の土器が大量に移動し混ざり合うのは、関東の西側・南側までである。東西を分ける分水嶺周辺付近の弥生時代諸要素の分布境界線が東限に当たる。ただし、連動的とはいっても模倣品が大多数であり、故地からの直接的移動は想定しがたい点は注意したい。

「大交流」期が終わるころ(三世紀後葉〜四世紀前葉)、東関東の分布境界線が消滅し、よく似た土器に置き換わる。古式土師器の成立である。このとき、千葉県域で成立した「く」の字状口縁平底甕をはじめとする土器群(以下「房総様式」という)が、人の移動に伴って関東を北上し、茨城県域から栃木県域に浸透する[西川 一九九一、比田井 二〇〇四]。

房総様式が障壁を越える動きについて、千葉県東京湾岸の富津市打越遺跡と、そこから一二〇㌔北に離れた茨城県久慈川流域の那珂市森戸遺跡に注目して、詳しく見る。森戸遺跡の土器は、かつて「額田式」土器[川崎ほか 一九八八]とされた「く」の字状輪積口縁平底甕を含む。この甕は、「く」の字状口縁平底甕の中でも、千葉県の木更津市〜富津市域で多用された久ヶ原式の輪積口縁平底甕を母体とし、房総様式の確立期(「大交流」期の終わり)まで地域色を残した甕である。(3)森戸遺跡例は技法、色調、焼成が打越遺跡出土品と見分けのつかない忠実品であり、他の器種を含めて、房総様式の北上を直接ものがたる[田中 二〇一二]。

関東では「大交流」期が終わる三世紀後葉〜四世紀前葉に、強固な障壁であった分水嶺【房総—日光ライン】を越え、房総様式の土器群が大挙して北上する。マクロの視野に立てば、広域的な交流域の周縁における現象である。中位の視野に立てば、関東を三分する土器の大きな分布圏において、分水嶺を越えた隣接圏への移動である。ミクロの視野に立てば、面的ではなく、土器の小さな分布圏を複数まとめて飛び越える点的な移動であり、生活の活動域を越えた直接移動が想定される。点と点の間には、さらに関東平野の西側から別の土器群が入り、モザイク状の混在状況も見えるが、(4)茨城県域における四世紀の土器は総じて、千葉県域各所で成立した、房総様式の古式土師器を主体とし、成立場所の地域的特徴を内包しつつ一挙に広がったといえる。

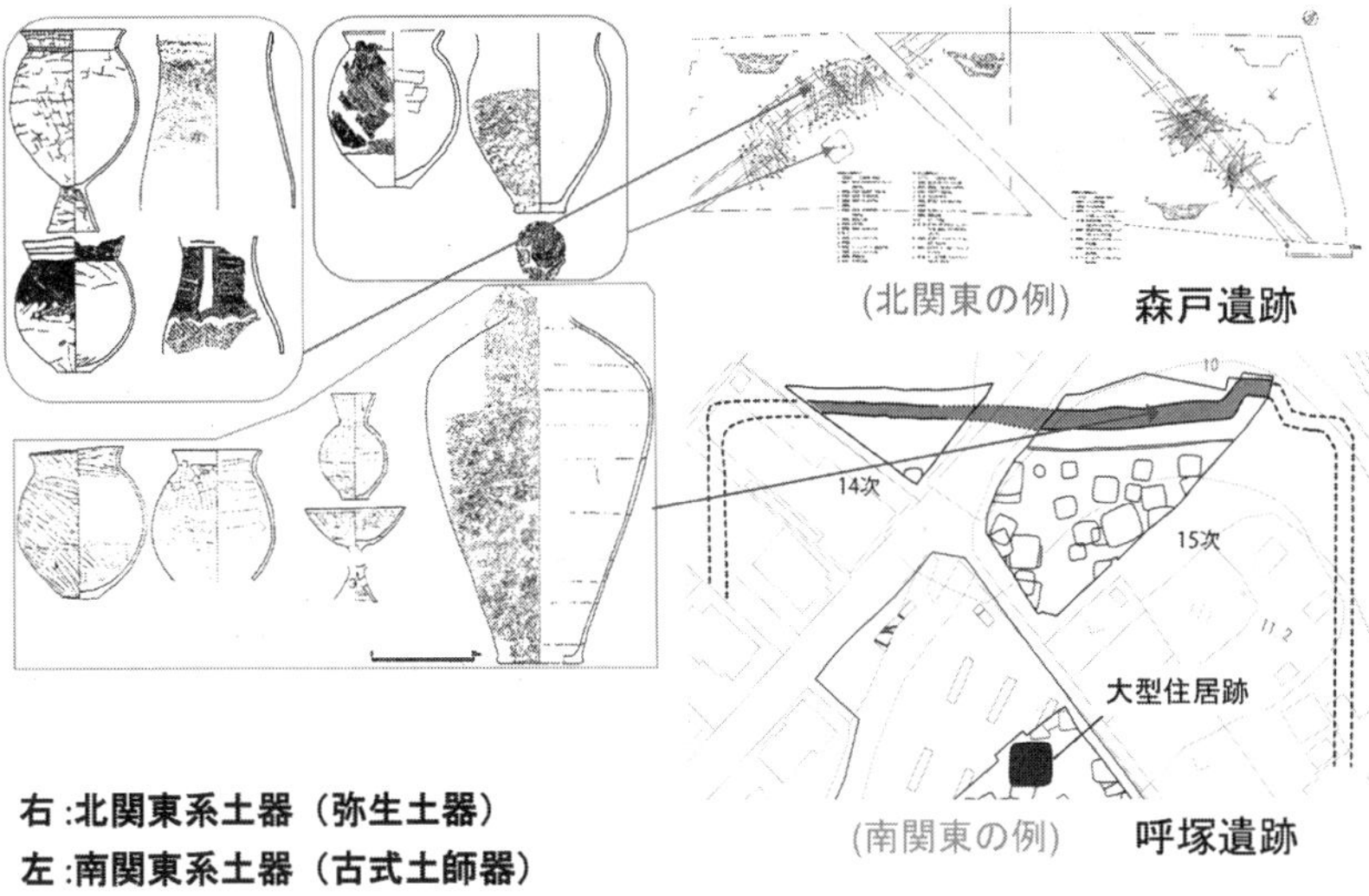


第6図　方形堀囲施設における双方向異系統土器の一括投棄

## (3) いわゆる「豪族居館」の出現と儀礼に用いた土器(第6図)

森戸遺跡は、コの字形突出(屈曲)部をもつ方形堀に囲まれた施設(以下「方形堀囲施設」という)があり、古墳時代の「豪族居館」と呼ばれる特殊な遺跡である。コの字形突出部の起源は、佐賀県吉野ヶ里遺跡の最も内側の環濠などにみられ、「豪族居館」に引き継がれると指摘されており[武末 一九八九ほか]、列島規模で関連性がみられることから政治色の強い施設とみてよい。

森戸遺跡からは、房総を故地とする土器群の中に、比較的大きな北関東系弥生土器一個体ないし二個体が一緒に出土している。堀の土器群中からは十王台式土器、竪穴住居跡(堀囲中唯一の内部施設)の土器群中からは上稲吉式土器が、それぞれ含まれている。久慈川流域にとって外来となる房総様式の土器群に、地元・茨城県域の土器を意図的に単数・少数混ぜて、一緒に投棄したとみられる(双方向異系統土器の一括投棄)。

同様の事例は、故地である房総にも存在する。千葉県柏市戸張一番割・戸張城山・呼塚遺跡の「環濠集落」は、関東で最も早期にコの字形突出部を伴う方形堀をもち、とくに戸張一番割遺跡は房総様式成立に決定的な役割を担った発祥地の一つと目される。三遺跡とも多数の竪穴住居跡を伴い、房総南部の特徴である輪積甕も希薄なので、森戸遺跡との違いは大きいが、堀の形状と、北関東系土器と南関東系土器の伴出に共通点が見いだせる。典型的なのは、森戸遺跡の直前の時期に造営された呼塚遺跡である［齋藤ほか 二〇一二］。房総様式の土師器群が、完形に近い北関東系弥生土器を少数伴い、堀の中へ一緒に投棄されていたのである［田中 二〇一五］。

多量の土師器群の中に、完形に近い北関東系土器が単数・少数で出土する例は、千葉県内の集落遺跡にも散見される。柏市宿ノ後遺跡12号住居の甕、八千代市道地遺跡056号跡出土甕など、北総地域が多い。宿ノ後遺跡では、茨城県内でも希少な十王台式高杯が複数出土しており、器種の意図的な選択があったとみてよい。

複数地域の土器を一緒に廃棄・埋納する行為は、奈良県纒向遺跡の埋納行為が思い当たる。東関東では政治色の強い方形堀から出土することを考慮すると、当該儀礼の簡易版ないし借用版ともいえる儀礼が、存在した可能性を考えてもよい。呼塚遺跡の堀からは、北陸系ではあるが著しく変容した、見た目だけは丁寧で美しい装飾器台（北陸系模倣土器）も埋納状態で出土している。これが当該儀式の演出用とすれば説明しやすい。

このように、千葉県域から茨城県域への房総様式の北上、それをもたらす人々の移動が、方形堀囲施設の造営や、施設内での行為と密接に関わっていることをうかがわせる。

### (4) 久慈川流域における四・五世紀の古墳—常陸太田市・常陸大宮市の首長墓と小規模方墳—

茨城県域では、弥生時代の方形周溝墓はない。古墳時代になって初めて、「方形周溝墓」が登場する。この新たな流れと、前方後円墳に代表される古墳との関係を考えるとき、久慈川流域はよいフィールドである。

森戸遺跡からみて久慈川の対岸二・四キロ、相互視認が可能な位置に梵天山古墳（一五〇メートル）がある（第7図）。久慈川と山田川の合流点にある島状の台地上に立地し、十王台式土器が濃密に散布する伝統的な弥生時代集落地に築かれている。梵天山古墳の西方〇・九キロの低地砂堤帯には、星神社古墳（一〇〇メートル）もある。両古墳は極めて長く低い前方部

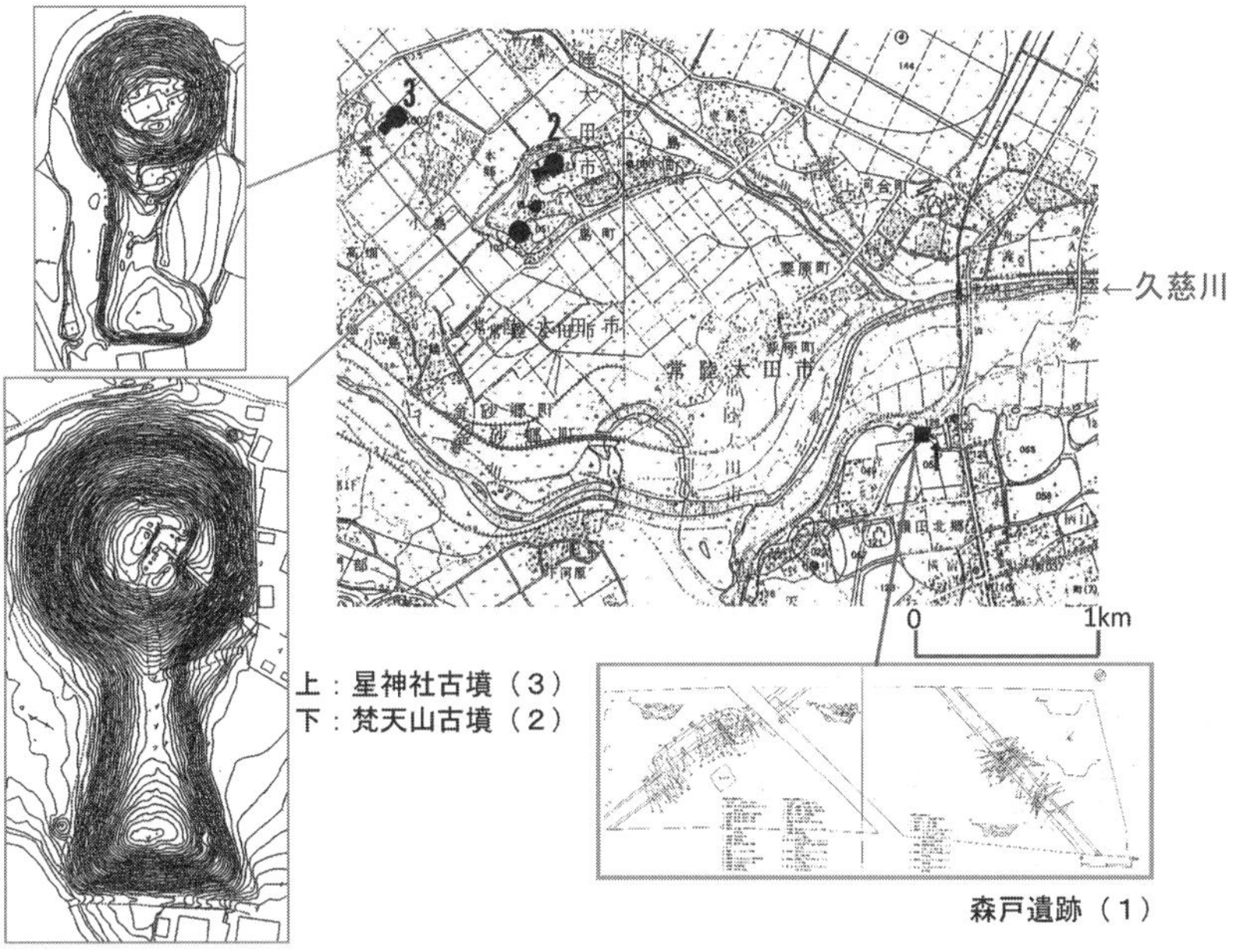


第７図　久慈川流域の古墳と方形堀囲施設の位置関係

をもつ前方後円墳であり、前者は撥形前方部形状から前方後円墳集成編年一期に置く意見もある［広瀬 二〇一四］、古相の前期古墳である。前期前半に東日本で一〇〇㍍を超える前方後円墳は希有であり、現時点で飛び地的に分布する点は、マクロな視野で考えるべき課題である(5)。

星神社古墳のさらに西方〇・五㌔の尾根上に中野冨士山古墳（七〇㍍）、同古墳と久慈川を隔てた対岸三・七㌔に五所皇神社裏古墳（六〇㍍）もある。両古墳は寸胴で短い前方部をもつ相似形の前方後円墳とされる［井・横田ほか 二〇一四］。中野冨士山古墳は壺形埴輪などから前期後葉（四世紀後半）の築造とみられる。飛び地的に突然できる梵天山古墳や星神社古墳に続く次代の首長墓であり、四世紀には複数代にわたり地域結合体の核が機能している。

五世紀になると、梵天山古墳の周囲に再び古墳が築かれる。高山塚古墳（約九〇㍍）などの円墳群である。梵天山古墳を始祖と見なし、地位の拠り所とする姿勢が鮮明にみられ、墳形の変更を含め、中期に地域社会の再編を余儀なくされる変化の波があったとみられる。ただし、高山塚古墳の壮大な規模からみて、前期の地域結合体を、ここではおおむね引き継ぐ盟主としての立場が保持されていたとみてよい。

以上が四・五世紀における首長墓の動向である。久慈川流域は弥生時代後期・十王台式土器圏の核の一つであって、大規模な古墳がその分布中心地に築造され、地域結合体の核となった点は重要である。

続いて、中小古墳の動向はどうか。久慈川支流の里川（森戸遺跡のやや下流で合流）沿い、森戸遺跡から遡ること七・五㌔地点に、瑞龍古墳群がある。前期（四世紀）の「方形周溝墓」と後期の円墳からなる比較的継続的な古墳群である。注目は出土土器であり、「方形周溝墓」毎に異なるが、地元の十王台式土器が出土したもの、二重口縁壺などが複数出土したもの、房総南部の「く」の字状輪積口縁平底甕が複数出土したものが認められた。遺跡総体としてみると、少数の十王台式と多数の房総様式からなる構成は森戸遺跡と共通しており、甕の特徴も森戸遺跡と類似する。森戸遺跡と同時期ないしその直後から築造された新たな古墳群といえる。「方形周溝墓」群の出現は、方形堀囲施設の造営と深く結びついているようである。

弥生時代からの伝統をもたない「方形周溝墓」の新たな導入について、再び千葉県柏市戸張一番割・戸張城山・呼塚遺跡に注目すると、戸張一番割遺跡では、堀で囲まれた集落跡の外側に「方形周溝墓」と前方後方墳（前方後方形「方形周溝墓」）が造営されている。戸張城山遺跡でも、堀の外側に方形周溝墓が造営されている。呼塚遺跡では、東に隣接する遺跡に「方形周溝墓」が存在する。そして重要なのは、この柏市域では弥生時代の方形周溝墓が希有であり、方形堀囲施設に伴って前方後方墳を含む「方形周溝墓」が本格造営されている点である。

「方形周溝墓」は、房総南部や東京湾岸において弥生時代以来の伝統といえるかもしれないが、「大交流」以後に拡散する過程では、政治性を帯びる「豪族居館」など方形堀囲施設と密接な関係を持ち、古墳時代社会の広域性を体現する遺構である。前方後円墳などの大型古墳とは若干異なる特徴があることを認めつつも、弥生時代のものとは異なる文脈で、これらを「小規模方墳」と呼んでいる。

## 5 フロンティアとしての東関東以北における集団の動きと交通

### (1) フロンティアとは

最前線を意味するフロンティアの語は、十九世紀のアメリカ合衆国史に登場する。本来的に入植者(文明)側の一方的見地による周縁、先住民掃討の前線、という側面があり、領土国家(土地所有)の概念を前提とするため、この事象以外に安易に用いることは避けなければならない。しかし、異文化交流・異文化接触の歴史的意味を正当に評価しようとするとき、フロンティア拡大という現象には、教えられる部分もある。[6]

小稿で用いるフロンティアは、「接触者に強い意欲が伴う、巨大社会と小社会との異文化接触の前線」である。フロンティアは、文明のもつ欲望の刺激性・増殖性を発生させる。巨大なネットワークを背景とする文明社会が、ほとんど交流のなかった小さな社会に対して積極的な意志をもって交流しようとするとき、緊張関係を伴う友好的・非友好的交通が生まれる。このとき、巨大なネットワークにつながる優位性を利用すれば、国家を代表しなくとも誰でも参画可能であるという点で、個人や個別集団の動向が大きな歴史的動向を左右するという特徴があると考える。なお、領土国家【土地所有】の概念が導入されると、このフロンティアは変質すると思われる。

### (2) フロンティアの発生

弥生時代後期において北関東系弥生土器(縄文多用土器群)と南関東系弥生土器(帯縄文系土器群)との間の文化的障壁となった低い分水嶺【房総—日光ライン】に注目すると、方形堀で囲まれるいわゆる「豪族居館」の遺構は、分水嶺の

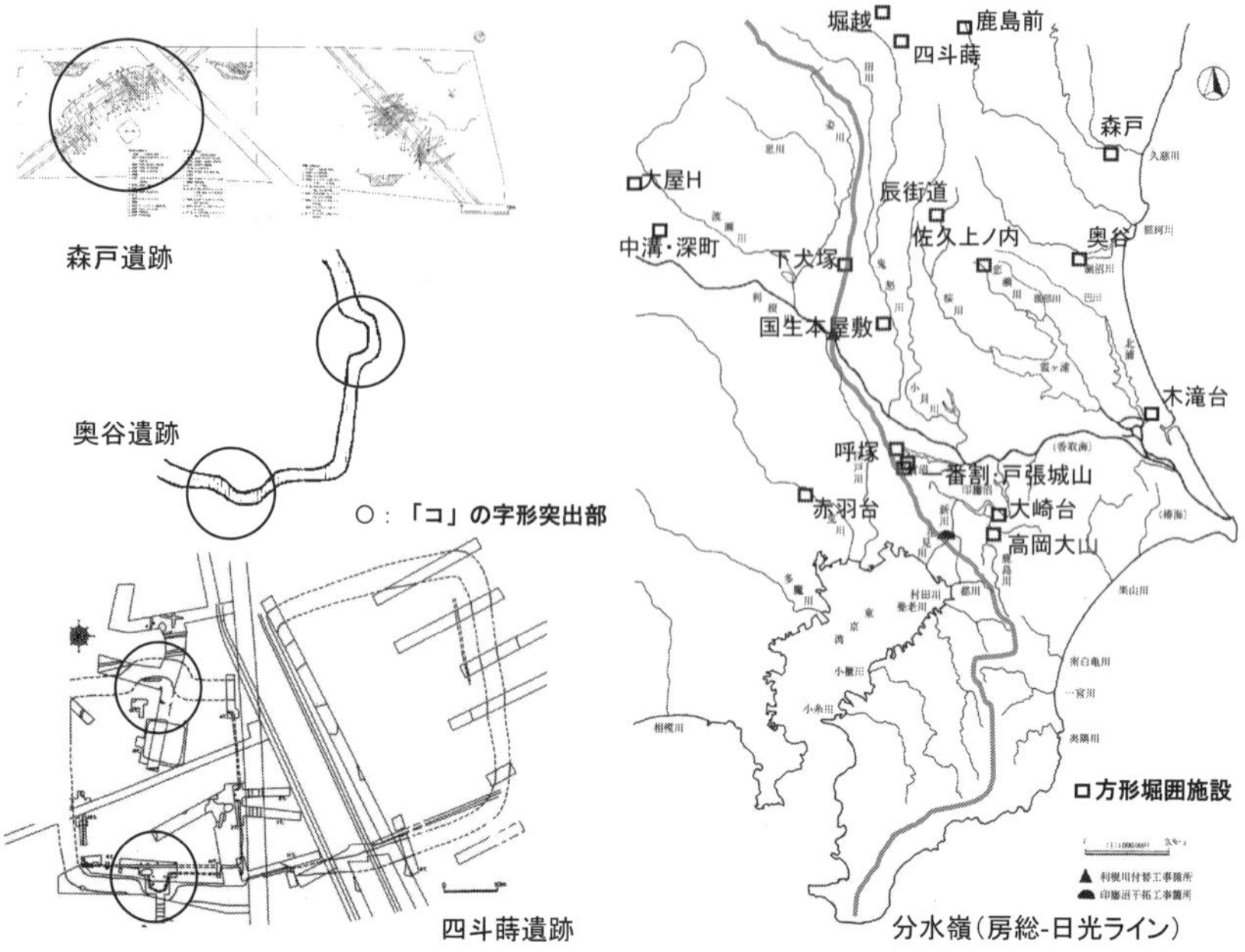


第8図　方形堀囲施設とその分布（3世紀～4世紀）

すぐ東側・北側に、極度に集中する（第8図）。この施設は列島規模の共通性を背景として築かれているとすると、東関東以北への極度の集中は、他地域とは異なる事情をくみ取る必要がある［田中二〇二四］。

一般に「大交流」期は「古墳出現前夜」とも呼ばれる庄内式期（二世紀末～三世紀前半）に当たる。分水嶺にほど近い千葉県戸張一番割遺跡は、房総様式の土師器成立過程を示す遺跡であり(7)、「古墳出現前夜」に当たる。

一方、茨城県森戸遺跡等は、房総様式の土師器が完成した後の、「古墳出現」後の布留式期（三世紀後半～四世紀）に該当し、時期差がある(8)。

つまり、「大交流」期における土器混在の直接影響域は、分水嶺【房総—日光ライン】をわずかに越えた一帯を東限とし、房総まででいったん一息つく。茨城県域における土器の交替、弥生土器との混在は同様の現象にみえるが、房総南部の土器が一足飛びに県北域まで達するのは「大交流」期（庄内式期）ではなく、その後（布留式期）の波による。「大交流」

期から一段階遅れるこの現象、すなわち房総を主たる起点として爆発的に拡大する現象をフロンティアの発生ととらえると、様々な現象が説明できる。

「大交流」期を通じて列島規模の交通が活発化した後、古墳の秩序が形成され始め、西域の交通は安定化、物資供給も安定化し、関東にかつてない鉄器その他の物資が流入した。これにより刺激された欲望は、急速に秩序形成が進む世界より、むしろ隣接する比較的異文化の世界に向かい、微弱な文化的障壁を一気に越えたと考える。

### (3) フロンティアの拡大

フロンティアの発生源は分水嶺【房総―日光ライン】付近であり、北限を千葉県柏市付近にみえる最古級の方形堀囲施設、移動元となった南限を千葉県富津市付近に求めることができる。

第一次拡大域は、房総様式の忠実品が分布する茨城県域に見いだすことができる。方形堀囲施設にみえる異系統土器の一括投棄に発生源と共通する所作が見いだせる。交換取引の信用創出儀礼の共有などが考えられる。方形堀囲施設は、商館(トレードセンター)のような施設の一面をもっていると考える。

第二次拡大域は、房総様式の非忠実模倣品が分布する範囲で見分けられる。栃木県域や福島県域(浜通り)に見いだせる可能性が高い。例えば、那須小川古墳群に隣接するコの字形突出部を伴う方形堀囲施設が検出されている栃木県那珂川町鹿島前遺跡では房総様式の忠実品を伴わず、茨城県域から入った可能性がある。(9) この見立てが正しければ、わずかな時間差を伴う小さい玉突き現象が生じていることになる。

第三次拡大域は、房総様式の古要素が残存する変容品で見分けられる可能性がある。宮城県の栗原市入ノ沢遺跡・伊治城跡に典型的に見いだせる。入ノ沢遺跡はコの字形突出部を伴う堀の北限に当たっており、方形堀囲施設をもつ伊治城跡からは、房総南部の古い伝統的な特徴を残す「く」の字状輪積口縁平底甕が出土している。形状は変容しており、伴出する器種から前期後葉（四世紀後半）のものである。明らかな時期差が生じている。

このように、分水嶺【房総―日光ライン】より北の茨城、栃木、福島、宮城各県域では、近畿や東海・北陸というより、房総様式の土師器が展開する。その展開は、若干の時期差を伴いながら拡大する、方形堀囲施設の分布と密接な関係があるとみられる。

### (4) マクロに見た前方後円墳の出現時期との関係

千葉県養老川水系の市原市神門古墳群は「纏向型前方後円墳」ともいわれる「定型化」していない前方後円墳であり、「大交流」期の終息までの間に造営されている。そのため、房総は先進的なイメージがある。しかし、その後の、古墳時代前期前半に当たる前方後円墳はなかなか見あたらない。

一方、茨城県久慈川水系の梵天山古墳・星神社古墳は、古墳時代前期前半期の築造とみられている。房総様式の土器が茨城県域に入る時期の直後、または定着期に当たる。この時期はちょうど、房総における空白期間に当たるといえるかもしれない。もし前方後円墳に相互補完的関係が見いだされるなら、東関東における集団の活動や結合関係が、各地域単位のみで完結して説明できるものではなく、広域で流動性をもつ可能性も考えなければならない。

## 5　まとめ

二世紀後半から三世紀の「大交流」期には、最大限の水面利用と、最小限の陸上利用の二原則で理解できる範囲で、弥生時代以来の交通路を継承しながら、鉄などの物資輸送を含む交通の量的拡大を促した。これにより、かつて越えがたかった文化的障壁の一部に風穴を開けた。このことが、障壁を越えたすぐ東（北）側に、広大な異文化的接触を可能とするフロンティア拡大の可能性を作り出す。「大交流」期の激動を経験していた集団は、障壁の穴に向かって新たな可能性を求め、こぞって新たな交流・移動を求めたとしても不思議はない。この新たな交通の担い手はおもに関東の集団、とくに房総の集団とみられる。地域の各集団が近距離ながらも隣接していない地域に向かって活発に往来し、または移住する姿が読み取れる。

東日本の長距離交通は間接的交通にならざるをえず、地域集団が担う近距離交通の連鎖が重要である。ただし、担い手の異なる多数の連鎖が、多発的に形成された場合、それだけでは長距離交通の安定を意味しない。

ヤマト王権の基盤として、交通の掌握が重要な要素であるという認識は、異論のないところであろう。とりわけ、西日本と東日本の仲介こそが王権の生命線であったと考えているが、その場合でも、朝鮮半島に鉄素材等を依存する以上、西日本の瀬戸内海交通の安定化、交通システムの構築が大前提である。東日本の各集団にとって、王権が構築する交通システムの導入、あるいは借用によって、王権がもたらす長距離交通に、直接または間接につながるメリットは計り知れない。石器消滅後の鉄素材入手は、切実な社会的要求である。

連鎖的な往来を長距離交通として意味あるものにするためには、交換・取引の確実性を高める「信用」を創出することが求められる。文化的差異が大きいほど「信用」の創出は難しい。方形堀囲施設が共通の行為を行う施設としてよければ、交換・通商行為(trade)の管理施設である可能性が浮上する。つまり、①方形堀囲施設という商館・祭祀場において、纒向遺跡に類似した儀礼行為(双方向異系統土器の共存)の「拝借」や「応用」により、交換者相互に「神(カミ)の観念」を背景とする「信用」を創出する。加えて、②古墳という目に見える権威を導入し「上(カミ)の実力」を背景に実効性をもたせる。①と②の相乗効果により「信用」を高めることができる。

この仮説が正しければ、地域集団が積極的に「前方後円墳秩序の論理」の導入を求めることも十分にありえる。しかも、ネットワークの周縁部ほど、その需要は高いかもしれない。このとき、茨城、栃木および東北の太平洋側で①

を担ったのは西方からの異人ではなく、房総を主体とする関東の集団とみられる。こうした仕組みの導入により、東日本で連鎖的な交通ネットワークが機能し、間接的に古墳時代の政治的枠組みに組み込まれると考える。

なお、フロンティア拡大は四世紀末～五世紀前半で限界に達する。前方後円墳の最大分布範囲、各地域における古墳の変化がこれに対応するとみており、主因は、陸上交通の活発化という交通環境の変化にあると考える［TANAKA2017］。後の国造国や地方行政区画編成に至る過程は、五世紀以降の地域の動向が鍵を握っている。

〔追記〕　なお、この研究は二〇一四年度～二〇一六年度文部科学省科学研究費補助金（基盤C：「古墳時代の村落領域と階層構成の実態―東関東における量的把握の実践―」研究代表者：田中裕）による成果の一部である。

## 註

（1）『雄略紀』の「大泊瀬幼武尊」は、古訓では「オオハツセワカタケノミコト」であるが、埼玉県行田市埼玉稲荷山古墳の「辛亥銘鉄剣」により「ワカタケル」大王と呼ばれたことが認められてきている。「武」が「タケル」ならば、古訓には限界があることになり、「日本武尊」と同じ読みであったことになる。

（2）『常陸国風土記』久慈郡条に「郡の西に里あり。静織里といふ。上古の時に、綾を織る機、此知る人あらずありき。時に、此の村に初めて織りき。因りて名づく。北に小水有り。丹石交じれり。猶、色は琥珀に似れり。炎を鑽るに尤好くして、玉川と号く」とある。

（3）草刈古墳群土器編年では、「く」の字口縁平底甕の出現を草刈Ⅰ期、ハケ調整を多用するその確立期を草刈Ⅱ期に求めている［加藤ほか 二〇〇〇、田中 二〇一五］。森戸遺跡の「くの字輪積口縁平底甕」は確立期のハケ甕で、千葉県域では草刈Ⅱ期初頭前後（大村［二〇〇九］による草刈一式に相当）に限定される。草刈Ⅰ期は「大交流」期に相当し、S字状口縁台付甕（以下「S字甕」という）A類・B類が伴出する。これに対し、草刈Ⅱ期はS字甕C類以降の時期に併行する。

（4）茨城県那珂川流域には、房総には希薄なS字甕も多く混ざる地区がある。S字甕は埼玉県域から群馬県域に定着する東海系の甕であり、ひたちなか市出土のS字甕はまさに口縁端部の特徴が群馬県域のS字甕とよく似た特徴をもつ。

（5）集成編年一期は草刈Ⅰ期末〜Ⅱ期初頭に相当する。梵天山古墳からは底部穿孔有段口縁壺、星神社古墳はやや変形した直弧文を伴う器台形埴輪と壺形埴輪が出土している。器台形埴輪は、西日本の特殊器台形埴輪や奈良県東殿塚古墳出土埴輪等と比較すると異質なほど厚手の粗い造りであるが、東日本での類例を見いだすのは困難である。

（6）フロンティア拡大を日本列島の歴史的事象として理解する試みとしてはすでに西川修一［西川 二〇一一など］の視点がある。小稿もこれに倣う。ただし、弥生時代から古墳時代まで一貫して同質にこの概念で説明できるかどうか、慎重さが必要である。発生から消滅(限界)までの一連の流れを明快に整理し、区切って用いなければ、適用がはばかられる概念である。

（7）千葉県戸張一番割遺跡はV様式系のタタキ甕が卓越し、千葉県佐倉市大崎台遺跡とともに列島規模の土器の混在を示す特徴的な遺跡で、千葉県の草刈古墳群土器編年［加藤ほか 二〇〇〇］の草刈Ⅰ期(庄内式)に当たる。戸張城山遺跡はその直後、呼塚遺跡は草刈Ⅰ期末〜草刈Ⅱ期初頭であり、これらが「大交流」期の最後にして、土器混在現象の東限を示すと考える。

（8）茨城県域における直近の土器編年によれば［谷仲ほか 二〇一六］、弥生土器から交替する土師器は、千葉県域で房総様式の古式土師器が確立した後の土器群が主体である。森戸遺跡の忠実品は草刈Ⅱ期初頭(大村［二〇〇四］による草刈一式)に当たる。これは東海の廻間三式一段階、新潟シンポジウム編年七期の前後に相当する［田中 二〇一五］。三世紀後葉の前後が目安である。

（9）胎土に雲母を含むことから、津野仁が茨城県域で作られた可能性を指摘しているという［鈴木 二〇一八］。

引用・参考文献


赤塚次郎　一九九二「東海系のトレース」『古代文化』四四―六 古代学協会
井博幸・横田篤ほか　二〇一四「中野冨士山古墳の測量調査―ボランティア活動による調査・整備の事例―」『茨城県考古学協会誌』第二六号　茨城県考古学協会
井　博幸　二〇一五「久慈川中流域の首長墓Ⅰ(補遺)―道場塚古墳・星神社古墳・五所皇神社裏古墳―」『婆良岐考古』三七　婆良岐考古同人会
伊藤敏行　一九九六「個別形態論」『関東の方形周溝墓』同成社

茨城県教育財団　一九九〇『北郷c遺跡・森戸遺跡』㈶茨城県教育財団

宇野隆夫　一九九五「前方後方形墳墓体制から前方後円墳体制へ―東日本からみた日本国家の形成過程―」『古墳時代とその伝統』勉誠社

大村　直　二〇〇四「久ヶ原式・山田橋式の構成原理」『史館』第三三号　史館同人

大村　直　二〇〇五「市原市の環壕集落」『第二〇回市原市文化財センター遺跡発表会要旨』㈶市原市文化財センター

大村　直　二〇〇九『市原市南中台遺跡・荒久遺跡A地点』市原市教育委員会

沖森卓也・佐藤信・矢嶋泉編著　二〇〇七『常陸国風土記』山川出版社

川崎順徳ほか　一九八八『那珂町史』那珂町

加藤修司　二〇〇〇「土器編年案」『研究紀要』二一　㈶千葉県文化財センター

川添　登　一九七七「前方後方墳の被葬者」『季刊人類学』第八巻第二号　講談社

齋藤洋ほか　二〇一二『呼塚遺跡(第一五次)発掘調査報告書』柏市埋蔵文化財調査報告書七一　㈱地域文化財研究所

酒巻忠史　一九九六「富津市打越遺跡の再検討」『君津郡市文化財センター研究紀要』Ⅶ　㈶君津郡市文化財センター

酒巻忠史ほか　一九九六「甕形土器の様相から見た君津地方の小地域性」『君津郡市文化財センター研究紀要』Ⅶ　㈶君津郡市文化財センター

鈴木素行　二〇一一「富士山のイモガイ―弥生時代後期における渦形石製品の成立と展開について」『茨城県考古学協会誌』第二三号　茨城県考古学協会

鈴木芳英　二〇一八「栃木」『第二三回東北・関東前方後円墳研究会シンポジウム 古墳と「豪族居館」』東北・関東前方後円墳研究会

設楽博巳　一九九一「関東地方の弥生土器『歴博フォーラム　邪馬台国次代の東日本』国立歴史民俗博物館

篠原幸久　一九九七「ヤマトタケルと雄略天皇―英雄伝承の転生―」『古代文化』四九(一二)

高橋一夫　一九八五「前方後方墳の性格」『土曜考古』一〇　土曜考古学研究会

多久那研究会　二〇〇四『採集資料集　久慈川流域の前期・中期古墳』多久那研究会

武末純一　一九八九「北九州―吉野ヶ里の同時代史」『歴史読本』三四巻一七号

武末純一　一九九〇「北部九州の環溝集落」『乙益重隆先生古希記念　九州上代文化論』

田中新史ほか　二〇〇八「点景をつなぐ―古墳踏査学による常総古式古墳の理解―」『土筆』第一〇号　土筆舎

田中　裕　二〇〇五「国家形成初期における水上交通志向の村落群」『海と考古学』六一書房

田中　裕　二〇一一「茨城県北部から出土した東京湾岸南部との土器―茨城県那珂市森戸遺跡「豪族居館」出土の古式土師器の再検討―」『茨城県史研究』第九五号　茨城県立歴史館

田中　裕　二〇一五「草刈古墳群土器編年と周辺地域への影響」『考古学リーダー二四列島東部における弥生後期の変革』六一書房
田中　裕　二〇二四「古墳時代前期の列島東部と「豪族居館」―交換のための実利を伴う儀礼・祭祀という観点から―」『日本考古学の論点』下　雄山閣
都出比呂志　一九九一「日本古代国家形成論序説―前方後円墳体制論の提唱―」『日本史研究』三四三
寺沢　薫　一九八八「纒向型前方後円墳の築造」『考古学と技術』同志社大学考古学シリーズ　同志社大学
中井正幸　二〇〇四「二つの前方後方墳」『古墳時代の政治構造 前方後円墳からのアプローチ』青木書店
西川修一　一九九一「関東のタタキ甕」『神奈川考古』二七　神奈川考古同人会
西川修一　二〇一一「弥生時代から古墳時代へ南関東からみた列島史―フロンティア拡大の視点から―」『シンポジウム東日本からみた時代移行期の考古学予稿集』考古学研究会東京例会
比田井克仁　二〇〇四「古墳時代前期における関東土器圏の北上」『史館』第三三号　史館同人
平川　南　二〇〇八『全集日本の歴史二　新視点古代史　日本の原像』小学館
広瀬和雄　二〇一四「東国の初期前方後円墳をめぐる諸問題―古墳時代像の再構築をめざして―」『国立歴史民俗博物館研究報告』第一八三集　国立歴史民俗博物館
古屋紀之　二〇一四「南武蔵地域における弥生時代後期の小地域圏とその動態」『久ヶ原・弥生町期の現在―相模湾／東京湾の弥生後期の様相―』西相模考古学研究会
茂木雅博・井之口茂・田中裕貴　二〇〇三「常陸星神社古墳(町指定名称諏訪山古墳)の測量調査」『博古研究』第二六号　博古研究会
茂木雅博・田中裕貴・高橋和成　二〇〇四「常陸梵天山古墳の測量調査」『博古研究』第二七号　博古研究会
谷仲俊雄ほか　二〇一六「弥生土器から土師器へ―土器からみた地域間交流―」『シンポジウム　考古学からみる茨城の交易・交流　発表要旨』茨城県考古学協会
渡邉義浩　二〇一二『魏志倭人伝の謎を解く―三国志から見る邪馬台国―』中公新書
TANAKA Yutaka 2017 "Progress in Land Transportation System as a Factor of the State Formation in Japan" '*JAPANESE JOURNAL OF ARCHAEOLOGY 5 (2017)* 'Japanese Archaeological Association.

# 鹿島神宮周辺の古代集落と祭祀

笹生　衛

## はじめに

「香島の天の大神」は『常陸国風土記』を代表する神であり、その鎮座する地「香島郡」は神郡である。近年、その神郡の中心ともいえる鹿島神宮の周辺では、多くの発掘調査が実施され、古代集落や祭祀に関連する調査成果が蓄積している。これらの調査成果を分析することで、鹿島神宮周辺の集落遺跡・祭祀遺跡などの配置と変遷から鹿島郡・鹿島神宮の歴史や性格を考えることができる。

本稿では、香島(鹿島)郡・鹿島神宮を含めた古代東国の歴史的背景を国家形成の視点を踏まえて検討してみたい。また、『常陸国風土記』信太郡の条に描かれる浮島の祭祀に関する考古学的な成果も合わせて検討する。なお、本稿の「鹿島」の表記は『常陸国風土記』の記述に関する部分では風土記の記述に合わせ「香島」の文字を、その他の部分では「鹿島」の文字を使用する。また、ここで取り上げる各遺跡の記述内容及び遺構・遺物の数量と実測図は、拙論[笹生二〇一二]にもとづくものである。

## 1　風土記に記された香島（鹿島）神宮と香島郡

『常陸国風土記』香島郡条によると、神郡「香島郡」の成立は、孝徳天皇己酉年（六四九）に中臣□子・中臣部兎子等が高向臣に申請し、那珂・海上国造の領域の一部を分割して設定された。また、香島の天の大神の神格は、高天の原から降った神で、天の大神の社、坂戸社、沼尾社を合わせて香島の天の大神と称され、崇神天皇の御世、香島に坐す天つ大御神は、祭祀を条件に天皇の統治を約束する神託を下し、幣として大刀・鉾・鐵弓・矢・許呂・枚鐵・練鐵・馬・鞍・鏡・五色絁が捧げられた。

さらに、香島神宮の神戸は当初八戸であったが、孝徳朝に五〇戸、天武朝に九戸を加増し、庚寅年（六九〇）に二戸を減じ六五戸とした。また、天智朝に「神の宮」が造られたとされる。

御船祭の伝承については、「倭武の天皇の御世、香島の天の大神は中臣巨狭山命に船の管理を命ずる神託を下し、毎年七月、津の宮に船を奉る「御船祭」が始められた」との記載があり、水上交通との関連が指摘できる。また、毎年四月十日には祭りが行われ、神宮の祭りに奉仕する卜部一族は男女が集い飲酒・歌舞して楽しんだとある。

『常陸国風土記』には、神宮周辺や神戸集落の景観描写も詳しく記載されている。神宮周辺は台地と谷が入り込む地形で、台地上は卜部の一族の居住地となっており、美しい草木と垣根に囲まれた集落の景観が広がっていたことが描かれている。郡家については、風土記編纂当時、沼尾の地から神宮の南（現在の神野向遺跡）に移されていたことが、風土記内の二か所の記述から判明する。

## 2　鹿島神宮周辺の遺跡

『常陸国風土記』と関連する遺跡が鹿島郡の中心である鹿島神宮やその周辺で確認されている。主な遺跡としては、古代から中世にかけての集落遺跡である厨台遺跡群、祭祀遺物が出土した鹿島神宮境内遺跡、流路に伴う祭祀跡である宮中条里大船津地区、四世紀から七世紀へと続く古墳群である宮中野古墳群、鹿島郡家（郡衙）である神野向遺跡、鹿島郡家に伴う鍛冶工房跡である片岡遺跡が挙げられる。ここでは宮中条里遺跡大船津地区・厨台遺跡群・鹿島神宮境内遺跡の特徴を確認しておこう。

### (1) 宮中条里遺跡大船津地区

鹿島神宮の北に入り込む谷の入り口部分、鹿島城跡下の鎌足神社に近接する標高五㍍前後の沖積平野に立地し、谷内を流れていた流路跡を検出した。石製模造品一一〇点、臼玉五二一点、手捏土器、坩・壺、高杯等の土師器が出土した。年代は古墳時代中期I～II期［樫村他　一九九

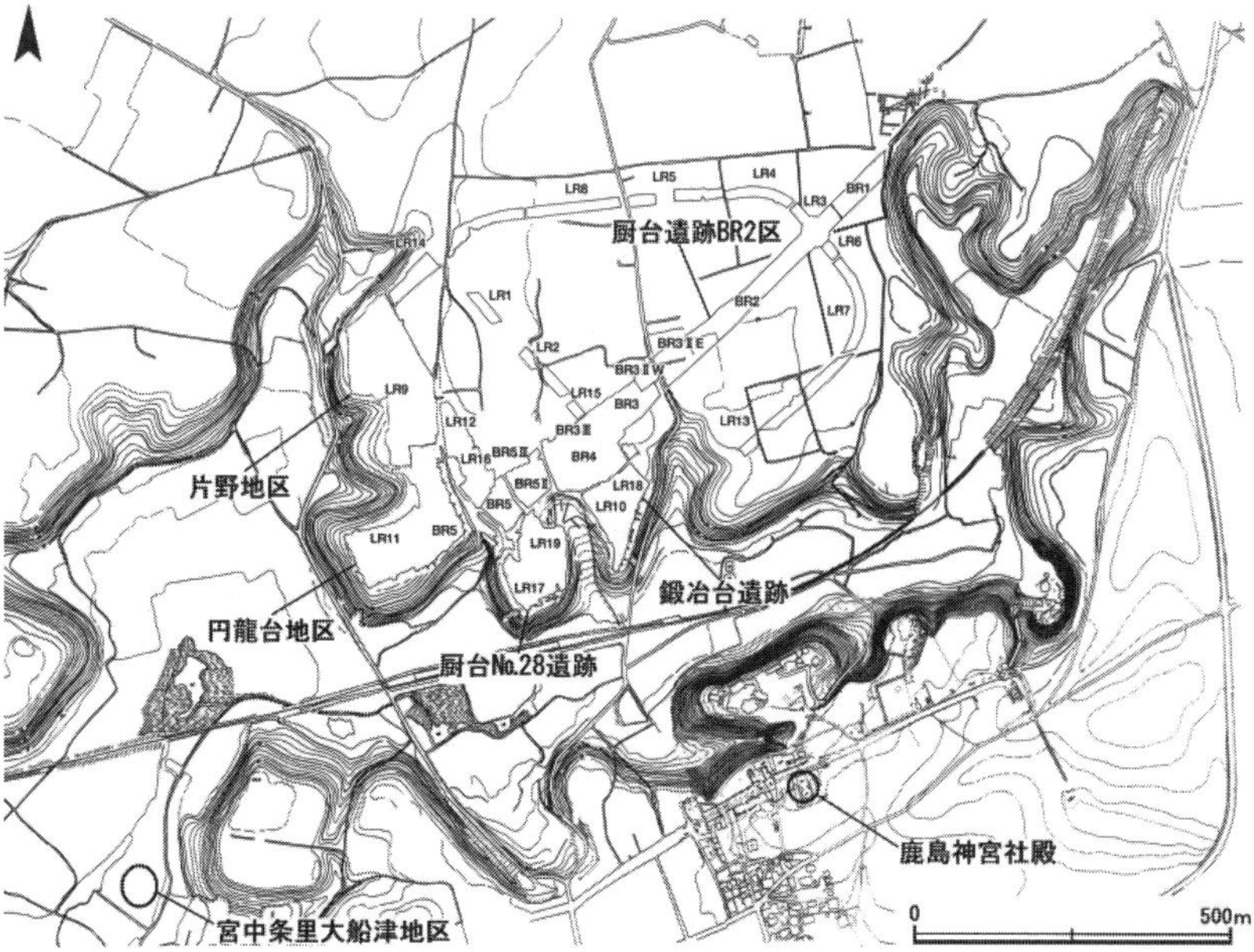


第１図　鹿島神宮周辺の遺跡位置図

九]、五世紀前半であり、鹿島神宮周辺では最も古い祭祀遺跡といえる。

### (2) 厨台遺跡群と鹿島神宮境内遺跡

厨台遺跡群は、鹿島神宮北側の支谷を隔てた台地上に立地し、古墳時代中期(五世紀代)から平安時代後期(十一世紀)まで継続する大規模な集落遺跡である。厨台遺跡・円龍台遺跡・片野遺跡・鍛冶台遺跡(以下、厨台地区・円龍台地区・片野地区・鍛冶台地区)から構成される。「鹿嶋郷長」(片野地区・八世紀)、「中臣宅成」(厨台ＢＲ２区)の墨書土器が出土しており、神郡の中心、鹿嶋郷の中心集落であったことが推定できると同時に、中臣氏との結び付きが確認できる。これらの遺跡で時期が推定できる竪穴建物跡は、古墳時代から奈良・平安時代だけでも七五〇軒以上ある。最古段階の遺構は古墳時代中期Ⅲ期、五世紀中頃で石製模造品を伴う。大船津地区の祭祀終了直後に成立した祭祀集団の集落と考えることができる。その性格から、後述する五世紀後半頃の子持勾玉が出土した鹿島神宮境内の祭祀と直接関係していた可能性が高い。

六世紀になると、厨台遺跡群全体では竪穴建物の軒数は減少するものの、円龍台地区の北側の片野地区でも竪穴建物群の軒数が増加、六世紀後半には最も東に位置するＢＲ２区も含め厨台遺跡群全域で竪穴建物が営まれるようになる。祭祀遺物は継続して出土する。子持勾玉は円龍台地区で二点、鍛冶台遺跡で一点出土しており、五世紀後半から六世紀中頃にかけての年代が推定できる全体に丸みを帯びた作りである。また、六世紀後半の片野地区ＳＢ114では、手捏土器四〇点、手捏高杯四点、石製剣形一点が出土した。手捏高杯は六世紀末から七世紀前半の円龍台地区ＳＢ15・81で出土。子持勾玉と手捏高杯は鹿島神宮境内でも採集されている[大野　一九〇六]。子持勾玉は円龍台地区出土品と大きさは類似し、丸味を帯びた丁寧な作りで五世紀後半頃の年代が推定でき、手捏高杯は片野・円龍台地区出土品と類似する。共通する祭祀遺物が出土するため、五世紀後半から六世紀代には現在の鹿島神宮境内に祭祀の場

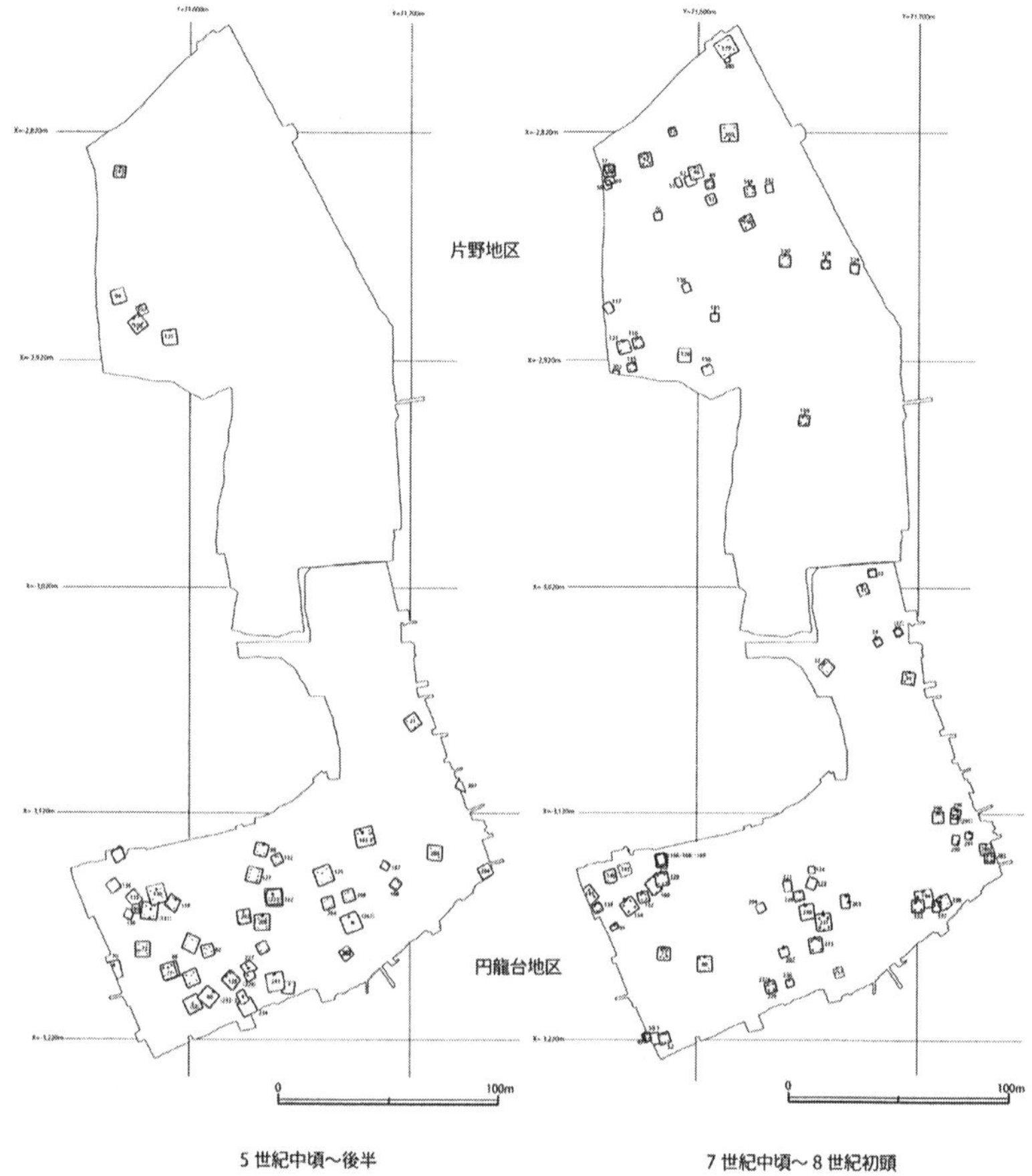


第2図　厨台遺跡群片野・円龍台地区竪穴建物の分布変遷

は成立していた可能性が高く、その祭祀集団の居住域として、円龍台・片野地区を核とする厨台遺跡群の集落が形成されていたと考える。

**集落の変遷**　グラフ1のとおり、竪穴建物の数は七世紀中頃から八世紀後半と、十世紀後半から十一世紀代にピークがある。鹿島神宮に隣接するという位置関係や谷が犬の牙のように入り組むという地形の特徴から、厨台遺跡群の集落が『常陸国風土記』にみえる「卜氏の住む所」に対応すると考えられる。細かく検討すると、五世紀中頃に円龍台地区で集落が成立する。この集落は石製模造品を伴うこ

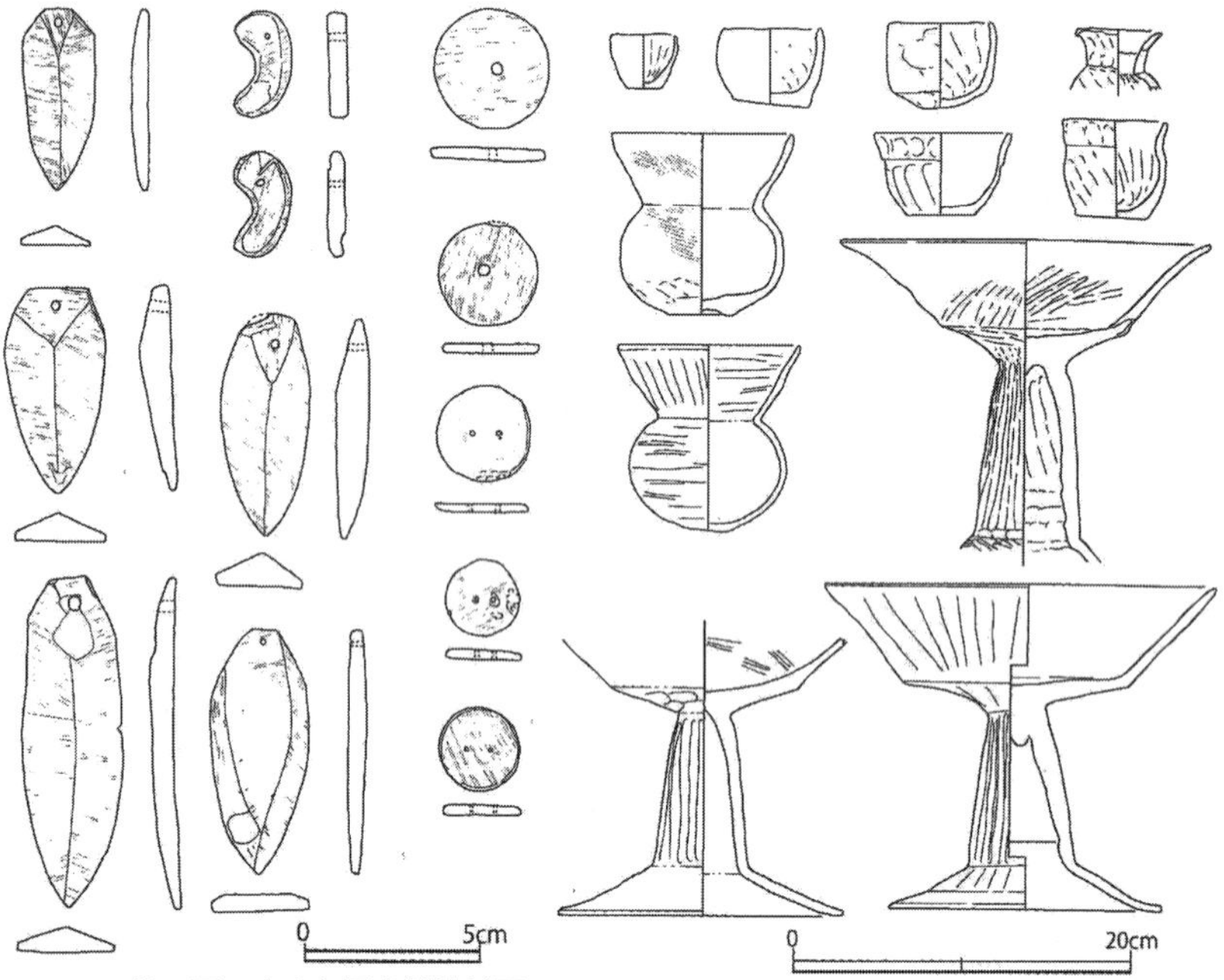


第 3 図　宮中条里大船津地区
石製模造品・土師器

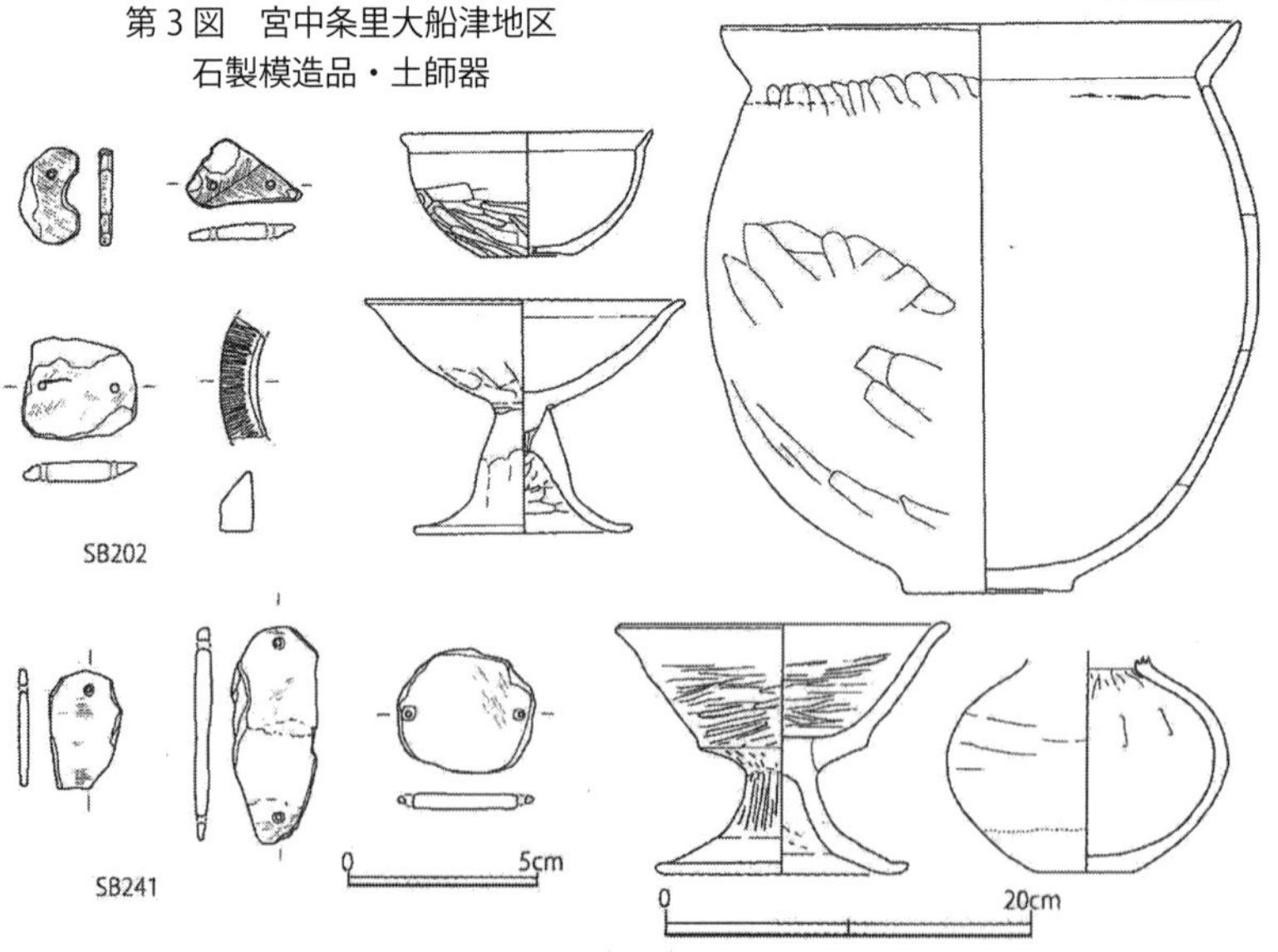


第 4 図　厨台遺跡群円龍台地区　5 世紀代竪穴建物出土石製模造品・土師器

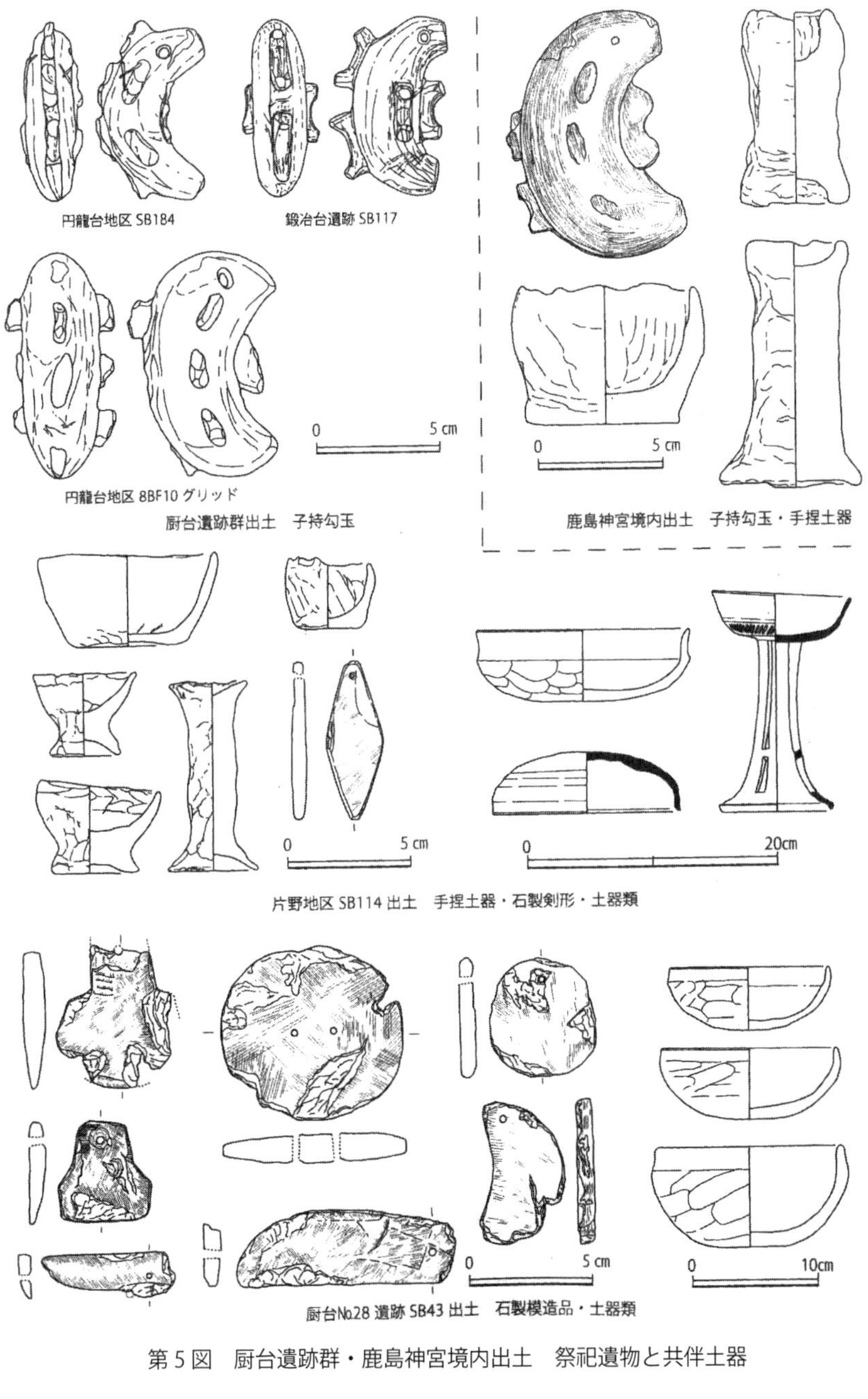


第５図　厨台遺跡群・鹿島神宮境内出土　祭祀遺物と共伴土器

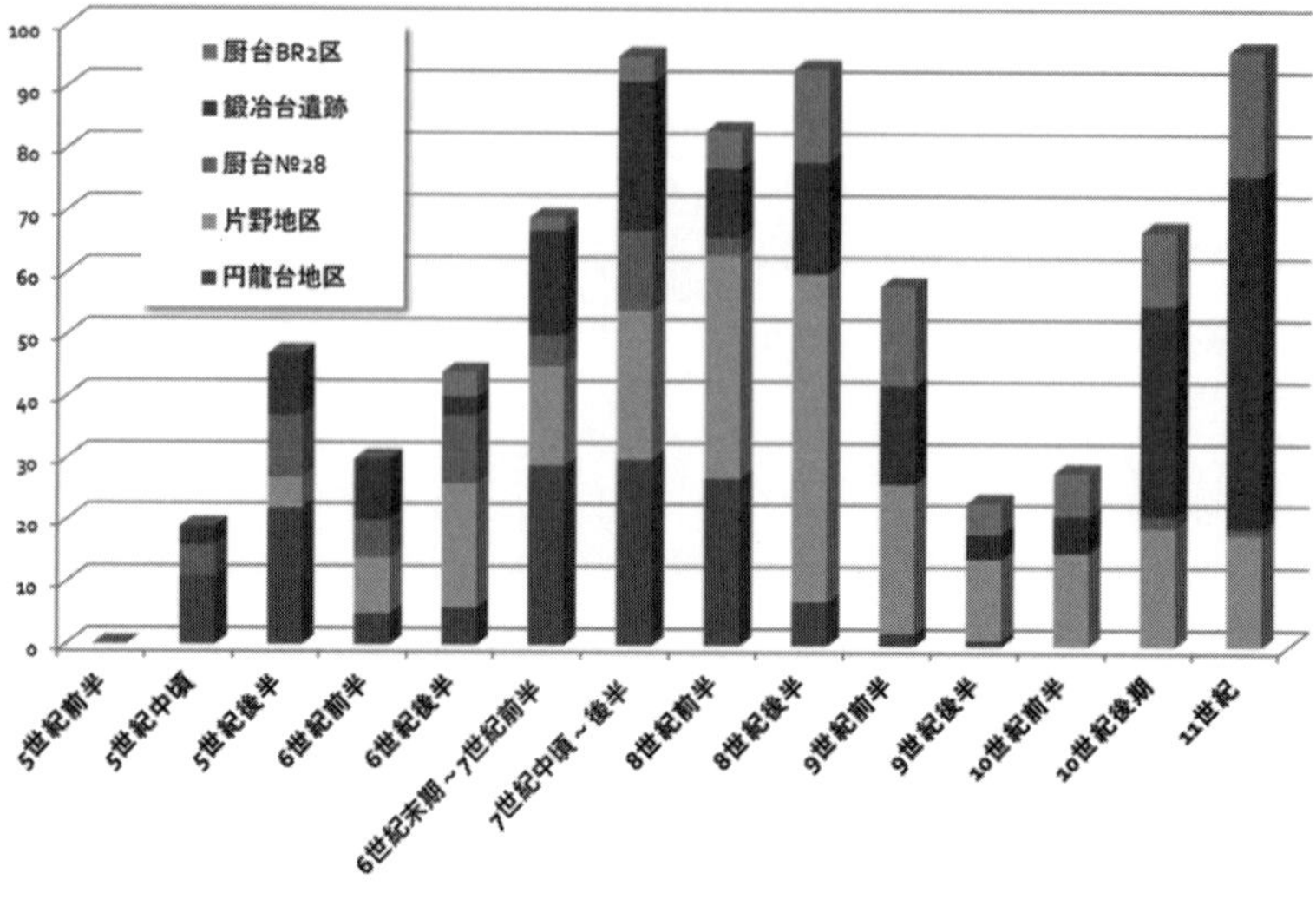


グラフ1　厨台遺跡群竪穴建物軒数の推移

とから、宮中条里遺跡大船津地区の祭祀終了直後に成立した祭祀集団の居住域とみられる。そして五世紀後半から六世紀にかけて竪穴建物数が増加し、円龍台地区から北側の片野地区へも拡大する。この時期、円龍台地区では石製模造品や子持勾玉が確認でき、祭祀集団は維持されたと推定できる。六世紀末から七世紀にかけて竪穴建物は増加し、特に七世紀中葉から後半にかけての増加傾向は顕著である。八世紀になると片野地区の竪穴建物数が増加し、厨台遺跡群の集落の中心は片野地区へと移っていったらしい。これは、片野地区から出土した「鹿嶋郷長」の墨書土器と符合する。十世紀から十一世紀になると、鹿島神宮に面する鍛冶台遺跡で竪穴建物の軒数は再び増加し、「中臣宅成」(厨台BR2区)や「中臣」(鍛冶台遺跡)の墨書土器が出土していることから、遺跡群の東部が中核的な性格をもつようになったと推測できる。

**七世紀代の祭具の変化**　七世紀中頃に祭具も変化した。厨台№28遺跡(LR19)の竪穴住居跡(SB43)からは、まとまった数の石製模造品が出土した。斧形一〇点、有孔円板二九点、鎌形六点、刀子形一〇点、扁平勾玉二点、履形(案形の可能性あり)一点、臼玉一九点である。この石製模造品の種類は多様で、五世紀以来の伝統的な石製模造品を復活させ、履形などの新たな器種が加わる。その出現の背景には、七世紀中頃の神戸の加増と連動した祭祀用具の整備があったのではないだろうか。宗像沖ノ島祭祀遺跡で新たな石製模造品が出現する時期と近似しており、共に神郡であることから、七世紀中頃の神郡体制の成立と対応する祭具の再編といえよう。

**鹿島神宮の神戸と厨台遺跡群**　『常陸国風土記』によると、孝徳朝までの神戸は八戸、孝徳朝(六四九年)に五〇戸加増され、天武朝に九戸を加増し、庚寅年(六九〇)に二戸を減じ六五戸とした。六世紀末から七世紀代、特に七世紀中頃を境に厨台遺跡群の竪穴住居跡が急増することは、『常陸国風土記』が伝える孝徳朝の五〇戸加増に対応しているると考えられる。さらに『常陸国風土記』には、天智朝(六六〇年代頃)に神の宮を造営した記述があり、厨台遺跡群の集落の拡大とほぼ同時期である。厨台遺跡群の集落は、鹿島神宮の古代の神戸集落の実態を伝えると考えられ、祭祀の場の整備と神戸集落の拡充が並行していた状況を確認できる。

一方、十世紀代には神野向遺跡の郡家の機能が停止しており、十世紀後半以降に厨台遺跡群の鍛冶台地区で集落が拡大した状況からは、郡家機能を厨台遺跡群が吸収していったと推測できる。墨書土器「神厨」の存在は、それを示唆している。

## 3　『常陸国風土記』の浮島と五世紀代の祭祀

### (1) 浮島の概要

鹿島郡域で最古の祭祀遺跡である宮中条里遺跡大船津地区と同時代の祭祀遺跡が、信太郡にある浮島尾島貝塚祭祀遺構である。これが立地するのは浮島であり、『常陸国風土記』信太郡条では、そこでの特徴的な信仰を次のように記している。

　乗濱の里の東に浮島の村あり。長さ二千歩、廣さ四百歩なり。四面絶海にして、山と野と交錯り、戸は十五烟、田は七八町餘なり。居める百姓は塩を火きて業と為す。しかして、九つの社ありて、言も行も謹緯めり。

浮島の規模は長さ二〇〇〇歩（東西三・五キロ）、幅四〇〇歩（南北約七〇〇メートル）で、戸数は一五戸、水田耕作と製塩を生業としていたとある。そして、この小さな島には九か所の社が存在し、そのため住民は言動を謹んで生活していたことを特筆している。風土記編纂時の八世紀初頭、浮島は多くの社、神祭りの場が集中する特殊な場所として認識されていたのである。

また、『常陸国風土記』にある「古老の曰へらく、大足日子の天皇、浮島の帳の宮に出でまして」との景行天皇行幸の記載からも、ヤマト王権と結びついた交通の要衝であったことがわかる。

### (2) 浮島尾崎貝塚祭祀遺構

浮島尾崎貝塚は、浮島の東端、標高五メートル程度の砂州上に立地し、遺跡の南側には尾島神社が鎮座する。昭和六十一年に県道建設に伴い発掘調査が実施され、古墳時代後期から平安時代の竪穴建物跡二六軒、古墳時代の総柱構造の掘立柱建物跡一棟、石製模造品の工房跡一か所、祭祀遺構一か所を検出した。遺構は尾崎神社に隣接する。祭祀遺構は、明確な掘り込みはなく、東西約二〇メートル、南北約一一メートルの範囲に、焼土・炭化物粒子、土器類と祭祀遺物が集中していた。

祭祀遺物には石製模造品・土製模造品・手捏土器・鉄製品がある。石製模造品の剣形品は長さ一一・一五〜一二・五センチ、両面に鎬、刃と茎の間に明瞭な関を表現するものがあり、東国では最も古い型式に含まれる。また、石製鏡形一点・有孔円板一九〇点・剣形四八点・勾玉六点・臼玉三三点があり、石製紡錘車一点、滑石原石コア四点、砥石三点が伴う。子持勾玉の未製品が確認されており［松尾他 二〇一五］、祭祀の場の近くで子持勾玉を含む石製模造品は造ら

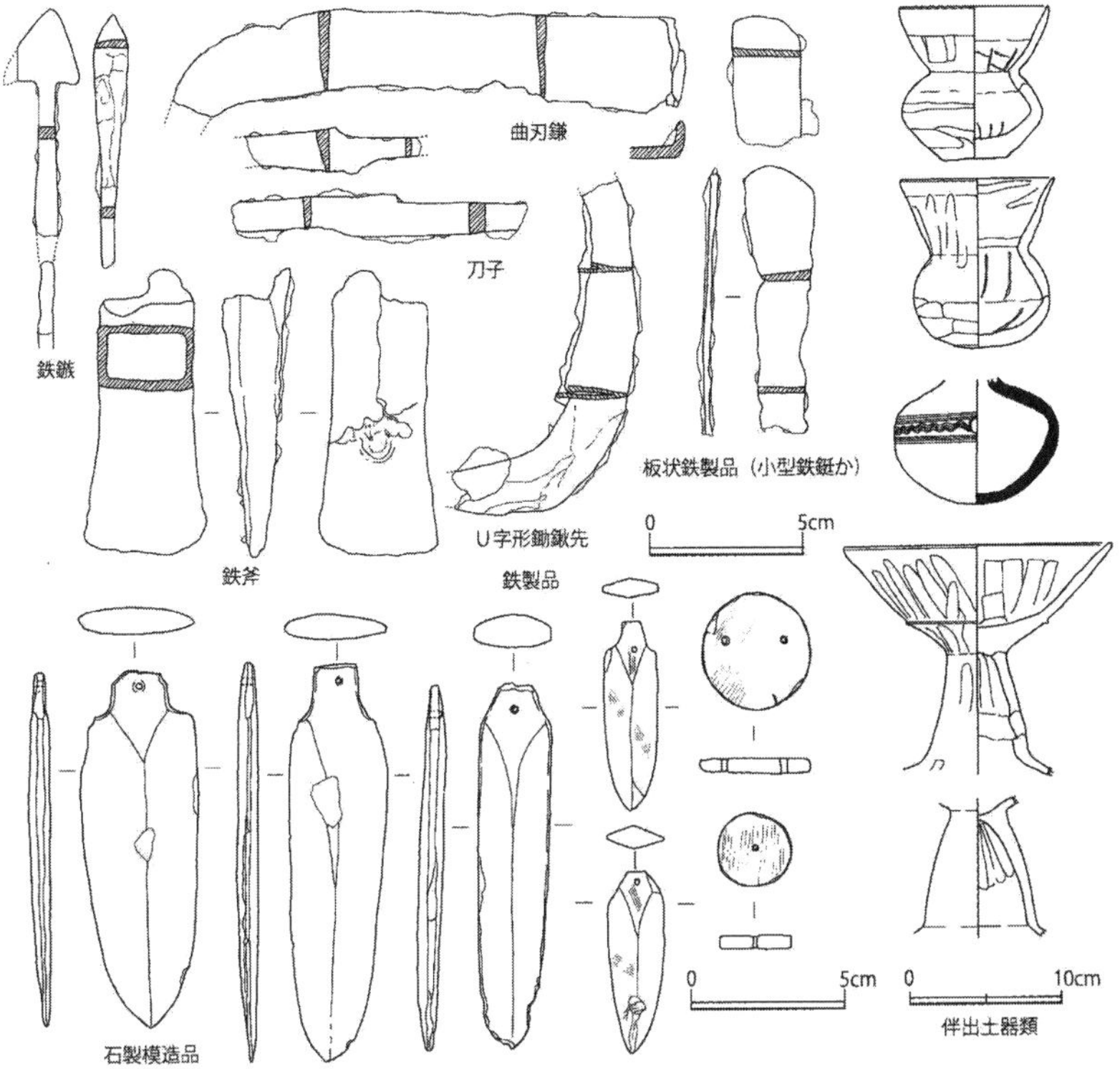


第６図　浮島尾島貝塚祭祀遺構出土遺物

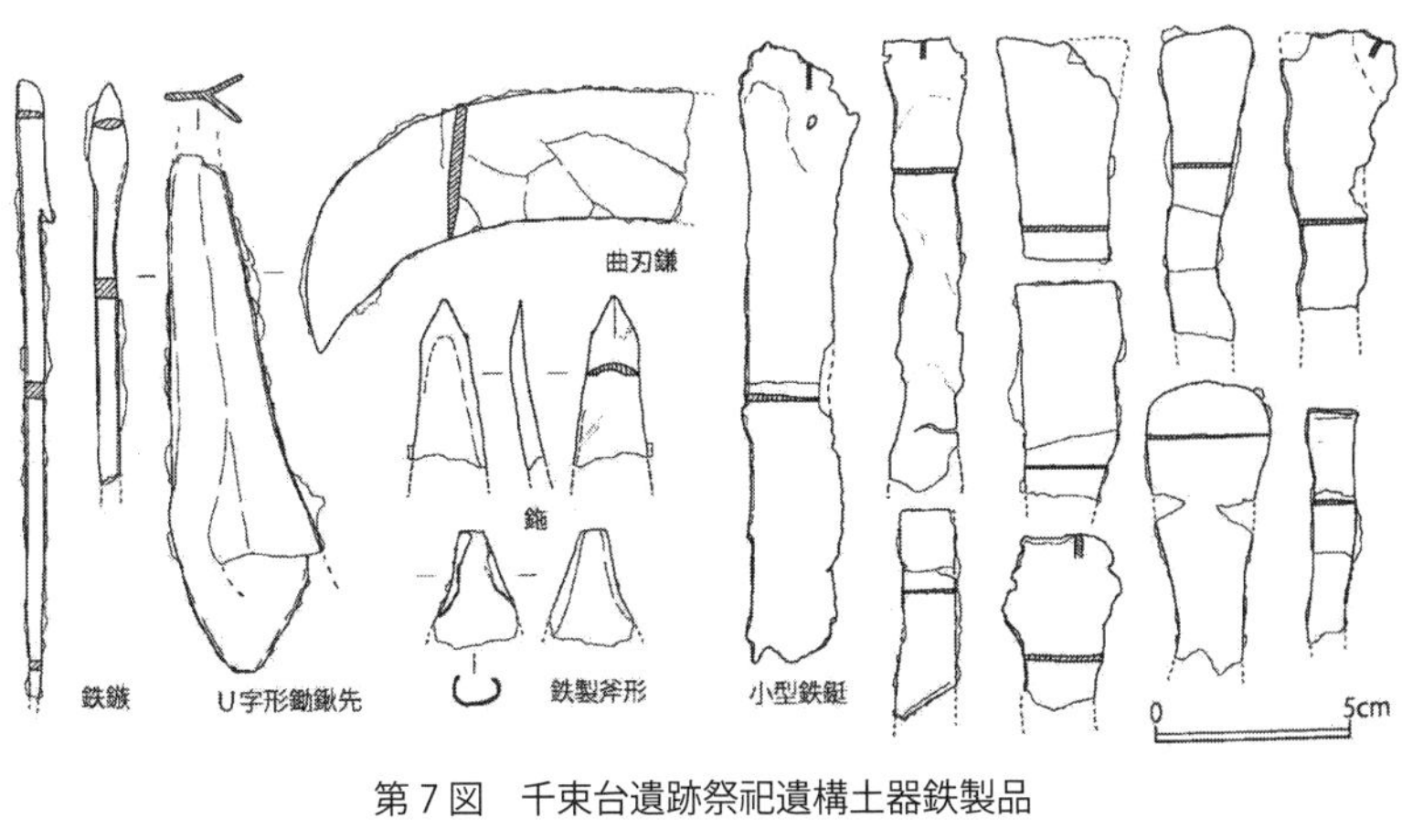


第７図　千束台遺跡祭祀遺構土器鉄製品

れていたと考えられる。石製紡錘車は製糸から布織りまで行う一連の紡織具の一部と考えられ、ここで布帛類も織られていたことを示唆する。

土製模造品は、鏡形二四点・鋤先形四点・勾玉二点があり、手捏土器には、臼(高杯)五点・鉢四三点・甕六点・椀三点・杯三点・坩二点・小型土器一三点がある。手捏土器の臼(高杯)は、鹿島神宮境内や厨台遺跡群で出土している手捏高杯と形状は類似する。

鉄製品は、U字形鋤鍬先一点・曲刃鎌一点・刀子二点・鉄斧一点・棒状鉄製品三点・鉄素材の鉄鋌と考えられる鉄板状製品二点がある。

この祭祀遺構からは石製模造品と鉄製品、紡織具が出土していることに注目したい。このような鉄製の武具・鉄鋌と、紡織具から想定できる布帛類で構成される供献品のセットは、五世紀中頃までに成立し、六〜七世紀に継続され、令制祭祀の幣帛の原形となる。そのように見ていくと、鉄製品の鏃や鉄鋌、そして布帛類は『常陸国風土記』において崇神天皇の御世に鹿島の大神に奉られた幣のうち、鉄の弓矢・板鐵・練鐵と五色絁に相当する。最近、祭祀遺跡において鉄製の武器・武具・農工具・鉄鋌を伴う例が全国的に増加している。五世紀中頃の典型的な例に千葉県木更津市千東台遺跡と愛媛県松前町出作遺跡がある。両遺跡とも鉄鏃・鉄製鋤・鍬先、曲刃鎌、斧形、穂摘具に細形鉄鋌が伴う。板状鉄製品が鉄鋌だとすると、尾島貝塚祭祀遺構も共通した内容の鉄製品を伴っていたことになる。

そして、浮島尾島祭祀遺構における土器の様相は、五世紀から八世紀まで型式的に連続しており、風土記編纂の時期にも祭祀の場として機能していたことになるので、この祭祀遺構が風土記に記された九つの社のうちの一つに該当するとみてよい。こう考えると、風土記が記す浮島の「九つの社」には五世紀以来の伝統を持つ祭祀の場が含まれていたといってよいだろう。

## 4 まとめ―考古資料から見た鹿島神宮と神戸の形成―

### (1) 水陸交通と祭祀遺跡

鹿島神宮に隣接する宮中条里遺跡大船津地区や浮島尾島貝塚祭祀遺構は、五世紀前半、霞ケ浦・北浦沿岸の地点でヤマト王権と水上交通との関係から設定された祭祀の場であった。両遺跡は、広大な内水面である香取の海に面する場所に立地している。そこは、関東地方と東北地方を結ぶ中継地点であると同時に、鬼怒川水系などの水運により、北関東の内陸奥深くまで通じることができる、水上交通の要衝であり、ヤマト王権による東国・東北経営の中で重要な地であったと考えられる。

『常陸国風土記』香島郡条では、倭武天皇の時代に天つ大神が船の管理を中臣巨狭山命に命じたことに始まる御船祭の起源を記し、『記紀』で東征を行った倭建命(日本武尊)は『常陸国風土記』では「倭武の天皇」とされ特別に扱われる。『常陸国風土記』のこれらの説話はその倭武の天皇と水上交通の船、天つ大神と祭祀集団の中臣氏とが相互に深く関係していたことを示している。これに対応するように、浮島については、信太郡条に景行天皇(大足日子の天皇)の行幸と「帳の宮」の伝承があり、ヤマト王権と直結した水上交通の要衝として認識されていた。五世紀代、ヤマト王権では、「大王」が統治する「天下」という統治領域意識が形成されていたことが、稲荷山古墳の鉄剣の金象嵌銘からわかる。これと並行してヤマトと地方を結ぶネットワークの再編がなされたと想定でき、そのネットワークを支える交通路の結節点・要衝や難所で、そこの環境の働きに神を直観して祭祀は行われたのである[笹生二〇二三]。房総半島の先端と香取・浮島の香取の海沿岸、そして陸奥の入り口に点在する五世紀前半頃の祭祀遺跡は、これを示しているのである。

### (2) 神郡と神戸

五世紀中頃〜後半、鹿島神宮の北側、厨台遺跡群に祭祀集団の居住域が成立する。これに連動して鹿島神宮となる祭祀の場が固定化する。この集落は後の神戸集落の直接の起源となっていた。鹿島神宮の神戸は古墳時代以来の集落をベースに形成され、その起源は五世紀中頃まで遡り、これを核として奈良・平安時代につながる鹿島神宮周辺の景観を形成していた。厨台遺跡群の変遷を見ると、七世紀代における竪穴建物軒数の増加は孝徳朝における神戸加増に対応していると考えられ、この集落遺跡は『常陸国風土記』に記された神戸集落「卜氏の住む所」の実態を示しているとみてよいだろう。

### (3) 神の宮の造営

鹿島神宮の社殿の造営に注目すると、神郡(神評)設置に連動して、天智朝(六六〇年代頃)に社殿「神の宮」を造営しているが、伊勢神宮の「神郡」「神宮司」設置や、出雲の「神の宮」造営はほぼ同時期の孝徳朝〜斉明朝(六四五〜六五〇年代)である。そして、宗像・沖ノ島祭祀と同様に、石製模造品が再編成されている。伊勢・出雲・宗像と歩調を合わせ、鹿島神宮は『記紀』神話に対応して、その主要な神格の祭祀の場として整備されたのである。ここに、律令国家の祭祀の場として鹿島(香島)神宮が成立し、浮島の祭祀遺構とは差別化されていく。この背景には、鹿島の地が、出雲・宗像と同様、古代の国家領域の境界付近で外縁と隣接するという特別な地理的条件が強く作用していたのだろう。

参考・引用文献

大野雲外　一九〇六「雑報」『東京人類学雑誌』二一巻第二四三号
茨城県教育財団　一九八八『一般県道新川・江戸崎線道路改良工事内埋蔵文化財調査報告書尾島貝塚外２遺跡』茨城県教育財団文化財調

査報告第四六集
鹿島町教委　一九八九『鹿島湖岸北部条里遺跡Ⅷ―宮中条里遺跡大船津地区―』
鹿島町遺跡保護調査会　一九九〇～一九九二『鹿島神宮駅北部埋蔵文化財調査報告書Ⅳ・Ⅶ・Ⅸ』
鹿嶋市文化スポーツ振興事業団　一九九五～一九九八『鹿島神宮駅北部埋蔵文化財調査報告書ⅩⅣ・ⅩⅤ・ⅩⅥ・ⅩⅦ』
樫村宣行他　一九九九「茨城県における五世紀の動向」『東国土器研究』第五号
笹生　衛　二〇一二『日本古代の祭祀考古学』吉川弘文館
笹生　衛　二〇二三『まつりと神々の古代』吉川弘文館
椙山林繼　一九九四「鹿島神宮」『風土記の考古学①常陸国風土記の巻』同成社
松尾充晶　二〇一五『百八十神坐ます出雲　古代社会を支えた神祭り』島根県立古代出雲歴史博物館
茂木雅博　一九九四「浮島の祭祀遺跡」『風土記の考古学①常陸国風土記の巻』同成社

〔追記〕　本論は、東国古代遺跡研究会、第7回研究大会での発表にもとづき、成稿にあたっては石橋美和子氏の御協力をえた。記して感謝の意を表します。

# 古代常陸国の社会集団 仏鉢と僧侶

田中広明

## はじめに

『常陸国風土記』は、仏教や僧にかかわる記事がとても少ない。

わずかに、多珂郡条に海邊の「石壁《いわかべ》」に彫られた観世音菩薩像がみられるだけである。この像は、川原宿禰黒麻呂が国宰だったとき彫られ、この浜がそれ以来、「佛の浜」と名付けられたという。いまの日立市小木津、東連津川河口付近のことである。持統天皇のころとされるこの逸話は、「観世音菩薩」を信仰する人々を暗示させる。しかし、具体的な宗教集団やその生活などは、『常陸国風土記』にまったくみられない。

けれども、常陸国には白鳳寺院がいくつか建立され、宗教活動を行う比丘や比丘尼、または優婆塞、優婆夷がいた。そこで、遺跡から出土した「仏鉢」を検討することによって、彼らの存在や彼らの暮らしを明らかにしてみたい。仏鉢は、寺に置かれ、僧の乞食修行を象徴する資料だからである。

さて本稿では、この特殊な社会集団の解明にむけて、以下の課題を設けて検討を試みた。

(1) 出土資料を用いて仏鉢の格(階層)が推定できるだろうか。仏鉢には、金属や焼き物、漆器などがあり、修行者の用いる鉢は、「鉄鉢」または「瓦鉢」とされている。瓦鉢は焼き物の鉢だが、その種類で修行者や寺の格は反映されるのだろうか。遺跡から出土した焼き物の仏鉢について、属性分析し確認したい。

(2) 仏鉢は、どのような遺構から出土するのだろうか。仏鉢を安置した建物(寺)や乞食修行者の建物(房)を明らかにしたい。

(3) 仏鉢を用いた修行者は、どのような暮らしをしていたのだろうか。竪穴住居の一般的な住人との相違や共通点について、共伴する土器の組成によって導き出したい。

(4) 乞食修行、または修行者は、地域や集落とどのようにかかわっていたのだろうか。仏鉢の出土量の変化や遺跡の構造、地域における役割などから解明したい。

なお、『日本国語大辞典』(小学館)によると、鉢は梵語のpātra(パートラ：鉢多羅)の略であり、応器や応量器のことである。この応器や応量器は、禅宗とくに曹洞宗の修行僧が使用する食器のことをさす。五個または三個の入れ子で構成され、最も大きな器は、僧尼が托鉢として乞食修行に用いたり、粥を受けたりした。それより小さな器は、汁や漬物、副菜を受けた。この粥を受ける鉢は、釈迦の頭骨とされたことから、頭鉢と呼ばれて口を直接、つけることは、許されない。そのため、匙や箸が用いられることとなる。

冒頭に記したように『常陸国風土記』に仏教にかかわる記述は、すこぶる少ない。しかし、『今昔物語集』などに登場するような乞食修行者が、常陸国にもいたはずである。この乞食修行者像が、考古学資料を通してどのように変わるのか。『常陸国風土記』などの文献史料の影に隠れた人々(社会集団)の姿を、常陸国を舞台として掘り起こしてみたい。

なお、最も古い仏鉢の記述は、『日本書紀』の持統天皇三年(六八九)正月条である。越の蝦夷であった沙門道信に「仏像一軀、灌頂の幡鍾鉢各一口、〈略〉賜ふ」と記されている。

# 1　仏鉢の種類、出土遺構、共伴土器

## (1) 焼き物の種類

まず、口縁部が屈曲した半球形、または独楽形で、両手で抱えることのできる大きさまでの器を仏鉢と、ここでは規定する。玉石や金、銀、金銅、そして鉄などの金属、三彩陶器や緑釉陶器、青磁や白磁などの焼き物、漆器など様々な材質がみられる。なかでも乞食修行には、鉄鉢と焼き物の「瓦鉢」が用いられた。「鉄鉢」はその通称である。

ところが、遺跡から出土する仏鉢は、その大半が焼き物である。「瓦鉢」の言葉にふさわしい須恵器、土師器、黒色土器である。金属は鋳つぶされ、漆器は腐食し消滅するからである。なお、東大寺正倉院御物の仏鉢は、玉石や瑠璃などがあり、実際にそれらが存在したことを示唆してくれる。あるいは焼きが良く、比重の重い須恵器の仏鉢は、石の鉢と見まちがう出来栄えの製品もあり、限りなく玉石や瑠璃を模倣したためと考えられる[1]。

中国の令制に基づく階層構造は、食器や文房具など手工業製品にも適用され、日本の古代社会にも導入された。仏鉢も例外ではない。「玉石金銀銅鉄」という素材の違いを超えて、形(形式)は、「模倣の連鎖」を繰り返し、素材や仕上げの違いによって格差を表象したのである。

さて、常陸国と下総国の北西部を含む茨城県では、発掘調査によって出土した鉄、須恵器、土師器、黒色土器の仏鉢が、およそ160点報告されている。その内訳は、鉄製1点、須恵器37点(44%)、土師器20点(24%)、黒色土器28点(33%)である。瓦鉢は、須恵器製と思われがちであるが、意外にも土師器や黒色土器の比率が大きい。

2割5分近くの土師器、3割強の黒色土器という組成は、常陸国や東関東という地域性を反映した数値である。常陸国をはじめ、下野、常陸、下総、上総といった東関東の地域では、奈良・平安時代の窯業製品は、須恵器を主体と

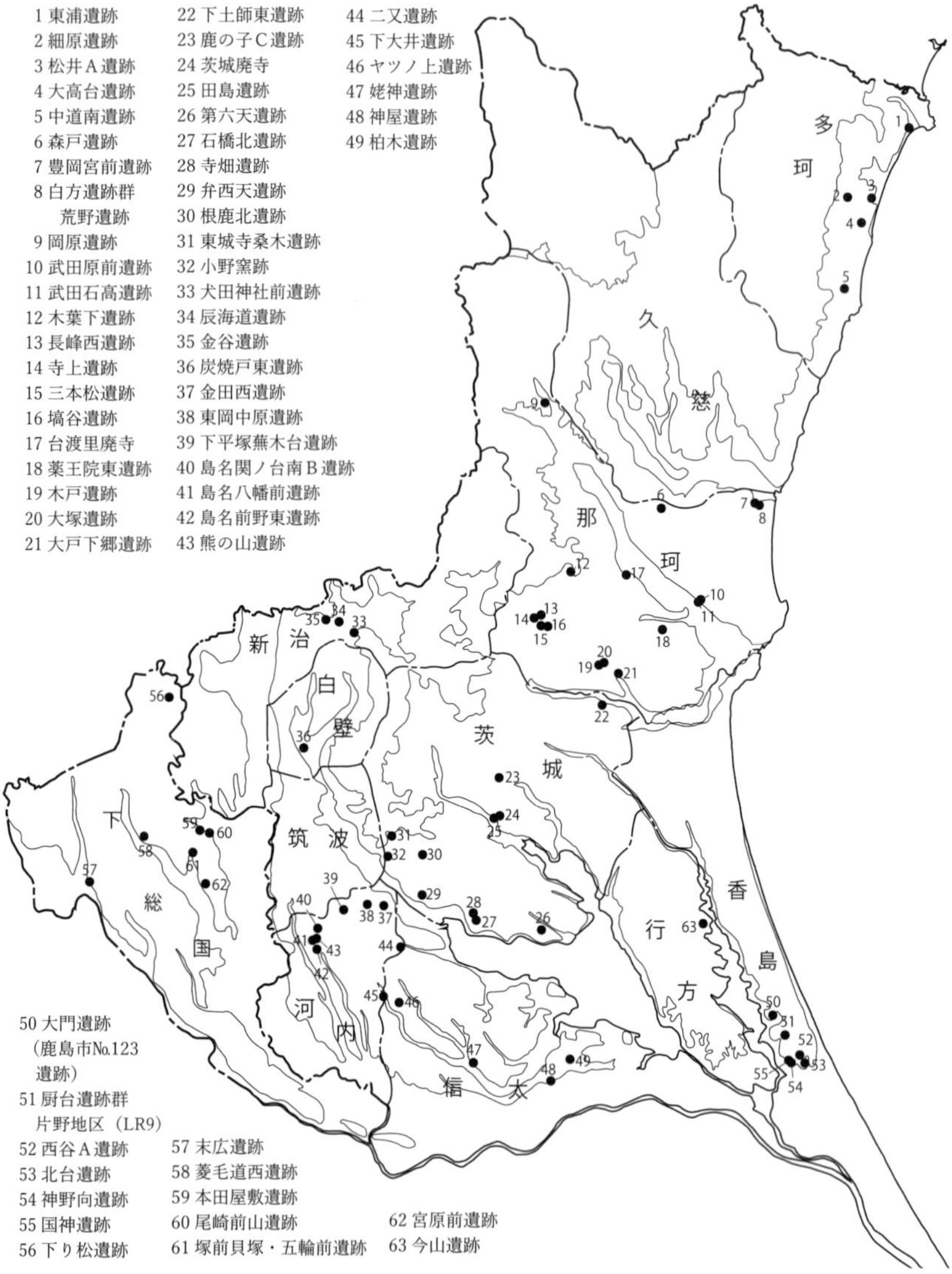
1 東浦遺跡
2 細原遺跡
3 松井A遺跡
4 大高台遺跡
5 中道南遺跡
6 森戸遺跡
7 豊岡宮前遺跡
8 白方遺跡群
荒野遺跡
9 岡原遺跡
10 武田原前遺跡
11 武田石高遺跡
12 木葉下遺跡
13 長峰西遺跡
14 寺上遺跡
15 三本松遺跡
16 塙谷遺跡
17 台渡里廃寺
18 薬王院東遺跡
19 木戸遺跡
20 大塚遺跡
21 大戸下郷遺跡
22 下土師東遺跡
23 鹿の子C遺跡
24 茨城廃寺
25 田島遺跡
26 第六天遺跡
27 石橋北遺跡
28 寺畑遺跡
29 弁西天遺跡
30 根鹿北遺跡
31 東城寺桑木遺跡
32 小野窯跡
33 犬田神社前遺跡
34 辰海道遺跡
35 金谷遺跡
36 炭焼戸東遺跡
37 金田西遺跡
38 東岡中原遺跡
39 下平塚蕪木台遺跡
40 島名関ノ台南B遺跡
41 島名八幡前遺跡
42 島名前野東遺跡
43 熊の山遺跡
44 二又遺跡
45 下大井遺跡
46 ヤツノ上遺跡
47 姥神遺跡
48 神屋遺跡
49 柏木遺跡
50 大門遺跡
(鹿島市№123
遺跡)
51 厨台遺跡群
片野地区（LR9）
52 西谷A遺跡
53 北台遺跡
54 神野向遺跡
55 国神遺跡
56 下り松遺跡
57 末広遺跡
58 菱毛道西遺跡
59 本田屋敷遺跡
60 尾崎前山遺跡
61 塚前貝塚・五輪前遺跡
62 宮原前遺跡
63 今山遺跡
多珂
久慈
那珂
新治
白壁
茨城
筑波
下総国
河内
信太
行方
香島

第1図　仏鉢の出土遺跡

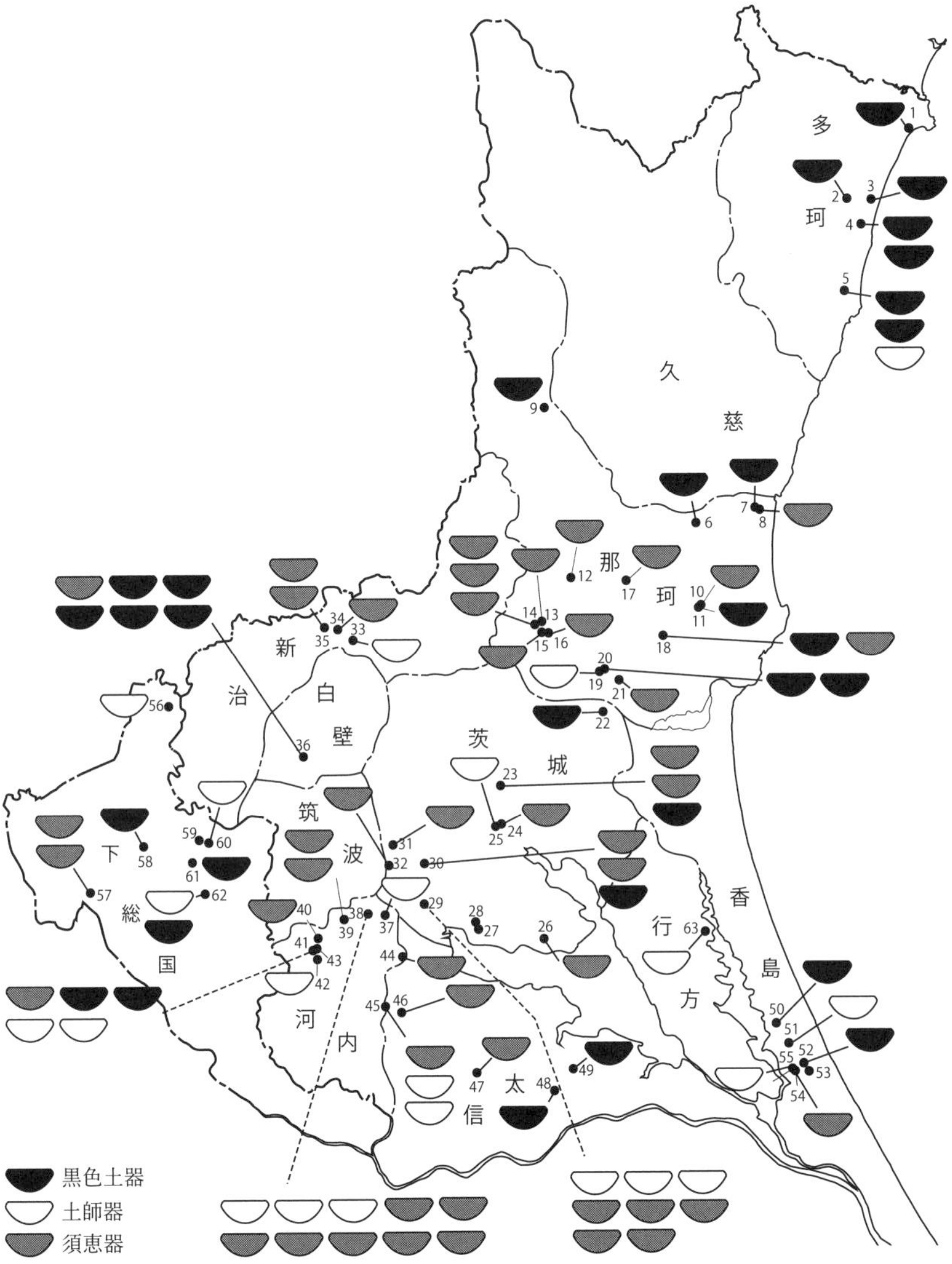


第２図　仏鉢の種類と出土数

しつつも土師器や黒色土器の生産、消費も盛んで、十世紀以降、その傾向はより顕著となる。一般消費財（雑器）のこうした傾向と瓦鉢の消費は、合致していたといえる。

もう少し詳しく、その推移を探ってみよう。焼き物の種類別の推移を第３図で確認したい。前提として、一世紀を三区分（前葉・中葉・後葉）した時期に資料を落とし込むこととした。[2] その結果、八世紀前葉に登場した仏鉢は、徐々に消費量を増加させ、九世紀の前葉にやや落ち込む。九世紀中葉に再び急上昇し、十世紀前葉、急激に落ち込む。三種類の仏鉢は、八世紀前葉から十世紀前葉まで継続してみられた。その後、土師器だけが十世紀後葉まで続いた。なお、いまのところ七世紀に遡る焼き物の仏鉢は、常陸国にみられない。

さらに詳しくみると須恵器の仏鉢は、九世紀前葉までは四例前後で推移するが、九世紀中葉には３倍となる。それが九世紀後葉に中葉と比べ３分の２に減少し、十世紀中葉に突如みられなくなる。また黒色土器の仏鉢は、八世紀前葉から徐々に消費量を増加させ、九世紀後葉には中葉の２倍となり、須恵器の仏鉢と逆転する。しかし、その後は姿を消す。さらに土師器の仏鉢は、八世紀中葉に須恵器や黒色土器を凌ぎ６例と最も多くなり、その後徐々に消費量を減らしていく。そして、十世紀後葉までその存在が確認できる。

まとめると、①仏鉢の登場は八世紀前葉に下ること、②仏鉢は焼き物の種類によって消費の頂点が異なること、③仏鉢は十世紀前葉を過ぎるとごくわずかとなることなどである。これらの事実は、次の実態を映していると考えたい。まず①によると、現状の資料では、焼き物の仏鉢の需要が七世紀に遡らない。その需要者、つまり乞食修行を行う人々がいなかったか、安置する仏堂や房が、圧倒的に少なかったためと考えられる。

つぎに②を考えたい。まず、須恵器の仏鉢である。そもそも須恵器を焼いた窯のおもな操業期間は、八世紀中葉から九世紀後半である。その製品のおもな需要は、集落の消費者であり、その消費行動によって、生産量、操業の契機も左右されたと考えられる。仏鉢は、その一般消費財（雑器）の生産に付帯して、限られた数が生産された製品である。

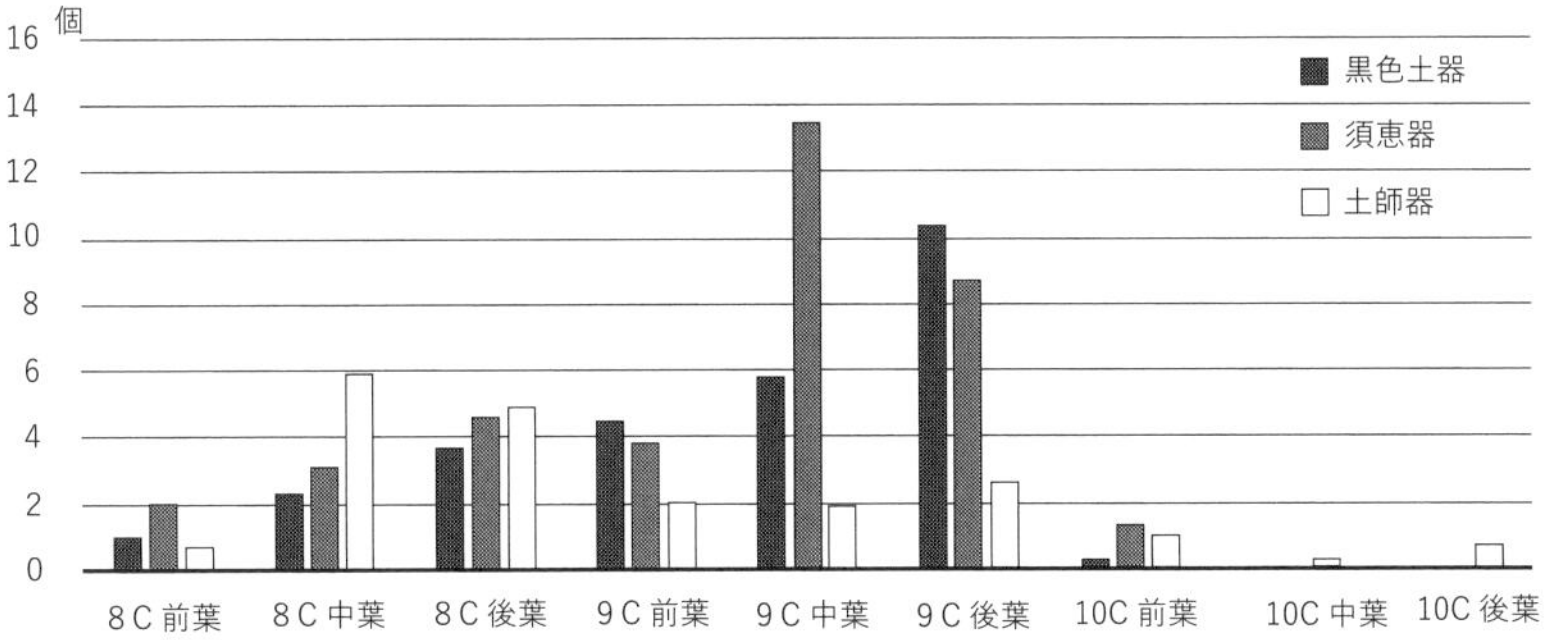


第３図　仏鉢の種類別出土数

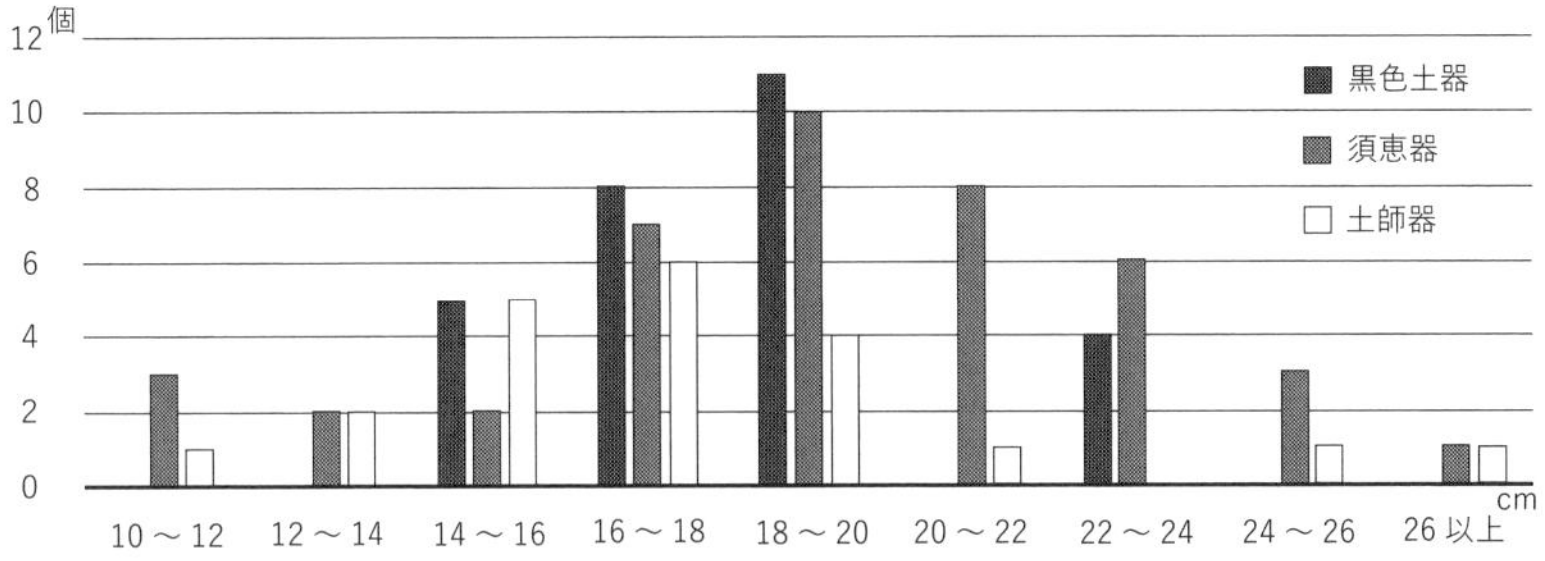


第４図　仏鉢の種類別法量（口径）

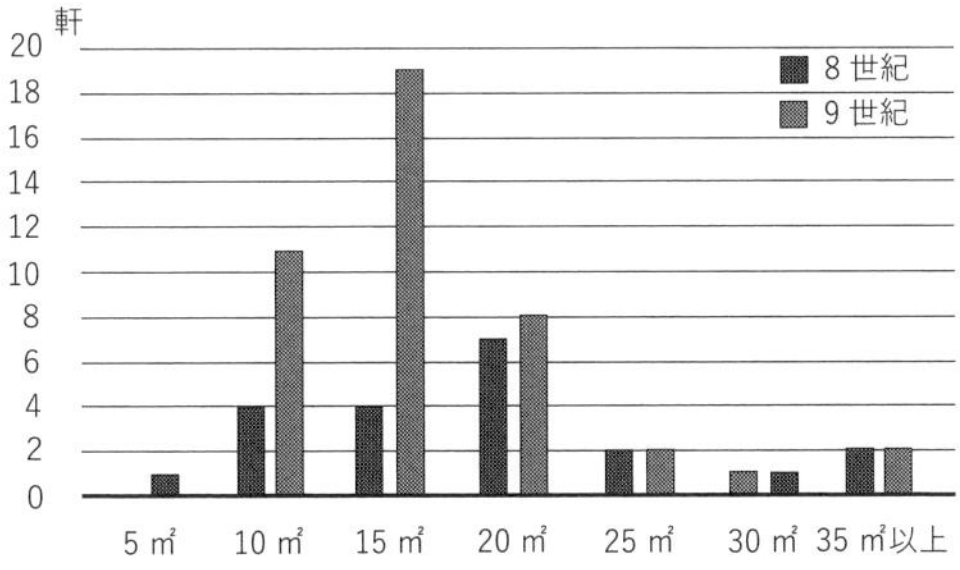


第５図　仏鉢が出土した竪穴住居跡の竪穴面積

第１表　仏鉢と共伴した土器

| | 食器 | 煮沸具 | 貯蔵具 |
|---|---|---|---|
| 黒色土器 | 16 点 (21%) | 0 点 (0 %) | 0 点 (0 %) |
| 須恵器 | 362 点 (72%) | 15 点 (9%) | 72 点 (91%) |
| 土師器 | 34 点 (7%) | 149 点 (91%) | 0 点 (0 %) |
| 灰釉陶器 | 2 点 (1%) | 0 点 (0 %) | 7 点 (9%) |
| 合計 | 504 点 (67%) | 164 点 (22%) | 79 点 (11%) |

消費者の絞られた限定的生産、または発注者の要請に沿った特別注文の生産品であった可能性が高い。それは、須恵器窯に仏鉢を専焼した窯がみられないことからも明らかである。

いっぽう、土師器や黒色土器は、古墳時代以来続く低火度焼成の土器である。歩留まりも少なく焼き物として、古代末まで続いた。また、黒色土器が鉄器や漆器を表現(模倣)した代替品と考えることもできる。

そして③である。十世紀前葉を境として、焼き物の仏鉢が姿を消す。たとえば、黒色土器は黒漆器の仏鉢へ、土師器は白木か墨染めした仏鉢へ変容したとも考えられる。または、隆盛していく鉄生産を背景に、鉄鉢へ転換したとも考えられるが、実例が乏しいことから検証は難しい。

### (2) 仏鉢が出土した遺構

さまざまな遺構から仏鉢は出土した。資料数112例の内訳は、竪穴住居跡85(76%)、掘立柱建物跡5(5%)、須恵器窯跡2(2%)、鉄生産工房跡1(1%)、土壙5(5%)、溝跡4(4%)、谷1(1%)、遺構外9(9%)となる。このうち、溝跡・谷・遺構外は、遺構というよりも埋没の過程で窪みに流入した遺物である。また、掘立柱建物跡の出土は、柱穴や柱痕跡に埋もれた遺物であり、窯跡は生産遺跡であるから、消費行動を示す事例ではない。それらを除くと竪穴住居跡94%、工房跡1%、土壙5%となる。竪穴住居跡から出土した仏鉢が圧倒的に多い。竪穴住居に居住した人物が仏鉢を消費したのである。

この竪穴住居跡をさらに詳しく見ていこう。

第5図は、竪穴住居跡の竪穴規模を五平方㍍刻みで累積させた図である。八世紀と九世紀に分けて掲載した。一般的に竪穴住居跡は、奈良時代から平安時代に向かい小さくなるからである。ちなみに資料数は、八世紀22軒、九世紀43軒である。なお、竪穴住居跡の一辺が、調査区外や重複によって失われた場合は除外した。

この仏鉢が出土した竪穴住居跡の平均値は、八世紀が17．4平方㍍、九世紀が14．2平方㍍である。ちなみに一般的な竪穴住居跡は、八世紀が4㍍×5㍍の20平方㍍、九世紀が3．5㍍×4㍍の14平方㍍ほどである。このことから、仏鉢出土の竪穴住居跡は、八世紀は小さく、九世紀は規模に違いがないこととなる。しかし、5平方㍍ごとの累積資料数をみると、八世紀は、10平方㍍から20平方㍍に八割が集まり、平均的であるが、九世紀は、15平方㍍の竪穴住居跡を頂点とする正規分布を示す。

一見、九世紀になると15平方㍍の竪穴住居跡は、九世紀の平均的な大きさに近い。通説的に考えると、仏鉢出土の竪穴住居跡は、「修行を積む単身者だから小型住居」、「集落のヒエラルキーでは底辺だったから小型住居」としがちである。しかし、数値化し、度数分布をみると、仏鉢出土の有無が、竪穴住居の規模を左右しないことがわかる。それならば、そのくらし、生活は、集落の一般居住者と相違がなかったと考えるのが自然である。なお、30平方㍍を超える竪穴住居跡からも仏鉢が出土しており、その多様性をみることができる。(3)

### (3) 仏鉢と共伴した土器

つぎに仏鉢と共伴した遺物について、その組成を検討したい。まず、共伴遺物を確認できた竪穴住居跡は、72軒である。共伴遺物の点数は、1点2例、2点3例、3点9例、4点～13点まで複数例があり、15点以降は1～2例ずつである。最多は43点であった。平均は10．4点、中央値は8点である。(4)

この数値は、竪穴住居跡の一般的な共伴遺物数と大差がない。仏鉢を用いた者が特別な消費行動をとっていたのではなかったことがわかる。さらに、焼き物の種類と用途によって分類すると、第1表のようになる。共伴遺物の平均的な組成は67％が食器、22％が煮沸具、11％が貯蔵具である。このほか、特殊器種の水瓶、耳皿がある。灰釉陶器である。この事例は、使用者の階層性を示すかもしれない。

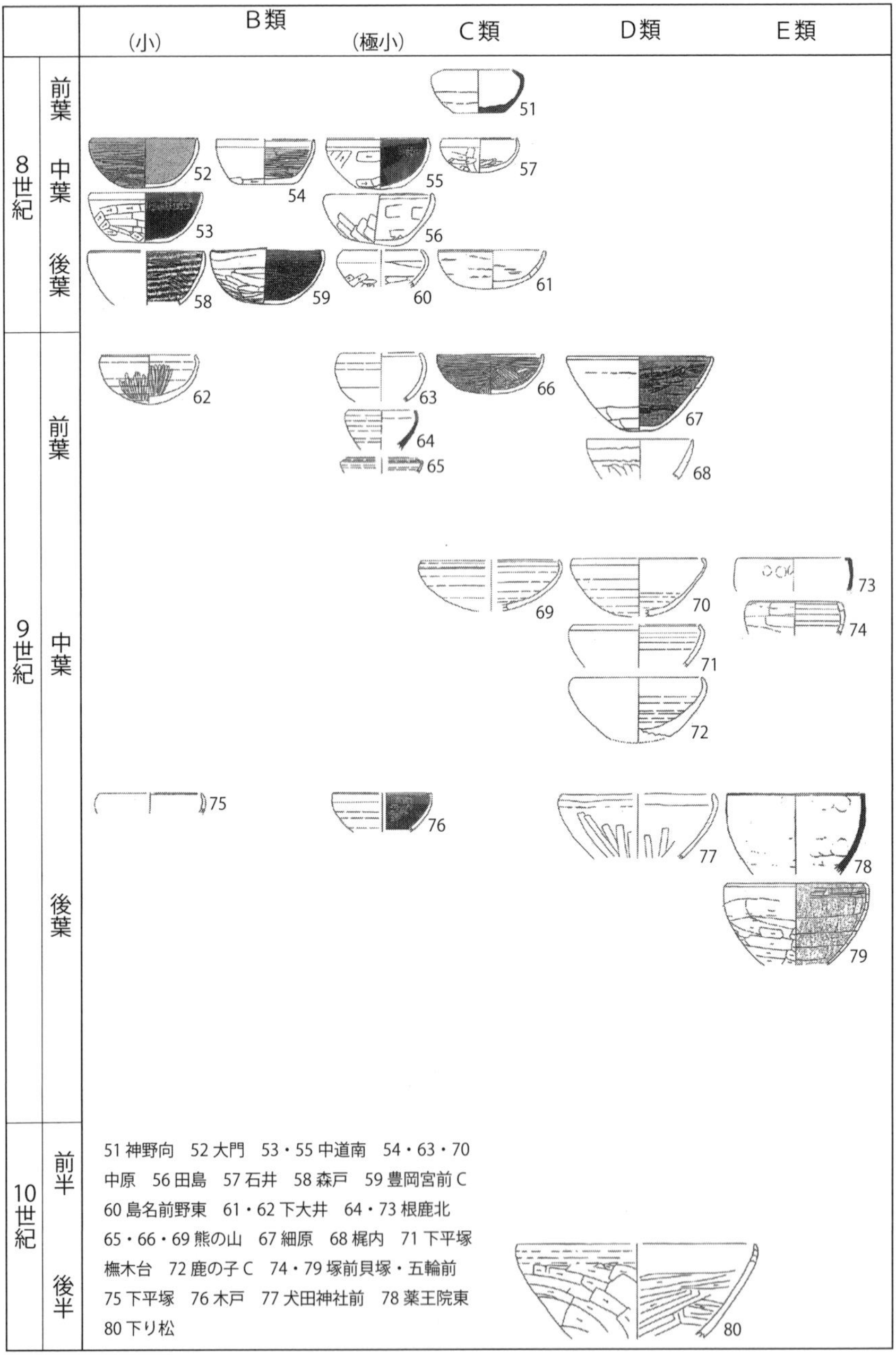


第6図　茨城県の仏鉢の分類と変化(1)

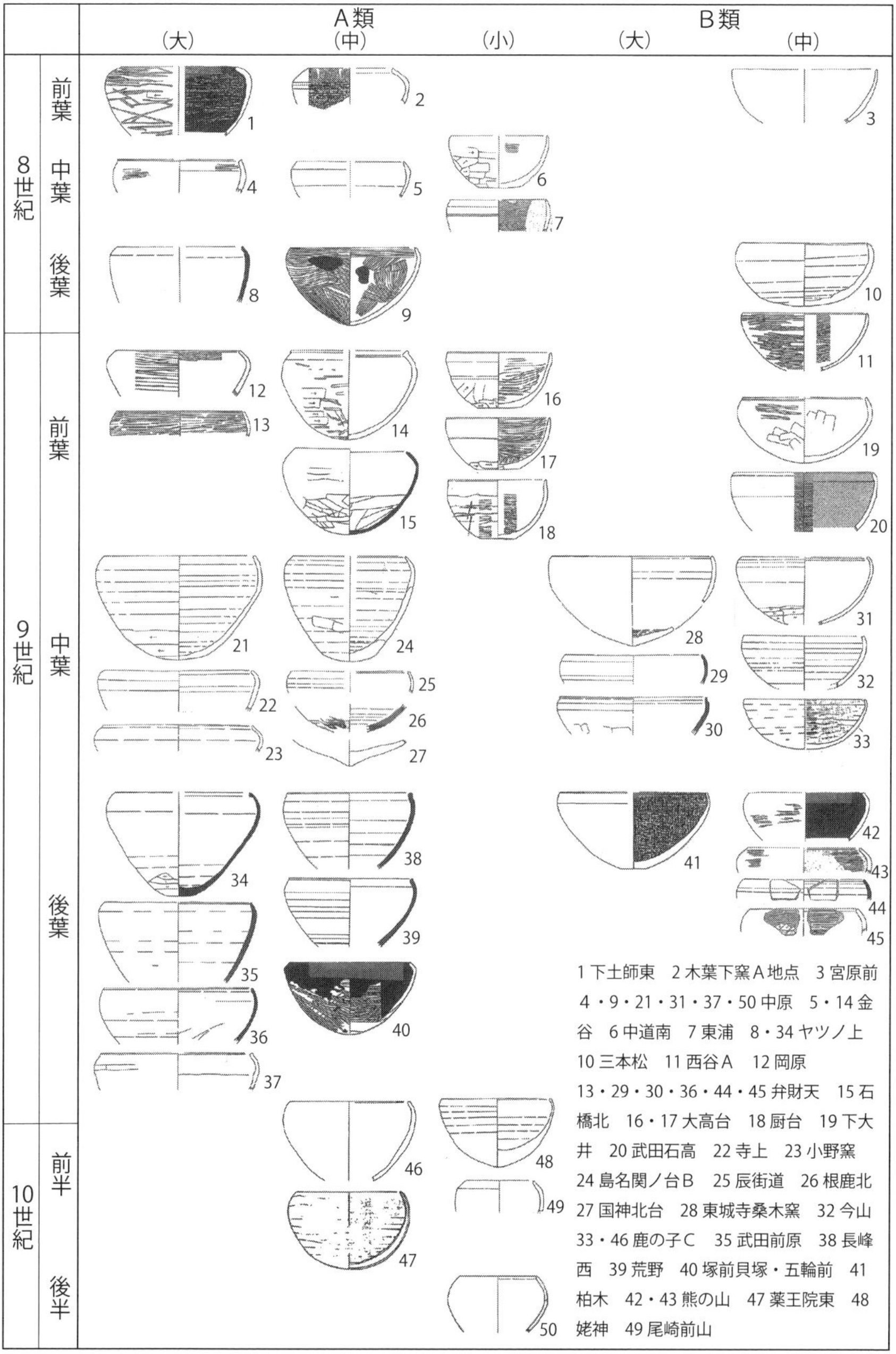


第7図　茨城県の仏鉢の分類と変化(2)

## (4) 仏鉢の型式と模倣の連鎖

仏鉢の形状は、「底部が尖り、大きく内湾して立ち上がり、口縁部で小さく屈曲する広口の鉢」である。この仏鉢を以下の基準で細分した。

**A類** 深めのボール状である。最大径は高さの1．3～1．8倍である。大・中・小の大きさがある。最大径40㌢前後を「大」、35㌢前後を「中」、30㌢以下を「小」とした。

**B類** やや浅めのボール状である。最大径は高さの2倍から2．3倍である。大きさに大・中・小・極小の四種がある。最大径40㌢前後を「大」、35㌢前後を「中」、30㌢以下を「小」、20㌢前後を「極小」とした。

**C類** さらに扁平で深めの皿に近い。最大径は高さの3倍前後である。なお、C類の器形は、古墳時代後期の土師器坏や須恵器坏蓋に近い。しかし、奈良・平安時代にこの器形は消滅することから、仏鉢の一型式と考えた。

**D類** 底部から直線的に開き、口縁部で小さく、そして鋭く屈曲する。やはり、A類同様、大中小がある。

**E類** 口唇部で直角に近く鋭く屈曲する深めの土器である。大と中があり、小はない。

以上の分類を概括すると、A類とB類は出土点数が多く、常陸国では一般的な仏鉢といえる。そのいっぽう、C・D・E類は出土数が乏しい。とくにC類は3点、E類は4点である。しかし、たとえばつくば市東岡中原遺跡の438号住居跡では、A類とC類が共伴する。金属器や漆器などモデルがC・D・E類にもあったと考えたい。(5)

さて、一般的な仏鉢A類と仏鉢B類であるが、須恵器、土師器、黒色土器の別を問わず、出土点数の推移をみると、A類は八世紀前葉から始まり、九世紀前葉に一気に上昇し、九世紀後葉を頂点として徐々に出土点数が減り、十世紀後半まで続いた。また、B類はA類同様、八世紀前葉に始まるが、早くも八世紀中葉に急上昇し、後葉から出土数を減らし、九世紀後葉まで続いた。

また、法量によるA類三種、B類四種は、以下のように推移した。A類は大中から始まり続いて小が登場し、九世紀後葉まで大中は拮抗した。しかし、十世紀前葉を越えると中小、そして小のみとなる。B類はより複雑で、当初は中と極小だったが、八世紀中葉は小と極小、後葉に中を交え、九世紀中葉に大と中となり、後葉に終焉を迎えた。この傾向は、仏鉢の大中小(極小)が、等数生産され、応量器として用いられていなかったことを裏づける。

仏鉢は、一般的な窯業製品の生産、消費サイクルに便乗して生産、消費されたので、形状や法量に画一性を欠くと考えたい。応量器としてセット関係を保っていたならば、A類は次第に大型化し、九世紀中葉を境に小型化したことや、B類が大型化しつつ九世紀前葉に突如、終焉を迎えることなどは、ありえないからである。これは、器物の一般的な型式変化の方向性と合致した現象と考えたい。

また、深めの仏鉢(A類)か、浅めの仏鉢(B類)かの違いは、生産量の違い、つまり、それを需要した消費者の目的(用途)、あるいは嗜好の違いである。異なった対象をモデルとした模倣の相違が、出土量に反映したためである。また、B類からA類への型式変化でもない。

模倣の対象となった金属製や漆塗りなどの仏鉢の形式や法量に変化が生じたから、「写し」(模倣)の過程で強調されたのだと考えたい。鋳潰され、リサイクルされたり、腐り果て消滅したりした仏鉢が変化したから、土師器や須恵器、黒色土器の仏鉢に変化が及んだのである。

なお、器肉の厚い須恵器の仏鉢は、鋳造の鉄鉢を模倣したと考えられる。なかでも口唇端部が厚い「コ」の字状となる一群は、鋳物の羽釜や鍋と共通し、その模倣と理解したい。

## 2　仏鉢の出土と地域

ここでは、古代の郡を単位として出土遺跡数と出土個体数から、地域的な偏りを確認したい。もとより、開発にと

第2表　茨城県の仏鉢

| No. | 遺跡名 | 所在地 | | SI | 種別 | 時期 | 出典 |
|---|---|---|---|---|---|---|---|
| 1 | 東浦遺跡 | 北茨城市関南町神岡 | | 14住 | 黒色土器 | 8世紀Ⅲ(8世紀Ⅳ) | 早川二〇一七 |
| 2 | 細原遺跡 | 北茨城市中郷町日棚 | | 4次2住 | 黒色土器 | 9世紀前葉 | 北茨城市埋蔵文化財調査会一九九四 |
| 3 | 松井A遺跡 | 北茨城市中郷町松井 | | SI21 | 黒色土器 | 9世紀後葉 | 板野二〇〇三 |
| 4 | 大高台遺跡 | 高萩市赤浜 | a | 7住 | 黒色土器 | 9世紀前葉 | 三浦・萩原二〇一二 |
| | | | b | 9住 | 黒色土器 | 9世紀前葉 | |
| 5 | 中道南遺跡 | 日立市十王町伊師本郷字中道南 | a | 30住 | 黒色土器 | 8世紀中葉 | 木村二〇一五 |
| | | | b | 30住 | 黒色土器 | 8世紀中葉 | |
| | | | c | 30住 | 土師器 | 8世紀中葉 | |
| 6 | 森戸遺跡 | 那珂郡那珂町額田北郷 | | 15住 | 黒色土器 | 8世紀後葉 | 加藤・西野・浅井一九九〇 |
| 7 | 豊岡宮前遺跡 | 東海村豊岡 | | SI142 | 黒色土器 | 8世紀後葉 | 小川・大渕二〇〇九 |
| 8 | 白方遺跡群荒野遺跡 | 東海村大字白方字荒野 | | 2住 | 須恵器 | 9世紀前半 | 小川・大渕一九九六 |
| 9 | 岡原遺跡 | 常陸大宮市門井 | | SI02 | 土師器 | 8世紀後～9世紀前 | 湯原二〇一一 |
| 10 | 武田原前遺跡 | ひたちなか市武田 | | 25住 | 須恵器 | 9世紀Ⅲ | 佐々木二〇〇六 |
| 11 | 武田石高遺跡 | ひたちなか市武田 | | 16住 | 黒色土器 | 9世紀Ⅱ | 佐々木二〇〇〇 |
| 12 | 木葉下遺跡 | 水戸市木葉下 | | A地点灰原 | 須恵器 | 8世紀前葉 | 根本一九八三 |
| 13 | 長峰西遺跡 | 笠間市小原 | | 27住 | 須恵器 | 9世紀後半 | 大賀二〇一〇 |
| 14 | 寺上遺跡 | 笠間市小原 | a | A区17住 | 須恵器 | 8世紀後半 | 松田・土生二〇一二 |
| | | | b | C区28住 | 須恵器 | 9世紀中葉～後葉 | |
| | | | c | C区4住 | 須恵器 | 9世紀中～後 | |
| 15 | 三本松遺跡 | 笠間市小原 | | SI83 | 須恵器 | 8世紀後半 | 早川・板野二〇〇三 |
| 16 | 堝谷遺跡 | 笠間市小原 | | A区21住 | 須恵器 | | 常深・土生二〇一一 |
| 17 | 台渡里廃寺 | 水戸市渡里町 | | 南方地区伽藍地区区画溝 | 須恵器 | 漆塗り | 川口・小松崎二〇〇五 |
| 18 | 薬王院東遺跡 | 水戸市元吉田町 | a | 17住 | 黒色土器 | 9世紀Ⅳ～10世紀Ⅰ | 井上・植田一九九〇 |
| | | | b | 17住 | 須恵器 | 9世紀Ⅳ～10世紀Ⅰ | |
| 19 | 木戸遺跡 | 東茨城郡茨城町大戸 | | 5溝 | 黒色土器 | 9世紀中葉 | 井上・小林二〇〇六 |
| 20 | 大塚遺跡 | 東茨城郡茨城町大字大塚 | a | C4区 | 黒色土器 | | 井上・小林二〇〇六 |
| | | | b | 5号溝 | 黒色土器 | 9世紀中葉 | |
| 21 | 大戸下郷遺跡 | 東茨城郡茨城町大字大戸 | | 118住 | 須恵器 | 8世紀後葉～9世紀初頭 | 綿引・松本二〇〇六 |
| 22 | 下土師東遺跡 | 東茨城郡茨城町大字下土師字東山 | | 90住 | 黒色土器 | 8世紀前葉 | 芳賀・菊池二〇〇八 |
| 23 | 鹿の子C遺跡 | 石岡市鹿の子 | a | 96住 | 須恵器 | 9世紀中葉 | 川井・佐藤一九八三 |
| | | | b | 50A・B住 | 須恵器 | 10世紀前葉 | |
| | | | c | 3次27住 | 黒色土器 | 9世紀中葉 | |

| | | | | | | | |
|---|---|---|---|---|---|---|---|
| 24 | 茨城廃寺 | 石岡市柿岡 | | | | | 谷仲二〇一八 |
| 25 | 田島遺跡 | 石岡市田島 | | 46住 | 土師器 | 8世紀中葉 | 飯田・大関二〇〇九 |
| 26 | 第六天遺跡 | かすみがうら市牛渡 | | 表採 | 須恵器 | | 渥美二〇〇四 |
| 27 | 石橋北遺跡 | 土浦市下高津 | | | | | |
| 28 | 寺畑遺跡 | 土浦市下高津 | | | | | 茨城県立歴史館一九九五 |
| 29 | 弁西天遺跡 | 土浦市大字常名 | a | 32住 | 土師器 | 8世紀前半 | 吉澤二〇〇六 |
| | | | b | 40住 | 須恵器 | 9世紀後半 | |
| | | | c | 46住 | 須恵器 | 9世紀中葉 | |
| | | | d | 64住 | 土師器 | 9世紀後半 | |
| | | | e | 64住 | 須恵器 | 9世紀後半 | |
| | | | f | 67住 | 土師器 | 8世紀後半 | |
| | | | g | 第2号溝 | 須恵器 | 9世紀末以降 | |
| | | | h | 遺構外 | 須恵器 | | |
| 30 | 根鹿北遺跡 | 土浦市大字今泉 | a | 南西埋没谷 | 須恵器 | | 関口・福田一九九七 |
| | | | b | 3号掘立 | 須恵器 | 9世紀前葉～中葉 | |
| | | | c | 南西埋没谷 | 黒色土器 | 9世紀前葉～中葉 | |
| 31 | 東城寺桑木遺跡 | 土浦市東城寺 | | 表採 | 須恵器 | 8世紀後葉 | 赤井二〇〇〇 |
| 32 | 小野窯跡 | 土浦市小野 | | 3号窯跡 | 須恵器 | 8世紀中葉 | 土浦市教育委員会二〇一三 |
| 33 | 犬田神社前遺跡 | 桜川市大字犬田字中根前 | | 77住 | 土師器 | 9世紀後半 | 榊・石川二〇〇四 |
| 34 | 辰海道遺跡 | 桜川市大字長方字南辰海道 | | 214住 | 須恵器 | 9世紀中葉 | 仲村・後藤二〇〇四 |
| 35 | 金谷遺跡 | 桜川市西飯岡字金谷 | a | 60溝 | 須恵器 | 8世紀中葉～後葉 | 青木・小松崎二〇〇六 |
| | | | b | 49住 | 須恵器 | 9世紀前葉 | |
| 36 | 炭焼戸東遺跡 | 筑西市松原 | a | SI09 | | 10世紀前か | 田中二〇〇九 |
| | | | b | 13住 | 黒色土器 | 9世紀中葉 | |
| | | | c | 14住 | 黒色土器 | 9世紀後葉 | |
| | | | d | 15住 | 黒色土器 | 9世紀後葉 | |
| | | | e | 15住 | 黒色土器 | 9世紀後葉 | |
| | | | f | 15住 | 黒色土器 | 9世紀後葉 | |
| | | | g | 15住 | 須恵器 | 9世紀後葉 | |
| 37 | 金田西遺跡 | 筑西市松原 | | 12号トレンチ | 土師器 | | 折原二〇〇六 |
| 38 | 東岡中原遺跡 | つくば市大字東岡 | a | SK443 | 須恵器 | 9世紀中葉 | 白田二〇〇三 |
| | | | b | 339住 | 須恵器 | 9世紀前葉 | 成島・宮田二〇〇〇 |
| | | | c | 342住 | 土師器 | 8世紀後葉 | |
| | | | d | 381住 | 土師器 | 8世紀中葉 | |

| | | | | | | | |
|---|---|---|---|---|---|---|---|
| | | | e | 438住 | 須恵器 | 9世紀中葉 | 成島・宮田二〇〇〇 |
| | | | f | 467住 | 須恵器 | 9世紀後葉 | |
| | | | g | 438住 | 須恵器 | 9世紀中葉 | |
| | | | h | 474住 | 須恵器 | 8世紀中葉 | |
| | | | i | 501住 | 須恵器 | 8世紀後葉 | |
| | | | j | 501住 | 土師器 | 8世紀後葉 | |
| 39 | 下平塚蕪木台遺跡 | つくば市大字下平塚字狐脇 | a | 34住 | 須恵器 | 9世紀中葉 | 白田・飯田二〇〇九 |
| | | | b | 163土壙 | 須恵器 | 9世紀中葉 | |
| 40 | 島名関ノ台南B遺跡 | つくば市大字島名字関ノ台 | | 1号鍛冶工房 | 須恵器 | 9世紀中葉 | 鹿島二〇〇四 |
| 41 | 島名八幡前遺跡 | つくば市大字島名字八幡前 | | | | | 吹野・青木二〇〇三 |
| 42 | 島名前野東遺跡 | つくば市大字島名字前野 | | 69土壙 | 土師器 | 8世紀後半以降 | 寺門・田原二〇〇二 |
| 43 | 熊の山遺跡 | つくば市大字島名字香取前 | a | 2378住 | 須恵器 | 9世紀中葉 | 斎藤・酒井二〇〇八 |
| | | | b | 1315住 | 黒色土器 | 9世紀後葉 | |
| | | | c | 遺構外 | 黒色土器 | | |
| | | | d | 2372住 | 土師器 | 9世紀前葉 | |
| 44 | 二又遺跡 | 土浦市中村西根 | | SI04 | 須恵器 | 9世紀後 | 関口二〇〇二 |
| 45 | 下大井遺跡 | つくば市大字大井 | a | 33住 | 土師器 | 8世紀後葉 | 川津二〇〇一 |
| | | | b | 3住 | 土師器 | 9世紀前葉 | |
| | | | c | 9住 | 須恵器 | 9世紀前葉 | |
| 46 | ヤツノ上遺跡 | 牛久市下根町 | a | 3住 | 須恵器 | 9世紀後半 | 小高一九九三 |
| | | | b | 9住 | 須恵器 | 8世紀後葉 | |
| 47 | 姥神遺跡 | 牛久市奥原 | | 88住 | 須恵器 | 9世紀後半 | 奥原遺跡発掘調査会一九八九 |
| 48 | 神屋遺跡 | 稲敷市大字清水字神屋 | | SI052 | 黒色土器 | 9世紀後葉 | 斎藤・坂本二〇一六 |
| 49 | 柏木遺跡 | 稲敷郡桜川村古渡 | | 74住 | 黒色土器 | 9世紀後葉 | 松浦一九九二 |
| 50 | 大門遺跡（鹿島市No.123遺跡） | 鹿嶋市大字須賀 | | KT120 SX017 | 黒色土器 | 9世紀前半 | 石橋二〇一五 |
| 51 | 厨台遺跡群片野地区（LR9） | 鹿嶋市大字宮中字片野 | | SB76 | 土師器 | | 田口・岩松一九九五 |
| 52 | 西谷A遺跡 | 鹿嶋市大字宮中字東山 | | SB2 | 黒色土器 | 8世紀後葉 | 風間一九九五 |
| 53 | 北台遺跡 | 鹿嶋市大字木滝字北台 | | SB55 | | 9世紀中葉 | 小田代・岩松一九九二 |
| 54 | 神野向遺跡 | 鹿嶋市大字宮中 | | | | | 本田一九八五 |
| 55 | 国神遺跡 | 鹿嶋市大字木滝字国神 | | SB55 | 土師器 | 9世紀中葉 | 田口・岩松一九九三 |
| 56 | 下り松遺跡 | 結城市結城字下り松 | | 84住 | 土師器 | 10世紀後半 | 川津・平石一九九九 |
| 57 | 末広遺跡 | 猿島郡境町字末広 | a | SI03 | | 8世紀I | 松田二〇〇三 |
| | | | b | SI03 | | 9世紀I | |
| 58 | 菱毛道西遺跡 | 八千代町大字平塚 | | SI016 | 黒色土器 | 9世紀後半 | 斎藤二〇一九 |
| 59 | 本田屋敷遺跡 | 下妻市鬼怒 | | 1号焼土 | | 10世紀後葉 | 赤井一九九五 |

| | | | | | | | |
|---|---|---|---|---|---|---|---|
| 60 | 尾崎前山遺跡 | 結城郡八千代町尾崎 | | 5住 | 土師器 | 10世紀前葉 | 八千代町教育委員会一九九五 |
| 61 | 塚前貝塚・五輪前遺跡 | 常総市石下町鴻野山 | a | 4区26土壙 | 土師器 | 平安 | 土生二〇一七 |
| | | | b | 7区191住 | 黒色土器 | 9世紀Ⅳ | |
| | | | c | SⅠ027 | | 9世紀Ⅳ | |
| 62 | 宮原前遺跡 | 常総市大生郷町香取前 | | 6住 | 須恵器 | 8世紀前葉 | 斎藤二〇一一 |
| 63 | 今山遺跡 | 行方郡北浦村山田字今山 | | 2住 | 土師器 | 8世紀中葉 | 山田地区遺跡調査会一九九〇 |

もなう発掘調査が出土数に影響し、資料数は偏在する。しかし、それでもある一定の傾向を見ることは可能であろう[6]。

茨城県では、これまでに仏鉢が62遺跡（常陸国55遺跡、下総国北部7遺跡）、99点（常陸国89点、下総国北部10点）の出土が報告されている。このうち常陸国の2遺跡2点が、須恵器窯跡の出土である。郡ごとの内訳は、那珂郡が遺跡数で25.5％、遺物数で19.2％、茨城郡が遺跡数で20％、遺物数で25.9％、河内郡が遺跡数で16.4％、遺物数で25.9％である。この三郡で全体の遺跡数の6割、遺物数の7割を占める。

本来ならば、大郡（一六〜二〇里）の久慈郡、那珂郡、茨城郡、香島郡が際立って多く出土するはずである。しかし、那珂郡、茨城郡はともかく、小郡の河内郡に豊富な出土がみられる。それは、つくば市における開発にともなった発掘調査の件数や面積が、他地域のそれと比較にならないほど多いからである。なお、久慈郡や香島郡は大郡にもかかわらず少ない。木葉下窯や新治窯など大規模な須恵器窯から遠いからかもしれない[7]。

この三郡は、国府や国分寺の所在した茨城郡を挟み、南北に隣接する。東海道も郡内を貫く。こうした地勢的な優位性が、仏鉢の偏在に影響したと考えたい。そのため、仏鉢を用いた社会集団の活動は、この三郡に軸足を置いていたと考えられる。ここで仏鉢の出土状況について郡ごとに概観し、古代の仏教にかかわる社会集団の動向を考える手掛かりとしたい[8]。

**①多珂郡**　北茨城市東浦遺跡、松井A遺跡、細原遺跡、高萩市大高台遺跡、日立市中道南遺跡などから仏鉢が出土し

た。多珂郡は、常陸国で最北端の郡であり、古代東海道が陸奥国へ向けて通る郡である。北茨城市東浦遺跡は、近くを東海道の通る集落であり、八世紀後葉の仏鉢が竪穴住居跡から出土した。細原遺跡は、調査区の南斜面に掘立柱建物跡群が建てられ、これを取り巻くように竪穴住居群が形成された。仏鉢は、九世紀前葉の水瓶注口部とともに竪穴住居跡から出土した。この水瓶の胴部は、近くの竪穴住居跡から出土し、やや離れた3号住居跡から漆の容器も出土した。掘立柱建物群は仏堂や僧房ではないが、灰釉陶器の水瓶や黒色土器の仏鉢を保有した者が、居住していたことに違いはない。

高萩市大高台遺跡では、7号住居跡と9号住居跡から黒色土器の仏鉢がそれぞれ1点ずつ出土した。台地上に散漫に広がる集落である。東海道に近い日立市中道南遺跡は、竪穴住居跡が散漫に分布する遺跡である。その30号住居跡から3点の仏鉢が出土した。八世紀中葉の黒色土器2点、土師器1点である。近くに三間屋の掘立柱建物跡があるが、仏堂ではない。

**②那珂郡**　東海村豊岡宮前遺跡、白方遺跡群荒野遺跡、ひたちなか市武田石高遺跡、武田原前遺跡、那珂町森戸遺跡、常陸大宮市岡原遺跡、水戸市木葉下窯跡群、台渡里廃寺跡、薬王院東遺跡、笠間市寺上遺跡、長峰西遺跡、三本松遺跡、東茨城郡茨城町大塚遺跡、大戸下郷遺跡、木戸遺跡などで仏鉢が出土した。

東海村豊岡宮前遺跡は、古墳時代から平安時代にかけて古墳群や集落が形成された遺跡である。八世紀後葉の黒色土器の仏鉢が台地奥部の小規模竪穴住居跡から出土した。南に連続する荒野遺跡では、台地の縁辺、九世紀前半の竪穴住居から須恵器の仏鉢が出土した。ともに集落から外れた場所に建てられた住居である。

水戸市台渡里廃寺跡では、南方地区、伽藍地を区画する溝から、鉄製の仏鉢が出土した。この仏鉢は、内面に漆塗膜が付着しており、漆塗りであったことが確認されている［川口・小松崎 二〇〇五］。なお、南方地区には、九世紀後半に古代寺院が建立された。また、薬王院東遺跡では、17号住居跡から黒色土器と須恵器の仏鉢が出土した。九世紀第

3四半期から十世紀第1四半期とされる。

笠間市の寺上遺跡、長峰西遺跡、三本松遺跡は、小原地区から筒墒地区にかけて展開した古代集落群である。このうち寺上遺跡は、丘陵の斜面地に竪穴住居群と掘立柱建物群を形成する集落である。八世紀後半、九世紀中葉から後葉、九世紀中葉から後葉の3点の仏鉢が出土し、掘立柱建物群は、村落内寺院と報告される［松田・土生 二〇一二］。ただし、仏堂のような建物はない。また長峰西遺跡は、丘陵から続く舌状台地に形成された集落で、九世紀後半の小型住居跡から仏鉢が出土した。さらに三本松遺跡は、舌状台地に93軒が密集して展開した集落であり、八世紀後半の須恵器の仏鉢が出土した。複数の集落を仏鉢の保有者が移動したのかもしれない。

ひたちなか市武田石高遺跡は、竪穴住居群からなる集落だが、その九世紀第2四半期の小規模な竪穴住居跡から仏鉢が出土した。武田原前遺跡も古墳時代後期から続く集落であり、九世紀第3四半期の小規模な竪穴住居跡から仏鉢が出土した。茨城町桜の郷遺跡群では、500軒を超える竪穴住居跡が調査され、そのうち大塚遺跡、大戸下郷遺跡、木戸遺跡から仏鉢が出土した。大塚遺跡は黒色土器、大戸下郷遺跡は須恵器、木戸遺跡は黒色土器である。八世紀後葉から九世紀中葉の仏鉢である。なかでも大戸下郷遺跡では、陶硯や蓋付き短頸壺、油煙の付着した須恵器坏などが共伴した。

このほか、常陸大宮市岡原遺跡から仏鉢が出土した。岡原遺跡は、那珂川上流の中山間地、下野国那須地方へつながる交通路上にあり、その小集落から仏鉢が出土した。

**③茨城郡** 東茨城郡茨城町下土師東遺跡、石岡市鹿の子C遺跡、茨城廃寺、田島遺跡、かすみがうら市高倉廃寺、土浦市東城寺桑木遺跡、寺畑遺跡、根鹿北遺跡、小野遺跡、弁西天遺跡、二又遺跡などから仏鉢が出土した。茨城郡は、国府や国分寺の所在郡であるが、国府跡・国分寺跡から仏鉢の報告はない。

常陸国府とかかわる工房群が検出された鹿の子C遺跡からは、3点の仏鉢が出土した。九世紀中葉の96号住居跡

(須恵器)、3次27号住居跡(黒色土器)、十世紀前葉の50号A・B住居跡(須恵器)である。このなかで96号住居跡は、2点の長頸瓶や鞴の羽口が出土した工房跡である。仏鉢を工房の作業用容器として用いていた。また、常陸国府の国津にかかわる田島遺跡では、八世紀中葉の竪穴住居跡から土師器の仏鉢が出土した。

東茨城郡茨城町下土師東遺跡は、竪穴住居跡が涸沼川右岸の台地上に散漫に分布する遺跡である。茨城県内で最も古い八世紀前葉の仏鉢が出土した。

土浦市常名の弁西天遺跡は、西に突出した舌状台地に営まれた集落跡である。8点出土した仏鉢は、八世紀前葉(32号住居跡)、八世紀後葉(67号住居跡)、九世紀中葉(46号住居跡)、九世紀後葉(40号住居跡、64号住居跡〈2点〉)と続く。八世紀中葉と九世紀前葉の資料を欠くが、八世紀前葉から連続して仏鉢がみられる。

弁天西遺跡は、調査区の南西部に掘立柱建物群が検出され、仏堂や僧房を設けた遺跡であることがわかった。いっぽう、仏鉢の出土した竪穴住居跡は、集落の中央部に分布する。仏堂や僧房にかかわり、乞食修行にあたった者が、恒常的に居住したと考えたい。しかも、九世紀後葉には複数の人物が、仏鉢をそれぞれ保有したと推定できる。

また、根鹿北遺跡は、須恵器窯を含む集落だが、この遺跡もその南端に三間屋や一間屋の仏堂と考えられる建物群がある。さらに、南西の埋没谷からも瓦塔や仏鉢が出土した。底部に「佛」の墨書があり、まさに「仏の鉢」として用いたことがわかる。九世紀前葉から中葉の須恵器坏や油煙のついた燈明容器も共伴した。仏鉢が確実に仏教施設とかかわる数少ない事例である。

**④新治郡**　桜川市金谷遺跡、辰海道遺跡、犬田神社前遺跡から仏鉢の出土が報告されている。

桜川市辰海道遺跡では、九世紀中葉の214号住居跡から須恵器の仏鉢が出土した。仏堂と考えられる三間四面屋を含む掘立柱建物群が形成された。「庄」や「庄□」「八万八万家」「万富」などの庄園や吉祥句の書かれた墨書土器、薬草とかかわる陶臼が共伴する。辰海道遺跡は、初期庄園とかかわる拠点的な集落である。なお、仲村浩一郎は仏鉢の出土について、「(仏)鉢は僧尼の私有物として認められた食器であり、竪穴住居跡から出土していることは僧尼や仏教の信仰者が当集落の構成員であったことが想定される」と評価した〔仲村ほか 二〇〇四〕。このほか、犬田神社前遺跡では、九世紀後半の土師器の仏鉢、金谷遺跡では、九世紀前葉の須恵器の仏鉢が出土した。

**⑤白壁郡**　筑西市炭焼戸東遺跡から仏鉢が7点出土した。九世紀中葉1点(13号住居跡)、九世紀後葉5点(14号住居跡、15号住居跡〈4点〉)、十世紀前葉1点(9号住居跡)であり、九世紀中葉から十世紀前葉にかけて仏鉢を連続して保有したこととなる。4点もの仏鉢を保有した15号住居跡は、乞食修行が複数の修行者によって行われたことが想定される。「院」「佛御□」「□(家ヵ)」「寺」など、仏教にかかわる施設を示す墨書土器も出土した。

**⑥河内郡**　つくば市下平塚蕪木台遺跡、金田西遺跡、東岡中原遺跡、島名熊の山遺跡、島名前野東遺跡、島名関の台B遺跡、つくばみらい市鎌田遺跡などから仏鉢が出土した。

下平塚蕪木台遺跡は、蓮沼川右岸の台地上に散在する奈良・平安時代の集落跡である。仏鉢は、九世紀中葉の小規模な竪穴住居跡と土壙から出土した。油煙の付着した燈明容器も共伴した。また、島名関ノ台南B遺跡では、九世紀中葉の1号鍛冶工房跡から須恵器の仏鉢が出土した。仏鉢は、「焼土がU字状に廻った床面の中心部を掘り込んで据えた状態で検出」された。仏鉢を鍛冶工房の水桶として用いたらしい。

東岡中原遺跡は、東と西を樹枝状の小支谷が刻む舌状台地上に展開した奈良・平安時代の集落跡である。これまでに500軒を超える竪穴住居跡、150棟の掘立柱建物跡が調査され、八世紀前葉から十世紀前葉に位置づけられている。茨城県内では最多である。

これを時期ごとにみると、八世紀中葉2点(381号住居跡、474号住居跡)、八世紀後葉5点(6号住居跡、324A住居跡、342号住居跡、501号住居跡〈2点〉)、九世紀前葉1点(339号住居跡)、九世紀中葉2点(443号土壙、438号住居跡〈2点〉)、九世紀後葉1点(467号住居跡)となった。八世紀後葉が5点と最も多い。仏鉢の出土した竪穴住居跡は、各時期を通じて、集落の縁辺付近に構築されていた。さらに474号住居跡(1点)、339号住居跡(5点)、438号住居跡(4点)などでは、油煙の付着した燈明容器が共伴した。342号住居跡出土の仏鉢は、仏前に置かれ燈明によって、燻されたようである。

ところで、東岡中原遺跡に仏堂と考えられる建物が登場するのは、九世紀後葉を待たなければならない。この遺跡は、八世紀前葉、倉や屋で構成した建物群から始まる。しかし、僧房といえる建物はない。九世紀後葉に南北棟の三間四面屋が建てられた。豊富な緑釉陶器や初期貿易陶磁器などの出土からもわかるように、集落の経済的成長が仏堂の建立につながったと考えたい。

河内郡家とかかわる金田西遺跡では、内面を丁寧に磨いた土師器の仏鉢が出土した。口縁部の内外に油煙が付着し、燈明容器として用いていたらしい。

河内郡島名郷を構成した熊の山遺跡は、3000軒を超える竪穴住居跡や120棟を超える掘立柱建物跡などが検出された。古墳時代から奈良・平安時代にわたる集落跡である。東岡中原遺跡の3倍を超える竪穴住居跡が検出されたが、仏鉢はわずかに5点と少ない。内訳は、九世紀前葉(2372号住居跡)、九世紀中葉(1549号住居跡・2378号住居跡)、九世紀後葉(1315号住居跡)、そして遺構外の1点である。やはり仏鉢は、集落の縁辺に営まれた竪穴住居跡から出土した。

ところで、熊の山遺跡には、仏堂に相当する建物がない。また、僧房とする建物もない。たとえ3000軒の竪穴住居が営まれても、九世紀前葉まで、優婆夷・優婆塞がいなかった証である。仏鉢をもった修行者は、九世紀前葉になり登場し、九世紀後葉まで継続した。

**⑦信太郡**　稲敷郡茎崎町下大井遺跡、牛久市奥原姥神遺跡、ヤツノ上遺跡、稲敷市柏木遺跡、神屋遺跡などから仏鉢が出土した。

茎崎町下大井遺跡は、水野川の右岸、台地縁辺に営まれた集落跡である。調査区の南端には四間四面屋の仏堂が建ち、その北方に八世紀後葉から九世紀前葉の竪穴住居群が形成された。短期間ながら八世紀後葉1点(土師器)、九世紀前葉2点(土師器・須恵器)の仏鉢が、3軒の竪穴住居跡から出土した。ここから、「上家」「上寺」「□寺」の墨書土器や燈明容器が出土した。上寺という仏教施設があり、仏教修行者が居住した集落跡と考えられる。

　稲敷市柏木遺跡では、刻書土器「珎」とともに黒色土器の仏鉢が出土した。牛久市奥原姥神遺跡は、散在する竪穴住居群の小規模な竪穴住居跡から、九世紀後葉の仏鉢が出土した。

**⑧香島郡**　香島郡では、鹿嶋市厨台遺跡群片野地区、大門遺跡、西谷A遺跡、北台遺跡、国神遺跡、神野向遺跡から仏鉢が出土した。西谷A遺跡は、新香島郡家である神野向遺跡の北方に営まれた集落跡である。八世紀後葉の竪穴住居跡から、黒色土器の仏鉢が出土した。

　また、多数の竪穴住居跡が密集する厨台遺跡群LR9遺跡の76号住居跡から「□(孝)ヵ」と刻書のある仏鉢が出土した。「寺」と書かれたのかもしれない。鹿島神宮の北方、沼尾郡家(旧香島郡家推定地)にかかわる大門遺跡では、九世紀前半の黒色土器の仏鉢が出土した。厨台遺跡群は、鹿島神宮の神戸が居住した集落跡である。神戸の集落にも仏鉢を用いた人物が居住していた。神郡であればこそ、また神宮寺ともかかわり〔田村 一九六二〕、八世紀後葉以降、九世紀中葉にかけて仏鉢が用いられたのであろう。[9]

　さらに、北台遺跡や国神遺跡の竪穴住居からは、九世紀中葉の仏鉢が出土した。香島郡の仏鉢は、土師器または黒色土器である。とくに黒色土器の仏鉢はよくミガかれ、口縁部が流線形であることから黒色の漆器を模倣したと考えられる。

**⑨行方郡**　潮来市梶内遺跡、行方郡北浦町今山遺跡から仏鉢が出土した。また、久慈郡・筑波郡の遺跡からは、仏鉢の出土は報告されていない。以下は、下総国北西部の事例である。

**⑩結城郡**　結城市下り松遺跡から仏鉢が出土した。下り松遺跡では、十世紀後半の84号住居跡から土師器の仏鉢が出

土した。茨城県内で最も新しい事例である。

⑪猿島郡　猿島郡境町末広遺跡、結城郡八千代町菱毛道西遺跡から仏鉢が出土した。

⑫岡田郡　常総市大生郷町宮原前遺跡、下妻市野方台遺跡、本田屋敷遺跡、結城郡八千代町尾崎前山遺跡から仏鉢が出土した。宮原前遺跡は、八世紀前葉から始まる集落であり、その入植期に仏鉢を用いた人物がいたことになる。茨城県内では最も古い仏鉢のひとつである。塚前貝塚・五輪前遺跡からは、九世紀後葉の仏鉢が3点出土した。八世紀から続く集落だが、九世紀後葉には、俘囚にかかわる把手付土器や双耳付坏を用いた遺跡となる。そこで黒色土器の仏鉢が用いられたのである。さらに製鉄遺跡の尾崎前山遺跡で仏鉢が出土した。

## 3　仏鉢と説話や物語

奈良・平安時代の説話や物語は、考古学資料の理解を豊かにする力がある。次にあげる三つの話は、仏鉢の使用、設置された場所、霊力などについて雄弁に物語っている。

①『日本霊異記』の「乞食の沙弥の鉢」（上巻二九縁）

まず、焼き物の仏鉢を托鉢に用いた話「邪見にして乞食の沙弥の鉢を打ち破りて、現に悪しき死の報いを得る縁」［出雲路 一九九六］である。あるとき、備中国小田郡の白髪部猪丸のもとに、ある沙弥が鉢をもって乞食にやって来た。生来、邪見で三宝を敬わない男であった猪丸は、供物を施さないばかりか、脅かして迫り、悩ましたあげく、「鉢を破り」追い返したのである。その後、猪丸は仏罰に当たる。突然の風雨に襲われ、倉の下に逃げ込んだとき、倉が倒壊して圧死したのである。

「破」とは、割ったり、壊したりしてバラバラになる状態である。「破」となるからには、金属や木器（漆器）などではなく、須恵器や土師器、黒色土器などの焼き物、つまり「瓦鉢」の可能性が高い。僧の持ち物は、修行するうえで最低限の「三衣一鉢」といわれる。仏鉢は、欠くことのできない代物であった。その「瓦鉢」を沙弥は割られたのである。

② 『竹取物語』の「仏の御石の鉢」

かぐや姫と五人の貴公子の求婚譚に、「仏の御石の鉢」がある。天竺にあるという御石の鉢の話である。御石の鉢とは、釈迦が悟りを開き仏陀となったあかしとして、四天王から授かった鉢である。この鉢を求められた石作の皇子は、三年の月日をかけ天竺へ行き、石の御鉢を手に入れたといい、かぐや姫のもとに現れた。けれどもその鉢は、「大和国十市郡の山寺の賓頭盧」像の前に置かれた「ひた黒に墨つきたる」鉢であった。案の定、にせものとかぐや姫に見破られ、石作の皇子は門に「はちを捨てて」(鉢と恥が掛けられる)退散したという。

注目すべきは、仏鉢が「山寺」の仏像の前に供えられていたことである。仏前の仏鉢は、香や燈明の油煙で煤け墨が付いたように「ひた黒」(全体が黒い、真っ黒)となったのであろうか。もともと黒い黒漆の漆器、あるいは黒色土器であったのか。みすぼらしさを強調するなら、石にもみえる須恵器が、油煙で黒くなったと考えたい。

ところで、賓頭盧は、病気を治す神通力を持つ。十六羅漢の一人で「なで仏」として親しまれている。栴檀の鉢が象の牙に高くかかったとき、賓頭盧は座ったまま、神通力を使って鉢を宙に浮かせて取ったという。この話にあやかり、寺院の食堂には賓頭盧がまつられ、その前に仏鉢が置かれるという。仏鉢は、供物を入れる容器である。人々が食事に困らないようにとまつられた。

この賓頭盧の鉢を宙に浮かせる超能力は、「飛鉢の法」として語られた。

③ 『信貴山縁起絵巻』飛倉の条

奈良県生駒郡平群町の信貴山朝護孫寺の縁起には、稲倉を仏鉢で土台ごと浮かせて運ぶ飛倉の逸話が伝わる。仏鉢を飛ばした命蓮は、醍醐天皇の病を神通力で治した僧である。この鉢を飛ばし、米俵や供物（食物）を運ぶ神通力は、「飛鉢の法」という。山林に修行し、仙道を修めた者のみが会得できるという。

この逸話を描いた『信貴山縁起絵巻』には、蓮華座にすえられた仏鉢が黄金に輝き、飛倉の下に描かれている。いま、信貴山朝護孫寺に伝わる金銅製の仏鉢が、この鉢とされる。上総国講師の寛運が、延長七年（九二九）に施入した仏鉢である。(10)

さて、飛鉢の法を使えたのは、命蓮ばかりではなかった。『今昔物語集』には、信貴山縁起の明練（命蓮）にかかわる話（巻十一第三六語）のほか、三河国守大江定基（寂照）の話（巻十九第二語）、金剛山の聖人の話（巻二〇第七語）、清滝の河奥にすむ聖人の験くらべの話（巻二〇第三九話）の四話がみられる。それぞれ空の鉢を飛ばし、供物（食物）を得るという流れである。

鎌倉時代には、大江匡房の『本朝神仙伝』に比良山の僧の話のほか、虎関師錬の『元亨釈書』に越前国の「越智山泰澄」（巻十五　方應八）の話、播磨国の「法道」（巻十八　神仙五）仙人の話、『彦山流記』（建保元年〈一二一三〉に成立）に英彦山の静羅（空鉢仙人）の話などが伝わった。話の筋立ては多少変わり、海や湖、あるいは港の船に満載された米俵を宙に浮かせ、まるで雁が飛ぶように、仙人のもとへ届けたとなる。

泰澄は越前の海、比良山の僧は琵琶湖、法道仙人は播磨灘、空鉢仙人は門司などと、ゆかりの深い土地を舞台に高僧と飛鉢の奇譚が語られる構図である［手島 二〇一四、嶺岡 二〇二〇］。なお、飛鉢の話は、平安時代の末から鎌倉時代にみられる。社会経済の著しい変化が、山林仏教や乞食修行のありかたに連動して現れた現象と理解したい。

さて、『信貴山縁起絵巻』の仏鉢に話をもどしたい。この絵巻物には、黄金の蓮華座に据えた仏鉢が描かれている。(11)蓮華座にすえられた仏鉢は、高野山金剛峯寺にもある。金銅製の「銅仏餉鉢」と呼ぶこの鉢は、建久八年（一一九七）の銘が刻まれている。(12)『信貴山縁起絵巻』を描いた絵師は、黄金の仏鉢を鉢支や蓮華座に乗せた様態を描いたと理解

したい。(13)

このように飛鉢は、くるくると回転して宙を舞い上がり、目的地へ飛んでいき、鉢をはるかに超える代物(供物)を持ち帰る。くるくると回転する。この独楽に似た表現は、仏鉢の形状が木地師の挽く独楽に似ることや、挽き物の仏鉢(木製漆器)に残るロクロ目、「滴」状の底などから、回転しながら舞い上がることが連想されたためであろう。居ながらにして供物を集める術法が物語られたことは、乞食による供物の獲得が、平安時代までとくらべ、より困難になった現れであろう。

以上をまとめると、①沙弥をはじめ沙弥尼や優婆夷・優婆塞は、焼き物の「瓦鉢」を乞食修行に用いたこと、②山寺の賓頭盧像の前には、黒く燻された瓦鉢が置かれていたこと、③飛鉢伝説は、仏鉢の形状と供物の関係を現すことなどである。

## まとめ

乞食修行や仏像の前に置かれた仏鉢は、地域・集落と修行者・宗教施設のかかわりを裏づけるまたとない資料である。とくに焼き物の仏鉢は、「瓦鉢」と呼ばれ、鉄鉢とともに乞食修行者が用いたとされる。金銀銅や瑠璃(古代ガラス)のように鋳つぶされリサイクルされることもなく、また漆器のように腐食することもない。瓦鉢はすべてが、遺跡のなかに埋没して残されたと考えられる。

すべてが残るから、瓦鉢の消費を通じて、僧尼や優婆夷・優婆塞などの増減傾向を推定したり、この特殊な社会集団の生活形態、集落や地域とのかかわりなどを追求したりできる。そこで『常陸国風土記』の残る茨城県内の出土事例にしたがい、四つの問いを準備した。その問いに答えることで、まとめに代えたい。

⑴　まず、仏鉢の格の違いである。出土事例には、三彩陶器や緑釉陶器の仏鉢は一切見られない。正倉院宝物や大和大安寺などの出土資料には、三彩陶器や緑釉陶器などの仏鉢がみられる。東国でも群馬県伊勢崎市の十三宝塚遺跡(古代寺院)にみることができる。仏前に供えられ、なかには資財として寺院の目録に収めて管理されていた。また、金属製の仏鉢は、伝世資料が奈良県の信貴山朝護孫子寺や高野山金剛峯寺などに残る。一般に乞食修行に用いられたとされる鉄鉢が、水戸市台渡里廃寺からは出土した。

いっぽう、須恵器や黒色土器・土師器の仏鉢について、質の良し悪しを問うことは難しい。また、大きさの違いは、応量器による違いの可能性も残る。同一の竪穴住居跡から複数出土した事例をみると、形態や焼き物の種類が異なる。しかも大・中・小で構成されることはない。そもそも製作(焼成)されるとき、大・中・小が意識されて生産されていたかも疑わしい。中・小が汁椀や香物用とするならば、ほかの食器で代用できるからである。

また、修行者や寺の格と仏鉢のかかわりは、事例が圧倒的に少なく、判断できなかった。なお、奈良時代から平安時代にかけて仏鉢は、次第に小さくなる傾向がみられる。

⑵　比丘、比丘尼、沙弥、沙弥尼は、戒律を守り集団で生活し、民間の人々とは隔絶した生活を過ごしていた。ならば、仏鉢は、寺院の僧坊や仏堂にかかわる遺跡や山林修行の坊、道場などにかかわる遺跡や遺構に集中するはずである。しかし、出土した仏鉢の9割は、ありふれた竪穴住居跡だった。このことは、彼らが集落にくらし、集落がかかえる宗教者、つまり優婆夷・優婆塞などであった可能性が高い。なかでも、仏堂を構えた集落では、仏鉢が複数時期にわたり、連続してみられた。優婆塞・優婆夷が、集落内に1～2軒の竪穴住居を建て、数世代にわたり連続してくらしを営んでいたことが明らかになった。いっぽう、仏堂のない集落では仏鉢の出土は、一時期に限られた。

これとは別に、那珂川上流の岡原遺跡や筑波山麓の高倉廃寺跡などは、山林修行を行う沙弥、沙弥尼、比丘、比丘尼が、修行をしながら山林にくらした寺(道場・坊)や集落を推定させる。出土した仏鉢は、飛鉢伝説を思い起こさせる。

(3) ところで、仏鉢を持つ人物のくらしは、集落の人々と異なるのだろうか。その答えは、「大きな差異はない」である。仏鉢と共伴した竪穴住居跡出土の土器は、一般的な竪穴住居の窯業製品と相違はない。窯業製品を通じた生活の様式について、一般集落の人々と比較すると大きな違いはなかった。

ただし、少ないながら特殊な器種もみられた。水瓶(浄瓶)や長頸瓶、蓋付短頸壺(薬壺)、花瓶など仏前に備えた物品である。水瓶(浄瓶)や花瓶は、浄水や花を仏前に供える役割を担う。『今昔物語集』第二〇巻三九話、清瀧川の聖人の話では、飛鉢と同様、この修法を会得した者は、居ながら水瓶を飛ばし泉の水を汲むことができた。

仏鉢の出土した竪穴住居跡では、口縁部に油煙の付着した燈明容器が比較的多く共伴する。仏鉢の近くで焚かれた燈明、そして経を唱える人物が、竪穴住居にくらしていた証である。黒く燻された仏鉢は、『竹取物語』に登場する大和国十市郡の山寺の賓頭盧像の前の鉢である。竪穴住居跡から出土した鉢でも、仏像の前に置かれ燈明で燻されたと考えたい。あるいは、「佛」と墨書した土浦市根鹿北遺跡の事例から、仏鉢が仏を象徴したのかもしれない。

(4) 須恵器の仏鉢は、木葉下窯や新治窯などの常陸国や下総国北西部の諸窯で生産され、その流通・消費圏内で消費された。また、黒色土器の仏鉢も雲母粒子の存在を手掛かりに考えると、やはり一般的な雑器の流通・消費圏を越えない地域に消費がとどまることも確認できた。奈良・平安時代の高僧は、日本国中を移動したが、常陸国・下総国北西部から出土した仏鉢にその痕跡は確認できなかった。その大半が優婆塞、優婆夷の仏鉢だったからであろう。

そもそも仏鉢は、限られた使用者による少量消費の製品である。その生産も仏教修行者を前提とする特別注文生産品と考えられる。集落遺跡の竪穴住居に住む人物が発注者であり、同時に使用者の活動範囲は、地域の流通圏に留まる。[14] ならば、「優婆塞貢進文」などで国家の掌握した人物(社会集団)を当てることもできる[松本 一九七三]。

常陸国、下総国の北西部における仏鉢の消費動向は、八世紀前葉に登場し、後葉に上昇し、九世紀中葉を頂点とする。しかし、急速に減少した。優婆塞・優婆夷の人数の変化であり、彼らを抱える集落数の変動である。集落に四面廂付建物が建立され、国分寺や定額寺の宗教活動に左右されながら変動したと考えられる。

寺や集落、窯などの遺跡から出土する仏鉢は、奈良・平安時代の僧尼や優婆塞・優婆夷といった特殊な社会集団と地域について、読み解く潜在的な力がある。今後、より広域的な検討を行うことで、地域間の移動や中央寺院、教団とのかかわりなどが、解明できると確信したい。

註

（1）東大寺正倉院御物の仏鉢は、玉石や瑠璃などを示唆してくれる。遺跡から出土した仏鉢のなかには、須恵器ながら焼きが良く、比重が重く、石の鉢と見間違うような仏鉢もある。玉石や瑠璃を限りなく追求したからと考えられる。

（2）なお、仏鉢は、型式差や変化が乏しいため、仏鉢の型式、および型式変化から時期を絞り込むことは難しい。そこで、共伴遺物の時期、おもに出土した竪穴住居跡の時期を援用することとした。ただし、共伴資料が少なく、また遺構の重複が複雑で時期を絞り込めないとき、たとえば半世紀、一世紀単位は、その長さに応じて比例配分した。

（3）遺跡から出土した仏鉢の残存率は、意外と低い。残存率を報告した資料は、74点みられる。なかには完形品もあるが、その8割を超える資料は、2割以下の破片である。これには、「小破片」や「破片」と報告した資料は含んでいない。残存率を考慮すると、仏鉢の出土遺跡のすべてに乞食修行者を推定することは難しいかもしれない。しかし、仏鉢を用いた人物の最大数や全体傾向を把握することを目的として、ここでは破片資料を含めた検討を行った。

（4）この数値は、あくまでも平均値、中央値である。竪穴住居の特性、つまり個々の消費実態を反映してはいない。なかには20点以上共伴した事例が7例あり、一般の竪穴住居跡と比較してもはるかに多い。特殊な消費が行われた竪穴住居と理解したい。

（5）輪積み痕跡が残り、外面のミガキや細かなケズリなど、二次調整を行わない粗製の鉢形土器は、形こそ似るが、製塩土器の可能性もあることから、ここでは除外した。

（6）ただし、下総国相馬郡の一部である取手市、北相馬郡利根町から仏鉢の出土はみられない。

（7）常陸国および下総国北西部の遺跡から出土した仏鉢は、その大半が常陸国、下総国西北部、および栃木県東部の須恵器窯で生産された製品である。おもな生産窯は、水戸市木葉下窯、つくば市新治窯、桜川市堀の内窯、古河市浜ノ台窯、江口長沖窯などである。木葉下窯は那珂郡、新治窯は茨城郡、堀の内窯は新治郡のそれぞれ常陸国内の窯であり、浜ノ台窯、江口長沖窯は、下総国の窯である。

（8）仏教関連遺物と出土遺跡のかかわりについては、駒澤悦郎の論考を参考とした［駒澤 二〇一八］。駒澤は、古墳時代後期から出現する「壁隅竈」の付設された竪穴住居跡について、その特殊性から「仏教と密接な関係を結んだ個人もしくは集団の居住や修行に関連した建物の一つ」とした。仏鉢は壁隅竈の竪穴住居跡から必ずしも出土しないが、小型住居跡であることや、仏堂を伴う集落跡にこの竪穴住居跡がみられることなどは、傾聴すべきことである。

（9）香島郡は、伊勢国渡会郡、多気郡とともに七世紀以来、「神郡」であり、神宮寺が建立された［田村 一九六二］。多気郡の斎宮跡でも仏鉢の出土がみられる。神郡だからといって、必ずしも仏教や僧を全く忌避されたと考え除外するのではなく、まず仏鉢の出土の実態を確かめ、事実の把握から生まれる歴史的事実を知ることが必要である。

（10）口縁部外面に「聖徳君奉施入金御鉢一口　施主前上総講師寛運　延長七年歳次己丑」と銘文がある。

（11）金剛峯寺の「銅仏餉鉢」には、「建久八年丁巳六月十八日庚申、奉鋳之、勧進聖人印蔵」の銘文がある［中野 一九七六］。

（12）兼康保明は、『信貴山縁起絵巻』製作に関わった年代の一端をここに求めた［兼康 二〇〇三］。

（13）岐阜市雄総の護国寺には、美濃国出身の大仏師、国中連公麻呂が賜与された黄金の仏鉢が伝わる。この仏鉢は、東大寺盧舎那大仏の開眼供養のとき、一筋の金光とともに宙から降りてきたとされる。国宝金銅獅子唐草文様仏鉢の由来譚である。護国寺に伝わる伝説だが、鉢が宙を舞う奇譚は、飛鉢伝説の一つである［西本 一九九三］。

（14）今後、ほかの地域で生産された仏鉢が常陸国内で出土したとき、広域的布教活動にかかる人物の推定につながることを予測しておきたい。

参考文献

青木仁昌・小松崎和治ほか　二〇〇六『金谷遺跡二』㈶茨城県教育財団二五四集

赤井博之　一九九五『村岡遺跡群確認調査報告書』千代川村埋蔵文化財発掘調査報告書三　千代川村教育委員会

赤井博之　一九九八「古代常陸国新治窯跡群の基礎的研究（一）」『婆良岐考古』第二〇号　婆良岐考古同人会
赤井博之　二〇〇〇『古代仏教系遺物集成：関東』考古学から古代を考える会
渥美賢吾　二〇〇四「常陸の須恵器窯」『須恵器窯構造資料集二』窯跡研究会
渥美賢吾編　二〇〇四『霞ケ浦町遺跡分布調査報告書―遺物編―』霞ケ浦町教育委員会
飯田浩彦・大関武ほか　二〇〇九『田島遺跡（三面寺地区）』(財)茨城県教育財団三三一集
石橋美和子　二〇一五『平成二六年度試掘確認調査概要』鹿嶋市教育委員会
出雲路修　一九九六『日本霊異記』新日本古典文学大系30　岩波書店
板野晋鏡ほか　二〇〇三『松井Ａ遺跡』北茨城市教育委員会十集
稲田義弘　二〇〇二『熊野山遺跡Ⅶ』(財)茨城県教育財団一九〇集
稲田義弘・飯泉達司　二〇〇四『島名熊の山遺跡Ｘ』(財)茨城県教育財団二一四集
井上義安・植田友次　一九九〇『薬王院東遺跡』水戸市薬王院東遺跡発掘調査会・水戸市教育委員会
井上琢哉・小林健太郎　二〇〇六『主要地方道内原塩崎線道路改良工事地内埋蔵文化財調査報告書五』(財)茨城県教育財団二五八集
井上琢哉・小林健太郎　二〇〇六『大塚遺跡二・木戸遺跡』(財)茨城県教育財団二五八集
茨城県立歴史館　一九九五『茨城県史料　考古資料編　奈良・平安時代』茨城県立歴史館
海老沢稔　一九八七『鹿の子遺跡発掘調査報告書（第三次）』石岡市教育委員会
大賀健編　二〇一〇『畑地帯総合整備事業（小原地区）に伴う埋蔵文化財発掘調査報告書　長峰西遺跡』笠間市教育委員会
小川和博・大渕淳志ほか　一九九六『白方遺跡群』東海村遺跡調査会
小川和博・大渕淳志ほか　二〇〇九『白方遺跡群』東海村教育委員会・有限会社日考研茨城
小田代昭丸・岩松和光　一九九二『国神遺跡Ｖ』鹿島町教育委員会
大塚雅昭・小松崎和治　二〇〇四『金谷遺跡一』(財)茨城県教育財団二二五集
奥原遺跡発掘調査会　一九八九『奥原遺跡』
小高五十二　一九九三『牛久北部特定区画整理事業地内埋蔵文化財発掘調査報告書一―ヤツノ上遺跡―』(財)茨城県教育財団八一集
折原洋一ほか　二〇〇六『県営ほ場整備事業（経営体）松原地区関連遺跡発掘調査報告書一　炭焼戸東遺跡』筑西市教育委員会二集
加藤雅美・西野則史・浅井哲也　一九九〇『一般国道三四九号道路改良工事地内埋蔵文化財調査報告書　北郷Ｃ遺跡・森戸遺跡』(財)茨城県教育財団五五集
風間和秀　一九九五『西谷Ａ遺跡』(財)鹿島町文化スポーツ振興財団

鹿島直樹　二〇〇四『島名関ノ台南B遺跡・面野井北ノ前遺跡』㈶茨城県教育財団二三一集
兼康保明　二〇〇三「飛鉢伝説と山の考古学」『山岳信仰と民俗学』同成社
川井正一・佐藤正好　一九八三『常磐自動車道関係埋蔵文化財発掘調査報告書五　鹿の子C遺跡―遺構・遺物編(下)―』㈶茨城県教育財団二〇集
川口武彦・小松崎博一ほか　二〇〇五『台渡里廃寺跡』水戸市教育委員会
川津法伸・平石尚和　一九九九『一般国道五〇号結城バイパス改築工事地内埋蔵文化財調査報告書　下り松遺跡・油内遺跡』㈶茨城県教育財団一四五集
川津法伸　二〇〇一『一般国道四六八号首都圏中央連絡自動車道新設工事地内埋蔵文化財調査報告書一　下大井遺跡』㈶茨城県教育財団一七一集
北茨城市埋蔵文化財調査会　一九九四『細原Ⅳ―細原遺跡第四次発掘調査報告―』北茨城市埋蔵文化財調査会
木村光輝　二〇一五『中道南遺跡』㈶茨城県教育財団四〇〇集
桐谷　優　一九九四『梶内遺跡』潮来町教育委員会・山武考古学研究所
黒澤彰哉　一九九二「常陸の古代寺院―高倉廃寺を中心として―」茨城県歴史館
黒沢彰哉　二〇一三「常陸国衙工房の様相―鹿の子C遺跡の再検討をもとに―」『婆良岐考古』第三五号　婆良岐考古同人会
宮内庁正倉院事務所　一九九六『正倉院宝物八　南倉Ⅱ』毎日新聞社
駒澤悦郎　二〇〇五『東岡中原遺跡四』㈶茨城県教育財団二五一集
駒澤悦郎　二〇一八「茨城県内における壁隅竈の竪穴建物について(二)」『研究ノート』第十五号(公財)茨城県教育財団
斎藤和浩　二〇一一『宮原前遺跡』㈶茨城県教育財団三三五集
斎藤和浩・坂本勝彦ほか　二〇一六『清水古墳群・紙屋遺跡・紙屋南遺跡』㈶茨城県教育財団四〇五集
斎藤洋編　二〇一九『株式会社エフビコ工場建設に伴う遺跡の発掘調査』八千代町教育委員会一三集
斎藤真弥・酒井雄一ほか　二〇〇八『島名熊の山遺跡XV』㈶茨城県教育財団二九一集
榊雅彦・石川武志　二〇〇四『犬田神社前遺跡一』㈶茨城県教育財団二二九集
佐々木義則　二〇〇〇『武田石高遺跡―奈良・平安時代編―』㈶ひたちなか市文化・スポーツ振興公社一九集
佐々木義則　二〇〇六『武田原前遺跡―旧石器～平安時代編―』㈶ひたちなか市文化・スポーツ振興公社三五集
島田和宏　二〇〇三『一般国道四六八号首都圏中央連絡自動車道新設工事地内埋蔵文化財調査報告書　下大井遺跡二』㈶茨城県教育財団一九七集

関口満・福田礼子ほか　一九九七『根鹿北遺跡・栗山窯跡発掘調査報告書』土浦市遺跡調査会
関口　満　二〇〇二『二又遺跡』土浦市教育委員会
高野節夫・白田正子ほか　二〇〇一『中原遺跡三』㈶茨城県教育財団一七〇集
田口崇・岩松和光　一九九三『国神遺跡Ⅳ』㈶鹿島町文化スポーツ振興財団五五集
田口崇・岩松和光　一九九五『鹿島神宮駅北部埋蔵文化財調査報告一四』㈶鹿島町文化スポーツ振興事業団
谷仲俊雄　二〇一八『茨城廃寺跡』
田中暁穂　二〇〇九『炭焼戸東遺跡』筑西市教育委員会・勾玉工房Ｍｏｇｉ
田村圓澄　一九六二「神宮寺の創建」『史苑』八七　九州大学文学部
土浦市教育委員会　二〇二二『小野窯跡確認調査報告書』土浦市教育委員会
常深尚・土生朗治ほか　二〇一一『塙谷遺跡二』笠間市教育委員会・(有)毛野考古学研究所
寺門千勝・田原康司ほか　二〇〇二『島名・福田坪一体型特定土地区画整理事業地内埋蔵文化財調査報告書八　島名前野東遺跡・島名境松遺跡・谷田部漆遺跡』㈶茨城県教育財団一九一集
手島崇裕　二〇一四「第五章　入宋僧寂照の飛鉢説話再考」『平安時代の対外関係と仏教』校倉書房
中野政樹　一九七六「供養具」『新版仏教考古学講座』第五巻　仏具　雄山閣出版
仲村浩一郎・後藤一成ほか　二〇〇四『北関東自動車道(協和〜友部)建設事業地内埋蔵文化財調査報告一　辰海道遺跡一』㈶茨城県教育財団二二二集
成島一也・宮田和男　二〇〇〇『中原遺跡二』㈶茨城県教育財団一五九集
西本鶏介　一九九三『こがねの仏鉢』佼浩出版社
根本康弘　一九八三『常磐自動車道関係埋蔵文化財発掘調査報告書六　木葉下遺跡一(窯跡)』㈶茨城県教育財団二一集
芳賀友博・菊池直哉　二〇〇八『下土師東遺跡』㈶茨城県教育財団三〇五集
白田正子　二〇〇三『中根・金田台特定土地区画整理事業地内埋蔵文化財調査報告書七　金田西遺跡・金田西坪Ｂ遺跡・九重東岡廃寺』㈶茨城県教育財団二〇九集
白田正子・飯田浩彦　二〇〇九『下平塚蕪木台遺跡』㈶茨城県教育財団三二六集
土生朗治ほか　二〇一七『塚前貝塚・五輪前遺跡(第二次調査)』常総市教育委員会
早川泉・板野晋鏡ほか　二〇〇三『三本松遺跡』友部町三本松遺跡発掘調査会
早川麗司　二〇一七『市立関南小学校校舎改築工事地内埋蔵文化財調査報告書』北茨城市教育委員会一三集

吹野富美夫・青木仁昌　二〇〇三『島名八幡前遺跡』㈶茨城県教育財団二〇一集
仏教大学図書館　デジタルコレクション　二〇二四『元亨釈書』（慶長一〇年古活字版）五・六　二〇二四二月閲覧
本田　勉　一九八五『神野向遺跡Ⅴ』鹿島町教育委員会
松浦　敏　一九九二『一般県道新川江戸崎線道路改良工事地内埋蔵文化財調査報告書　柏木古墳群』㈶茨城県教育財団七四集
松田圭介　二〇〇三『末広遺跡第二次発掘調査報告書』境町教育委員会
松田政基・柴田洋孝　二〇一六『塚前五輪前遺跡（第一次調査）』常総市教育委員会・毛野考古学研究所
松田政基・土生朗治ほか　二〇一二『県営畑地帯総合整備事業に伴う発掘調査報告書　寺上遺跡』笠間市教育委員会・（有）毛野考古学研究所
松本信道　一九七三「奈良時代の私度僧に関する歴史的考察」『駒沢史学』二〇号
三浦裕介・萩原宏季　二〇二一『大高台遺跡・北久保B遺跡』㈶茨城県教育財団四五三集
嶺岡美見　二〇二〇『法道仙人飛鉢伝説と海の道』御影史学研究会民俗学叢書二三　岩田書院
八千代町教育委員会　一九九五『尾崎前山遺跡製鉄炉跡』八千代町教育委員会
山田地区遺跡調査会　一九九〇『今山遺跡調査報告書』山田地区遺跡調査会
湯原勝美　二〇一一『中山間地域総合整備事業に伴う埋蔵文化財発掘調査報告書　岡原遺跡』常陸大宮市教育委員会
吉澤悟ほか　二〇〇六『土浦市総合運動公園建設事業に伴う埋蔵文化財調査報告書　弁財天遺跡・北西原遺跡（第五次調査）』土浦市教育委員会
綿引英樹・松本直人　二〇〇六『大戸下郷遺跡二』㈶茨城県教育財団二五七集

# 装飾付大刀をもつ被葬者の理解のために

片平 雅俊

## はじめに

古墳時代において、金色に輝く装具を伴う装飾付大刀（外装に金・銀・金銅等の装飾的な金属を用いた大刀）は、政治的な権威や象徴を内在する遺物として、金銅装馬具等と共に「威信材」であったものと認識されている。

近年の、島根県での装飾付大刀を副葬した背景に関する見解［島根県古代文化センター 二〇一四］や、装飾付大刀の形式の違いの評価をとおして被葬者の性格を考察しようとする金鈴塚古墳の研究［国立歴史民俗博物館 二〇一六］等により、六世紀に入ると、畿内政権が東国を中心とした地方を直接支配下に置こうとする政治的な動機故に、装飾付大刀を地方首長に下賜することで、その地域の軍事権や支配権等を保証するという基本システムが構築され、六世紀後半以降には畿内政権の地方支配が末端にまでいきわたり、装飾付大刀は単なる身分や功績の表象となっていったと考えられている。

律令期の常陸国にほぼ相当する茨城県域には、古墳時代を代表する装飾付大刀として海外で展示された資料の存在も知られているが、県域全体を俯瞰した分析はなされていない。そのため本稿は、茨城県域で装飾付大刀が副葬された被葬者の性格を理解するため、その前段階として、装飾付大刀の状況を把握することを目的とする。

## 1　茨城県域での装飾付大刀確認概況

茨城県域で確認された、鉄以外の金属素材による何らかの装飾的な装具を伴う、古墳時代から七世紀代に属すると考えられる刀剣類の集成を試みる。他の文献に装飾付大刀が出土したとの記載がある場合は、資料が確認できない状態でも集成に加えた例がある。柄頭から鞘尻金具まで拵全体が装着された状態の例以外にも、刀装具の一部のみが確認されたものも対象とした。この場合は、明らかに重複する装具が存在しない限り一点とした。

この結果、管見の範囲では、第1表に示すとおり三六地点で五三点の装飾付大刀を確認することができた。なおここには、象嵌が施された鉄製円頭大刀柄頭のみが確認された例は、含めていない。

このうち玉里舟塚古墳出土の唐草文銀装刀装具は、「倒卵形の銀製薄板造りで、裏面からの打出した唐草文を主文様とする。いま把頭の上端部のみしかのこっていない」「大刀の把装具のうちでも、とくに把頭の先端部を飾っていた」「銀製圭頭大刀把頭」と報告された〔大塚・小林　一九六八〕ものである。倭風装飾付大刀(捩環頭大刀等)の柄頭の木質部を被覆していた金具の一部と判断でき、他の確認例とは時期的にも遡る六世紀中葉頃の所産と考える。これ以外はいずれも、環頭大刀か袋状柄頭の系統に属するもので、時期的には六世紀末から七世紀代である。

茨城県域での装飾付大刀の確認例には、柄頭から鞘尻金具まで拵が装着している状態で確認できる例のほかに、一部の刀装具を欠いて確認される例、刀身から分離された刀装具のみが確認される例が存在することがわかる。発掘調査によるもの以外に不時発見によるものも多く存在するため、全ての資料の出土状況が明らかではないが、この刀装具の一部を欠く、もしくは一部のみしか確認されない例は、例えば副葬後に盗掘を受けた結果によるものではなく、副葬当時からの状態であると判断できる例も存在する。

# 第１表　茨城県域で確認された装飾付大刀一覧

| 地点 | 通No. | 出土遺構・地点 | 主体部 | 装飾付大刀 | 共伴遺物 | 備考 |
|---|---|---|---|---|---|---|
| 1 | 1 | 風返稲荷山古墳（かすみがうら市安食字風返） | 横穴式石室内 | 頭椎大刀 | 東側石棺内：銀装刀子、前室：大刀、鉄鉾、鉄鏃、有蓋承盤付銅鋺、刀子、金銅装馬具 | 他に頭椎大刀1振が存在した可能性あり 文献1 |
| | 2 | | | 円頭大刀 | | |
| | 3 | | 東側箱式石 | 円頭大刀 | | |
| | 4 | | くびれ部箱式石棺 | 円頭大刀 | 耳環、玉類、刀子、刀装具（現存せず）、石棺外の北西約１ｍから金銅装馬具 | |
| 2 | 5 | 太子唐櫃古墳（かすみがうら市安食字田子内） | | 金銅装大刀 | | 文献2 |
| 3 | 6 | 玉里舟塚古墳（小美玉市上玉里） | 箱式石棺 | 唐草文銀装刀装具 | 玉類、鹿角装大刀、金銅装馬具＋鉄製馬具、挂甲小札 | 明治大学報告［大塚･小林1968］ |
| 4 | 7 | 伝 舟塚古墳（小美玉市栗又四箇字舟塚） | | 圭頭大刀 | 挂甲小札 | 東博 伝舟塚古墳資料［茨城県1974］［東博1980］ |
| | 8 | | | 双龍環頭大刀 | | |
| 5 | 9 | 歴史館 伝舟塚古墳 | | 双龍環頭大刀 | | 文献3 |
| | 10 | | | 鈴付双龍環頭大刀 | | |
| | 11 | | | 円頭大刀 | | |
| | 12 | | | 銀装大刀 | | |
| 6 | 13 | 岡岩屋古墳（小美玉市） | | 金装(金銅装) 大刀 | | 文献4 |
| 7 | 14 | 笄ヶ崎（土浦市市川字笄ヶ崎） | 箱式石棺 | 頭椎大刀 | 六鈴釧（［東博1980］では六鈴鏡）、玉類、鉄鏃、刀子、 | ［茨城県 1974］［東博1980］ |
| | 15 | | | 圭頭大刀 | | |
| 8 | 16 | 武者塚古墳（土浦市上坂田字峰台） | 箱式石棺 | 銀装圭頭大刀 | 前室：銀帯状金具、大刀、鉄鏃、鉄柄銅杓、玄室：玉類、経錦 | ［新治村教委1986］ |
| | 17 | | | 三累環頭大刀 | | |
| 9 | 18 | 梶山古墳（鉾田市梶山字並松） | 箱式石棺 | 圭頭大刀 | 耳環、玉類、大刀（鉄製円頭柄頭3点、うち2点は銀象嵌あり）、刀装具、刀子 | ［大洋村教委1981］ |
| | 19 | | | 獅噛環頭大刀 | | |
| | 20 | | | 金銅装大刀 | | |
| | 21 | | | 金銅装大刀 | | |
| | 22 | | | 金銅装大刀 | | |
| | 23 | | | 金銅装大刀 | | |
| 10 | 24 | 中台古墳群第21号墳（つくば市北条字古城） | 横穴式石室 | 圭頭大刀 | 銅釧、耳環、玉類、大刀、刀装具(鍔)、鉄鏃、刀子、鉄製馬具、須恵器、土師器 | 文献5 |
| 11 | 25 | 山王塚古墳（桜川市東山田字ハサマ） | 石棺 | 圭頭大刀（柄頭・鍔・鑓） | 鏡？、耳環、玉類、大刀、馬具（鈴杏葉） | ［本村1991］ |
| 12 | 26 | 八幡山古墳（桜川市上谷貝字稲荷山） | 横穴式石室 | 頭椎大刀（柄頭） | 大刀、刀子、銅鋺 | 文献6 |
| 13 | 27 | 寺山古墳群Ｉ号墳（筑西市小栗字丑塚） | 横穴式石室 | 圭頭大刀 | 耳環、玉類、大刀、鉄鉾、鉄鏃、弓飾金具、刀子、鑷子状鉄製品、鉄製馬具、鉄斧、鋤先、U字状鉄製品、釘 | 文献7 |
| 14 | 28 | 虎塚古墳（ひたちなか市中根字差渋） | 横穴式石室 | | 鉄鏃、刀子、毛抜状鉄製品、鉇、不明鉄製品 | 文献8 |
| 15 | 29 | 十五郎穴横穴群第32号横穴墓（ひたちなか市中根字館出） | 横穴墓 | 銀製方頭大刀 | 鉄鏃、鉄釘、把手状鉄製品、須恵器 | 文献9 |
| 16 | 30 | 磯前古墳（ひたちなか市平磯町磯崎） | | 頭椎大刀（柄頭縁を伴うか） | 鍔2点 | 文献10 |
| | 31 | | | 圭頭大刀（柄頭から柄まで遺存） | | |
| 17 | 32 | 新道古墳群（ひたちなか市平磯町新道） | 横穴式石室 | 刀装具 | 須恵器 | ［那珂湊市教委1987］ |
| 18 | 33 | 笠谷古墳群第6号墳（ひたちなか市中根字笠谷） | 横穴式石室 | 圭頭大刀（柄頭） | 馬具 | 文献11 |
| 19 | 34 | 日立市宮田字鈴宮 | 石槨（箱式石棺） | 刀装具（鵐目・鍔・鞘金具・責金具・鞘尻金具） | 大刀、須恵器 | ［東博1980］［片平2023］ |
| 20 | 35 | 幡山古墳群第12号墳（常陸太田市幡町） | 横穴式石室 | 単鳳凰環頭大刀（柄頭） | 玉類、耳環、大刀、刀子、鉄鏃、馬具、不明鉄製品 | ［常陸太田市教委1977］ |
| | 36 | | | 円頭大刀（柄頭） | | |
| 21 | 37 | 常陸太田市幡町田渡壽松院 | 横穴墓？ | 単龍環頭大刀 | | 柄頭と鞘口金具が遺存する刀身・筒形金具・刀装具は別個に東博に受入。［茨城県1974］ |
| 22 | 38 | 善光寺横穴墓群第3号墓（常陸太田市松栄字善光寺） | 横穴墓 | 圭頭大刀 | 玉類、鉄鏃、刀子 | 文献12 |
| 23 | 39 | 身隠山横穴群第13号横穴（常陸太田市瑞龍町） | 横穴墓 | 刀装具（責金具2・鵐目金具2 | 玉類、刀装具（鍔）、鉄鉾（石突）、弓飾金具 | ［常陸太田市教委1971］ |
| 24 | 40 | 第17号横穴 | 横穴墓 | 刀装具（鞘飾金具） | 玉類、耳環、大刀、鉄鏃、刀子、土師器 | |
| 25 | 41 | 第20号横穴 | 横穴墓 | 円頭大刀（金銅装柄頭・鉄 | 玉類、大刀、鉄鏃、 | |
| 26 | 42 | 第22号横穴 | 横穴墓 | 刀装具 | 耳環、鉄鏃、刀子、不明鉄製品 | |
| 27 | 43 | 赤浜古墳群第4号墳（高萩市赤浜字大久保） | 横穴式石室 | 円頭大刀 | | 文献13 |
| 28 | 44 | 北茨城市中郷町足洗字東宿 | | 刀装具（柄頭、刀装具） | | 天王塚古墳資料　文献14 |
| 29 | 45 | 二ツ島横穴墓群（北茨城市磯原町磯原） | 横穴墓 | 圭頭大刀 | 大刀3、耳環、玉類、須恵器横瓶 | 文献15 |
| 30 | 46 | 北茨城市関南町神岡字二ツ島 | | 圭頭大刀（柄頭縁？・鍔・足金物・責金具・鞘尻金 | 環2，高台付長頸壺 | ［茨城県1974］［東博1980］ |
| 31 | 47 | 岩井市馬立字松葉 | | 柄頭 | 玉類、耳環、刀子 | ［茨城県1974］［本村1991］ |
| 32 | 48 | 伝岩井市 | | 龍文三塁環頭大刀（柄頭） | | 文献16 |
| 33 | 49 | 八龍神（境町金岡字八龍神） | | 単龍環頭大刀（柄頭・鞘中金具） | 銅釧、耳環、玉類、大刀 | ［茨城県1974］［東博1980］ |
| 34 | 50 | 前林字台（古河市前林字台） | | 金銅装大刀 | 馬具（金銅装壺鐙・鉸具）、須恵器 | ［東博1980］ |
| 35 | 51 | 宮中野大塚古墳（鹿嶋市宮中字宮中野） | 横口式石槨 | 金銅製飾金具 | 耳環、銀装弓飾金具（弓弭金具・両頭金具）、鉄製円頭柄頭（銀象嵌）、鉄鏃、銀製刀子鞘尻金具、馬具 | 文献17 |
| 36 | 52 | 大生西古墳群第1号墳（潮来市大生字切臼） | | 銀装大刀 | | 文献18 |
| | 53 | | | 銀装大刀 | | |


文献1　霞ヶ浦町教育委員会　2000『風返稲荷山古墳』
文献2　大野延太郎　1896　「常陸國霞ヶ浦沿岸旅行談」『東京人類学會雑誌』121号
文献3　茨城県立歴史館　1990『特別展茨城の古墳』
　　　茨城県立歴史館　1999『特別展常陸國風土記の世界－ひたみちの首長と民－』
文献4　玉里村教育委員会　1975　『玉里村史』
文献5　（財）茨城県教育財団　1995　『中台遺跡』　茨城県教育財団文化財調査報告第102集
文献6　大谷　徹　1986　「常陸八幡山古墳出土遺物の検討－銅鋺及び頭椎柄頭を中心として－」『考古学の諸相』坂詰秀一先生還暦記念論文集
文献7　協和町教育委員会　1986　『丑塚古墳群　寺山古墳群　裏山遺跡』茨城県協和町文化財調査報告書第１集
文献8　稲田健一　2014　「展示資料紹介　ひたちなか市出土の大刀」『ひたちなか埋文だより』40　ひたちなか市埋蔵文化財調査センター
文献9　鴨志田篤二　2003　「十五郎横穴墓出土の黒作大刀について」『領域の研究－阿久津久先生還暦記念論集－』
文献10　那珂湊市教育委員会　1990　『那珂湊市磯崎東古墳群』
文献11　勝田市　1979　『勝田市史別編Ⅱ』考古資料編
文献12　金砂郷町教育委員会 1992『善光寺横穴群発掘調査報告書』
文献13　川崎純徳　1974「赤浜古墳群」『茨城県史料　考古資料編』古墳時代
文献14　瓦吹　堅　2017「滑川廣之著『一大疑問なる常陸足洗の古墳』について」『茨城県考古学協会誌』第29号
文献15　瓦吹　堅　1984「北茨城市の古墳と横穴墓」『北茨城市壇』第4号　北茨城市史編さん委員会
文献16　穴沢和光・馬目順一　1986　「日本における龍鳳環頭大刀の製作と配付」『考古学ジャーナル』266号
文献17　鹿島町教育委員会　1983『宮中野古墳群発掘調査概報』
文献18　高島　徹　1996「装飾付大刀を出土した古墳」『金の大刀と銀の大刀　古墳・飛鳥の貴族と階層』平成8年秋季特別展　大阪府立近つ飛鳥博物館

また確認された遺跡に横穴墓が多いことも、注目すべきであろう。既に茨城県北部の横穴墓からは比較的多くの装飾付大刀が出土しているとの指摘〔菊地 二〇一三〕がされているが、管見の範囲でも九基の横穴墓から九例の装飾付大刀が確認されている。

## 2　茨城県域での装飾付大刀の実例

### (1) 拵が遺存している例

#### ① 梶山古墳〔大洋村教委 一九八一〕

鉾田市大字梶山に所在する梶山古墳は、西に北浦や湖岸低地の水田地帯を望む台地縁辺に位置する。発掘調査の際に周溝確認が行われており、その結果径約四〇㍍の円墳と報告されているが、多少の疑問は残る。主体部は地山を掘り込んで設けられた内法長さ二・二〇㍍、幅一・一五㍍の箱式石棺である。棺底中央部付近に大腿骨・腓骨・肋骨・脛骨などが並べられたような状態で埋葬され、その東側の妻側からは頭骨が出土した。人骨は少なくても五体分以上と鑑定されている。耳環三点・玉類の装身具は人骨が確認された範囲から、ある程度のまとまりをみせて出土した。頭骨とは反対側の西側妻側からは、鋒の向きを揃えて重ねたような状態で装飾付大刀を含む一〇振の大刀と、刀装具類・刀子が出土した。

装飾付大刀は、圭頭大刀(第1図1)と獅噛環頭大刀(同2)が出土している。圭頭大刀は、柄頭は魚々子が不規則に打出された金銅製で、柄間には金属線が巻かれる。鞘には金銅製の鞘口金具と鞘中金具が遺存し、分離した状態で出土した平底の金銅製鞘尻金具の一方が伴うと考えられる。獅噛環頭大刀は、筒金具が伴う柄頭はいずれも金銅製で柄から分離した状態で出土したが、金銅製の鎺を伴い、銅製の鞘口金具と責金具、鞘尻金具が遺存する刀身に伴うものと考えられる。さらに刀身に金銅製の装具が遺存する大刀が四振(同3〜6)と金銅製鞘尻金具一点(同11)、鉄製円頭

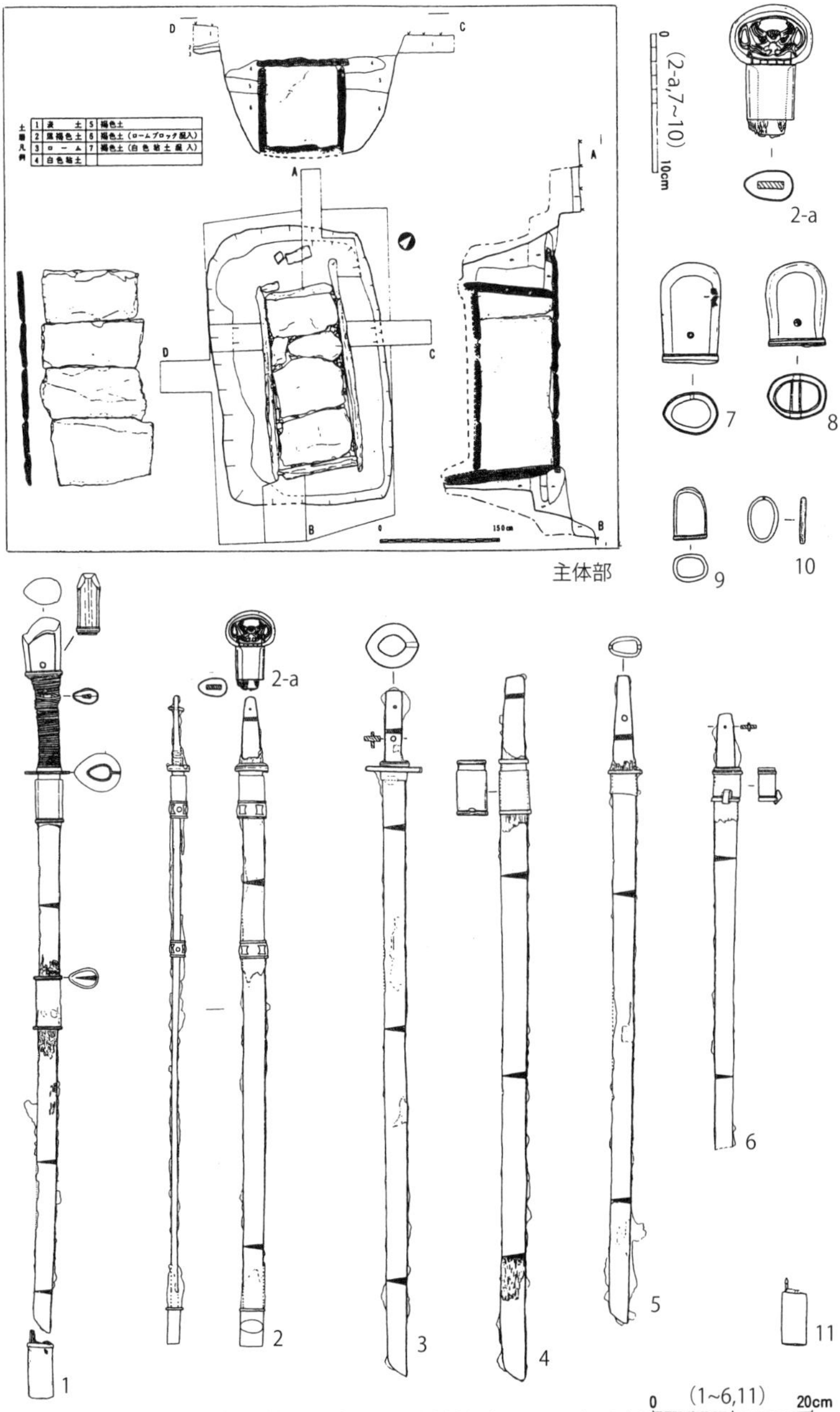


第１図　梶山古墳主体部と装飾付大刀（大洋村教委 1981 一部改変）

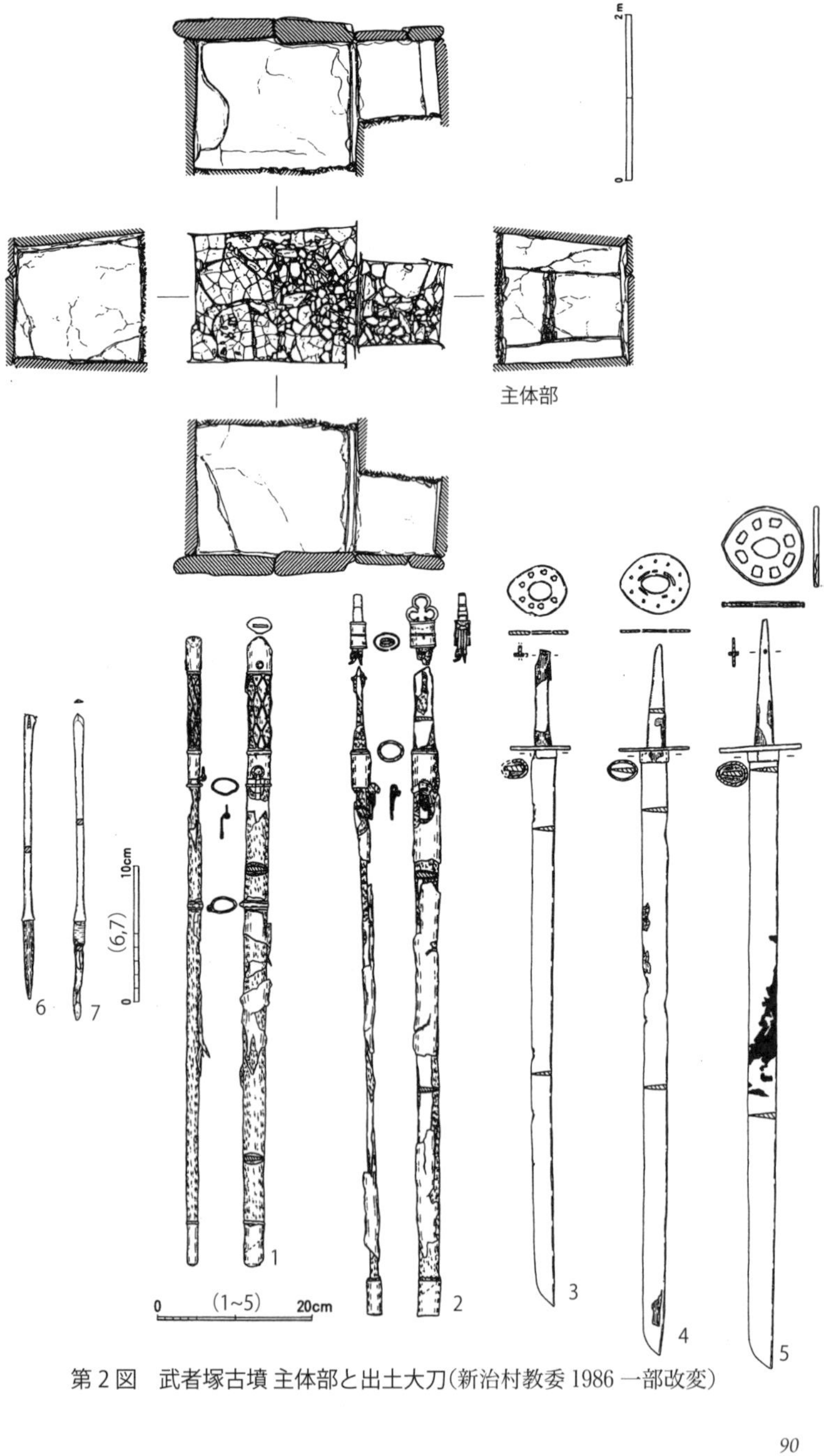


第 2 図　武者塚古墳 主体部と出土大刀（新治村教委 1986 一部改変）

柄頭三点(大二点、刀子に伴うと考えられる小一点、同7〜9、内7・9に銀象嵌)、責金具(同10)、鵐目金具、蟹目釘が出土しており、他にも装飾付大刀が存在していたことがうかがえる。この四点は身最大幅がいずれも三㌢に満たないことから、同様に三㌢に満たない細身の刀身三振についても、金銅装刀装具は遺存していないものの装飾付大刀であった可能性を指摘しておきたい。

② 武者塚古墳［新治村教委 一九八六］ 霞ヶ浦土浦入りに注ぐ桜川左岸の新治台地上に位置する武者塚古墳は、直径約二三㍍の円墳と推定されている。主体部は、墳丘の中心から約五㍍南に寄った位置に地山を掘り込んで設けられた、箱式石棺と横穴式石室を折衷したような独特の形態のもので、長さ二・〇四㍍、幅一・五四㍍の玄室と、長さ一・〇七㍍、幅一・〇〇㍍の前室からなる。

玄室からは、成人五体・幼児一体の人骨や美豆良を含む毛髪、被葬者が装着していたと考えられる玉類が出土し、前室では玄室に向かって開口する一辺を除く壁際に副葬品が配置されていた。東壁では圭頭大刀(第2図1)・大刀各一振(同5)、鉄柄銅杓、大刀の上にのるように銀帯状金具が、西壁では三累環頭大刀一振(同2)・大刀二振(同3・4)、南壁では鉄鏃四二本が鋒を西に向けて出土している。

圭頭大刀は銀製の柄頭で、柄間金具は斜格子の透彫を施した銀製、黒漆が認められる鞘には佩裏側に鐶付足金物を有する銀製鞘口金具と二の足金物、銀製の鞘尻金具を伴う。三累環頭大刀は青銅製の三累環柄頭と筒金具は共づくりで、平尻の鉄製鞘尻金具を伴う鞘は黒漆で被覆され、鐶付足金物を有する鉄製鞘口金具を伴っている。

伴出した大刀のうち圭頭大刀に沿うように東壁際で出土した第2図5は、鍔側面に波状の銀象嵌が認められる。

③ 笄崎古墳［東京国立博物館 一九八〇］ 東京国立博物館には、新治郡千代田村大字市川字笄ヶ崎から出土した圭頭大刀(第3図1)と頭椎大刀(同2)各一振が収蔵されている。明治四十三年(一九一〇)の出土であり、出土古墳を現在の古墳番号と対比させることは困難な状況ではあるが、70号墳の周辺の古墳から出土したものと考えられる。出土状況

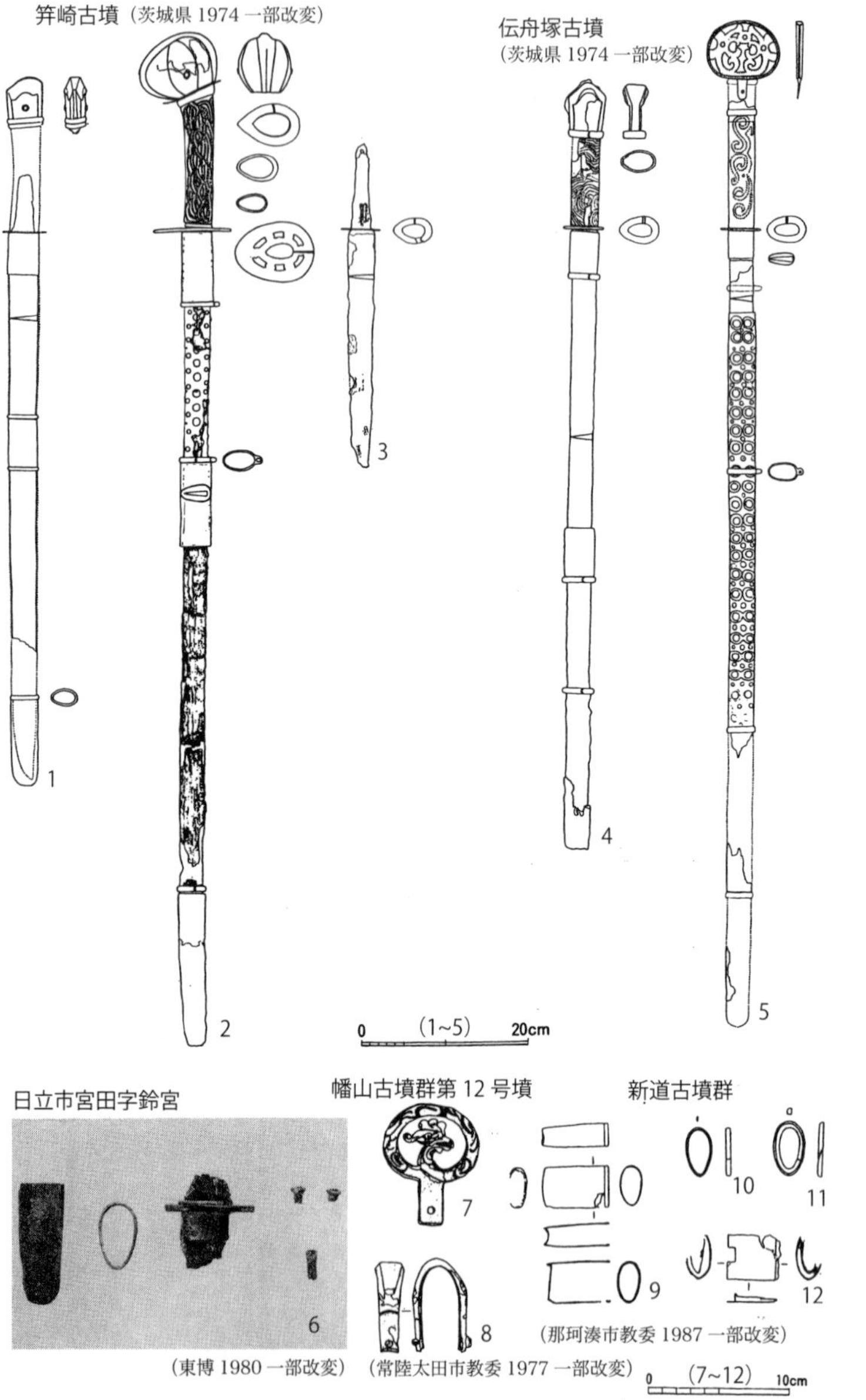


第３図　茨城県出土 装飾大刀

は、地下〇・六㍍ほどのところから、側壁各三枚、小口各一枚、蓋石三枚で構成された、長さ一・九㍍、幅〇・七八㍍、深さ〇・八四㍍の箱式石棺が確認され、石棺内から前述の装飾付大刀二振のほか、刀身一点（第3図3）、鉄鏃二〇点、刀子片一点、玉類、六鈴釧（［東京国立博物館 一九八〇、本村 一九九〇］では六鈴鏡と記載される）一点が出土したという［斎藤・川上・村井 一九七四］。

圭頭大刀は銀製の柄頭で、鞘に鞘口金具・鞘中金具・鞘尻金具、責金具三点が遺存するが、柄間や鞘には金属製の飾金具は確認できない。金銅装頭椎大刀は、柄頭は魚々子が打出された金銅製、柄間金具は魚々子圧痕が顕著な金銅板、鞘には金銅製の鞘口金具、鞘中金具・鞘尻金具と足金物二点が遺存し、鞘口金具と鞘中金具の間には、円文が打出された金銅製飾金具が装着される。

④ **伝舟塚古墳**［東京国立博物館 一九八〇］　東京国立博物館に収蔵される「新治郡玉里村出土品（新治郡田餘村大字栗又四箇字船塚）」のなかに、圭頭大刀（第3図4）と双龍環頭大刀（同5）、各一振が含まれる。

圭頭大刀の柄頭は金銅製、柄間は魚々子打出し、鞘には鞘口金具・鞘中金具・鞘尻金具のほか、足金物・責金具を伴う。金銅装双龍環頭大刀の環頭は金銅装、柄間は魚々子打出しの金銅板、鞘は鞘口金具のほか、二列の穀粒文を打出した金銅製足間飾板・鞘中金具で飾り、足金物と責金具、鞘尻金具を伴うものである。

この資料は永く玉里舟塚古墳出土とされてきたが、確実に玉里舟塚古墳に伴う資料との間には年代の開きが大きいことや、地元での伝承から、木船塚古墳から出土したものと考えられる［片平 二〇〇〇］。

### (2) 刀装具の一部を欠いて確認される例

先に記したように、梶山古墳では圭頭大刀・獅噛環頭大刀以外の金銅製装具が遺存する大刀四振と、組み合わせが不明な刀装具が存在する。鉄製円頭柄頭を伴う大刀が存在した可能性を排除するものではないが、刀身に対する刀装具の数量が不足していることは明らかである。このことは、装飾付大刀であったものから装具を外した状態で副葬された結果によるものと理解できよう。この例以外にも、以下のような事例を確認することができる。

**①　日立市宮田字鈴宮出土**［東京国立博物館　一九八〇］　東京国立博物館の「日立市宮田字鈴宮出土品（多賀郡日立町大字宮田字鈴宮二一一一）」に、金銅装刀装具が含まれる。［本村　一九九〇］では、昭和十一年（一九三六）に「断道工事」で石槨から須恵器坩一点、茎尻の一部を欠損する大刀一点、刀装具一括が出土したと報告されている。

刃部から茎にかけての刀身には鍔と鎺を伴う。金銅製柄頭と報告された遺物は、形状からは鞘尻金具の誤認と考えられる。鵐目金具三点とされたうち形態の異なる一点（第3図6の右下）は、袋状柄頭と柄とを固定する部位であろうか。これらの刀装具が伴出した大刀に伴うものでないことは、大刀の遺存状況から明らかである。

詳細な出土状況は不明であるが、横穴墓や横穴式石室に比べ盗掘が困難と思われる箱式石棺内部から、鵐目金具が遺存しながら柄頭が確認されていないことから、刀の拵から柄頭のみを外した状態で装飾付大刀が副葬されたものと推定され、それに通有の拵の大刀一振が伴うことになる。

出土地点の経緯を地番から辿ると、現在個人の居宅に含まれているが、旧土地台帳では明治四十二年（一九〇九）に村持から村社に所有権が移転された経緯が確認できる。地租改正時の官民有区分では村持とされていたことから、何らかの謂れのある土地であったものと考えられる。東西・南北一二メートル程の狭小（六五・三九平方メートル）な土地であり、さほど大きな墳丘をもつ古墳ではなかったようである。現在出土地点は埋蔵文化財包蔵地に含まれてはいないが、すぐ南側には浜の宮古墳群が存在するため、当該出土地点もこの古墳群の一部であったものと考えられる［片平　二〇二三］。

### (3)　刀装具のみが確認される例

**①　常陸太田市幡山古墳群第12号墳**［大森　一九七四、常陸太田市教委　一九七七］　里川を西に臨む台地縁辺部に所在する幡山

古墳群中の一基で、昭和四十一年に茨城県立太田第一高等学校史学会が発掘調査を実施した際、単鳳凰環頭大刀柄頭(第3図7)と逆U字形円頭大刀柄頭金具(同8)が耳環・玉類などの装身具類、鍔、鉄鏃一括、刀子と共に出土した。その後昭和五十～五十一年にかけて記録保存の発掘調査が実施され、玄室内から大刀片、鉄鏃、刀子片、馬具(鉸具・鞍)が確認されたが、柄頭が伴うべき装飾付大刀の刀身は出土していない。主体部は横穴式石室であり、盗掘を受けている可能性も考慮すべきではあるが、盗掘された際に柄頭のみが遺されたとは考え難く、柄頭のみが副葬された可能性が高いものと考える。本墳は東西一五㍍、南北一四㍍程度の円墳で、墳丘南面に開口する主体部は全長四・八㍍、奥壁幅二・一五㍍の凝灰岩の切石で構築された胴張りの横穴式石室である。

② **ひたちなか市新道古墳群**〔那珂湊市教委 一九八七〕 太平洋を望むひたちなか市平磯町字新道に所在し、市道改良工事に伴い不時発見された遺跡である。墳丘は既に削平され、石組の主体部二基が確認された。そのうち2号遺構と呼称された横穴式石室の前道から、金銅製刀装具四点が出土している。一の責金具が付着した鞘尻金具(第3図9)、責金具(同10・11)、鞘口金具(同12)であり、鞘口金具には鐶付足金物が装着された方形の切込みを確認することができる。「散乱した状態での出土であり、また刀身の出土もないので、追葬時に玄室から持ち出され廃棄されたと考えられる」と報告されている。

### (4) 横穴墓からの確認例

① **常陸太田市幡町出土**〔東京国立博物館 一九八〇〕 東京国立博物館の「常陸太田市幡町出土品(久慈郡機初村田渡壽松院)」は単龍環頭大刀柄頭と刀装具が別々に受け入れられている。刀装具類は明治二十一年(一八八八)に「官有林 巌穴」から出土した〔本村 一九九〇〕、魚々子を打出した金銅板に透し彫りを入れた鞘口金具と柄間には金属線が遺存する刃部から茎にかけての刀身と、鞘口金具と同一意匠の柄頭下の筒金具、柄頭と筒金具間の責金具であろう円文と菱

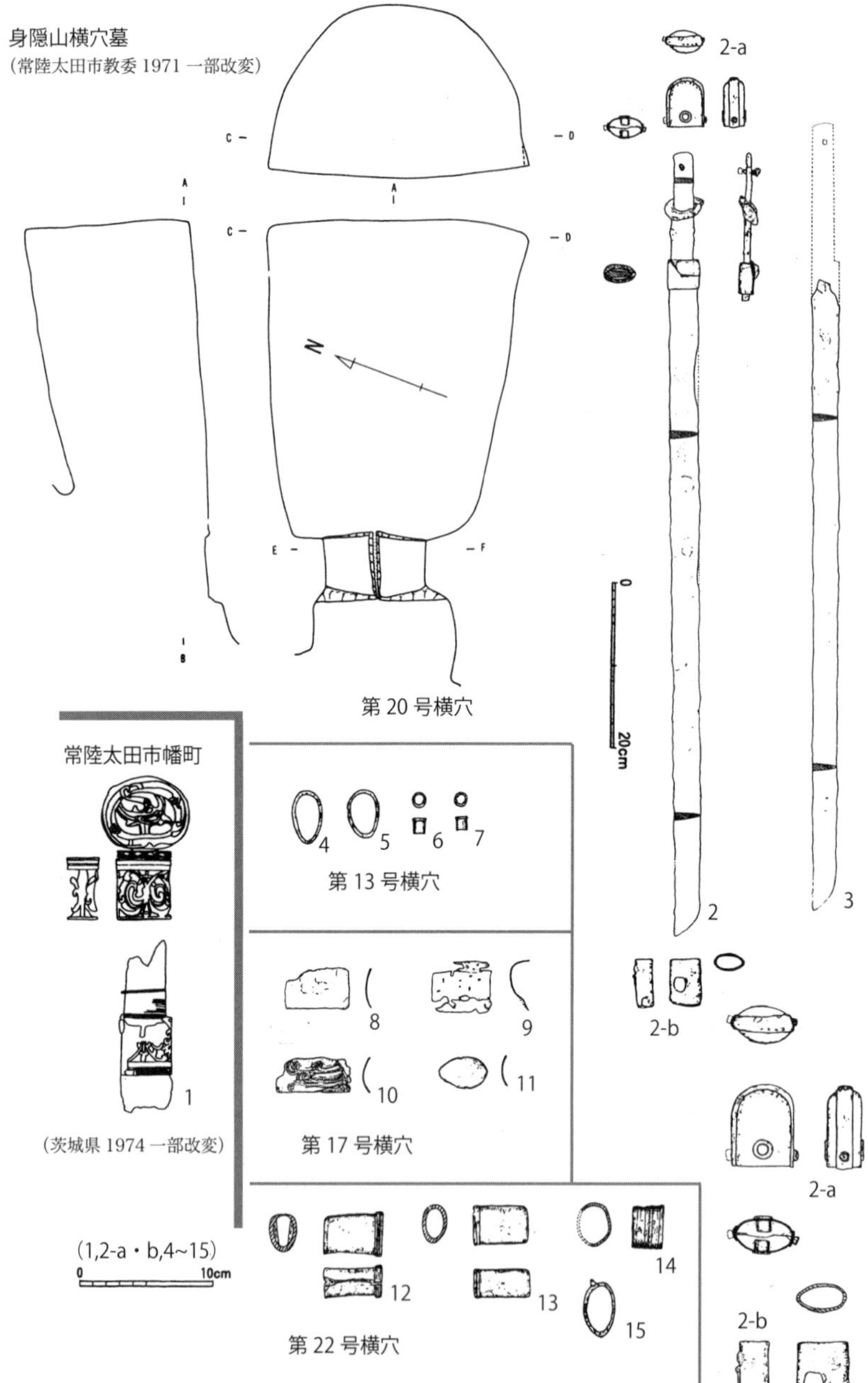


第 4 図　茨城県域横穴墓出土 装飾付大刀

形文が反復された環状の刀装具である(第4図1)。一方、単龍環頭大刀柄頭は、明治二十二年(一八八九)二月以前に出土していた[本村 一九九〇]とされる。これらの資料の接合状況は明らかではないが、状況からは同一の装飾付大刀であると判断できる。

刀装具類が「巌穴」から出土しており、横穴墓からの出土資料と考えて良い。現時点では出土地点は特定できないが、近隣には幡山西横穴墓群や幡山北横穴墓群が存在しており、この一基から出土したものと考えられる。

② **身隠山横穴群**[常陸太田市教委 一九七二] 前述の幡町田渡とは里川を挟んだ対岸にあたる、常陸太田市瑞竜町に所在する横穴墓群である。この横穴墓群中の三基から、装飾付大刀が出土している。

第20号横穴は、隅丸方形状の玄室で長さ二・六八㍍、アーチ形の奥壁は高さ一・四二㍍である。玄室内から金銅鍍金円頭柄頭のほか、鉄製方頭柄頭と報告された刀装具、鉄製鍔・足金物・責金具が出土している。方頭柄頭とされた遺物には、柄に固定するための鵐目金具が確認されないことから考えれば、鞘尻金具と判断すべきなのかもしれない。その場合、金銅装の柄頭に鉄製の鍔・足金物・鞘尻金具の拵が遺存する装飾付大刀一振が副葬され、それに通有の拵の大刀一振が伴うことになる(第4図2・3)。

第13号横穴は全長二・五六㍍を測る方形の玄室で、奥壁は高さ一・八二㍍のアーチ形を呈する。玄室内からは、石突二点、鉄製鍔一点、両頭金具(弓飾金具)、玉類とともに、責金具三点(内二点は青銅製、第4図4・5)、鵐目金具三点(内二点は青銅製、同6・7)、が出土している。

第17号横穴は、長さ三・八〇㍍の逆台形の玄室で、アーチ形の奥壁は高さ二・八〇㍍を測る。玄室から大刀一振、鉄鏃二点、刀子一点、装身具類(玉類・耳環)と共に、青銅製の刀装具破片四点(第4図8〜11)が出土している。内10は、鍍金された蕨手状に小孔を打込んだ装飾をもつものであり、鞘金具の一部とも考えられる。

第22号横穴は、隅丸方形の玄室で長さ三・九〇㍍、アーチ形の奥壁は一・九〇㍍である。玄室内から青銅鋳造製の刀装具二点(第4図12・13)、青銅製の刀装具二点(同14・15)が出土している。

## 3　茨城県域での装飾付大刀出土状況の特徴

発掘調査で装飾付大刀が確認された梶山古墳と武者塚古墳には、以下の共通点を抽出することができる。

○墳丘は円墳であり、武者塚古墳は直径二三㍍とさほど大きなものではない。

○主体部は、梶山古墳は箱式石棺、武者塚古墳も構築方法からは箱式石棺に分類すべきものであり、横穴式石室を採用していない。

○副葬品は拵が遺存する装飾付大刀二振と通有の拵の数振の大刀に装身具(玉類)が伴う。武者塚古墳はこれに鉄鏃、鉄柄銅杓、銀帯状金具が共伴するが、武器類の副葬は希薄である。

○小規模な主体部でありながら複数の人骨が確認されている。

この四点の共通点のうち前三点については、梶山古墳・武者塚古墳以外の例にも敷衍することは可能であり、茨城県域の装飾付大刀の確認状況の特徴といえる。墳丘形態と規模については、日立市宮田町字鈴宮では墳丘形態は不明ながら規模はさほど大きなものとは考え難いこと、幡山12号墳は径一五㍍前後の円墳であること。主体部については、笄崎古墳・日立市宮田町字鈴宮が箱式石棺からの出土であること。三点目のうち拵が遺存する装飾付大刀が二振副葬されることについては、笄崎古墳では圭頭大刀と頭椎大刀、伝舟塚古墳では圭頭大刀と双龍環頭大刀が確認されるほか、日立市宮田町字鈴宮や身隠山20号横穴では装飾付大刀(身隠山20号墓は円頭大刀)と通有の拵の大刀が副葬されるなど、装飾付大刀を含む二振の大刀が副葬されていることになる。

また、装飾付大刀の拵全体が装着された状態での副葬例のほかに、拵の一部を欠く、もしくは拵の一部のみを副葬する例が存在することも確実であり、茨城県域での装飾付大刀の確認状況の大きな特徴といえよう。

装飾付大刀の装具をみてみると、梶山古墳は圭頭大刀の装具、獅噛環頭大刀の柄頭が金銅製であるものの、後者の鞘金具は銅製であり、いずれにも金銅製などの鞘飾板は伴わない。武者塚古墳の圭頭大刀は銀装、三累環頭大刀は青銅製柄頭に鉄製鞘金具を伴うもので、いずれも梶山古墳の二振と同様に鞘飾板は伴わない。装飾付大刀の装飾の階層については、大刀全体(柄・鞘全体)が金銅装であるものが最も優れ、金銅製の装具が用いられているものの柄や鞘の木質が露出するもの、素材が銀、銅、鉄になるにつれて劣っていると考えるのが自然であり、梶山古墳・武者塚古墳の装飾付大刀は、いずれも階層の最上位に位置するものではない。また階層の上位のものとそれよりも劣るものの二振がセットとなっていたことになる。

このように装飾の階層が上位なものと劣るものがセットになる状況は、鞘飾金具を伴わない銀装の短い圭頭大刀と金銅装の長い頭椎大刀が確認された笄崎古墳や、いずれも金銅装ではあるが、鞘飾板を伴わない短い圭頭大刀と大刀全体が金銅装である長い双龍環頭大刀が確認されている伝舟塚古墳でも同様である。

武器類の副葬が希薄であるとした点については、笄崎古墳では鉄鏃が副葬されていることは確認できるものの、他には刀身の短い大刀一振を副葬するのみ、日立市宮田町字鈴宮では装飾付大刀と通有の拵の大刀各一振のみであり、鉄鏃さえ副葬されていない。武者塚古墳の鉄鏃は、後藤守一分類による「棘篦被端片刃箭式」三一本(第2図6)、「端刃棘篦被鑿箭式」一一本(同7)が一括して束ねられた状態で出土した。すべての鏃で矢柄から出ている部分が一五〇ミリ前後で揃えられており、形式に違いがあるものの、全ての鏃が同一時期・場所で生産されたものと考えられる。この形式は全国的に遍在する傾向が認められないこと、武者塚古墳の主体部に弓が副葬されたとは考えられないこと(弓の存在を示す両頭金具とも呼ばれる弓飾金具の出土が確認できないこと、主体部の構造・規模から弓を副葬するには、折らない限り困難であると考えられること)、周辺の同時期古墳の鉄鏃出土状況とは明らかに異なること等から、被葬者が武器として常備していた鉄鏃を副葬したものとするより、何らかの記念品的な意味合い（下賜されたもの）が強いものと理解したい。

## 今後に向けて——まとめにかえて——

ここまで、茨城県域での装飾付大刀を集成し、その特徴の抽出を試みてきたが、その内容は十分なものではないことは承知している。

例えば、装飾付大刀の年代に関する観点からの分析を行っていないこと。装飾付大刀は柄頭の形式ごとに詳細な編年作業が行われており、この編年を通して分析することが必要であろう。

馬具を共伴する例と共伴しない例との分析を行っていないこと。馬具が伴出する例としては中台21号墳・寺山Ⅰ号墳・笠谷6号墳・幡山12号墳例が挙げられる。幡山12号墳は馬装の一部のみが確認されているのみで、副葬された馬装は不明であるが、他三例はいずれも鉄製素環鏡板付轡から成る馬装であり、また副葬された装飾付大刀も先の三例は鞘に装飾板を伴わない圭頭大刀である等の共通性を見出すことができる。

茨城県域での装飾付大刀の確認例をみてみると、圭頭大刀が顕著であることがわかる。装飾付大刀の形式が判明する三二例のうち一一例が圭頭大刀であり、形式が判明する装飾付大刀を確認した地点二一例のうち一一例で圭頭大刀を確認している。この中には装飾付大刀二振が副葬されている例や先述のように馬具を伴出した例、善光寺3号横穴や二ッ島横穴墓のように横穴墓から出土した例が含まれており、圭頭大刀を中心とした分析が必要であろう。

圭頭大刀を含む各装飾付大刀について、大谷晃二は六世紀第4四半期以降（須恵器ＴＫ209型式以降）の被葬者の性格を以下のように指摘する［大谷 二〇一六］。

○同一人物が頭椎大刀と双龍環頭大刀の双方を所持する事例があるため、この形式差は出自の差を表現するものではない。また両大刀ともに首長から群集墳被葬者まで所持しており、階層に関係のない何らかの地位・職掌を反映している。

○頭椎大刀は首長または群集墳被葬者ならその盟主的な地位を、双龍環頭大刀はそれとは異なる何らかの職掌を反映している。

○倭製袋状柄頭大刀(頭椎大刀・圭頭大刀・円頭大刀)は、首長に地位の微妙な差を表示する必要があるが、双龍環頭大刀は、それが示す職掌を表示するのみで、その差を表現する必要はないものと理解する。

○銀装圭頭大刀・鶏冠頭大刀は、金銅大刀よりも長さが短い。金銅装大刀とは異なる性格が考えられる。

○獅噛・三累環頭大刀などの舶載刀を所持した人物は、外交または大陸・朝鮮半島での活動に関与して、その過程で独自に入手したと考える。

茨城県域の装飾付大刀をもつ被葬者の性格が、直接この指摘に該当するかは、現時点で即断はできない。また茨城県域では、拵の一部を欠く、または拵の一部のみが副葬される例が存在する。拵の全てが揃っている状態で副葬された場合は、その大刀は被葬者個人の所有と考えられるが、拵の一部を欠く装飾付大刀の副葬や、拵の一部のみが副葬されている場合、意図的に外された刀装具(主には柄頭であろうか)は首長権の象徴として、次代の首長に継承されたと考えるべきなのであろうか。

引用・参考文献

茨城県　一九七四『茨城県史料＝考古資料編　古墳時代』
大谷晃二　二〇一六「金鈴塚古墳の装飾付大刀」『金鈴塚古墳のかがやき』第一〇三回歴博フォーラム
大塚初重・小林三郎　一九六八「茨城県・舟塚古墳(Ⅰ)」『考古学集刊』第四巻第一号

大森信英　一九七四「幡山古墳群」『茨城県史料＝考古資料編　古墳時代』茨城県

片平雅俊　二〇〇〇「茨城県における風返稲荷山古墳出土馬具の位置」『風返稲荷山古墳』霞ヶ浦町教育委員会

片平雅俊　二〇二三「鈴宮の飾大刀」『郷土ひたち』第七三号　郷土ひたち文化研究会

菊地芳朗　二〇一三「横穴と装飾付大刀」『横穴墓の世界』ひたちなか市埋蔵文化財調査センター

斎藤忠・川上博義・村井嵓雄　一九七四「市川・下志筑古墳群」『茨城県史料＝考古資料編　古墳時代』茨城県

本村豪章　一九九〇「古墳時代の基礎研究稿—資料篇(Ⅱ)—」『東京国立博物館紀要』第二六号

国立歴史民俗博物館　二〇一六『金鈴塚古墳のかがやき』第一〇三回歴博フォーラム

島根県古代文化センター　二〇一四『解説出雲国風土記』

大洋村教育委員会　一九八一『常陸梶山古墳—茨城県鹿島郡大洋村所在—』

東京国立博物館　一九八〇『東京国立博物館図版目録　古墳遺物篇(関東Ⅰ)』

那珂湊市教育委員会　一九八七『新道古墳群　市道〇一〇八号線改良工事に伴う緊急調査』

新治村教育委員会　一九八六『武者塚古墳　武者塚古墳・同二号墳・武具八幡古墳の調査』

常陸太田市教育委員会　一九七一『常陸太田市瑞竜　身隠山横穴群調査報告』

常陸太田市教育委員会　一九七七『幡山遺跡発掘調査報告書』

# 鹿島郡家の景観

石橋 美和子

## はじめに

『常陸国風土記』にみえる社の南の郡家はどのような景観であったのか。その解明は、昭和五十四年度に実施した個人住宅建設に伴う発掘調査から始まった。継続すること九年、そして平成二十七年度から六年間史跡整備に伴う調査を行い、さらに郡家の中枢部分や倉庫群の配置が明らかになった。本稿ではこれまでの調査成果を合わせて、鹿島郡家の諸施設の建物配置や郡家の景観について検討していきたい。

## 1 郡家の立地

鹿島郡家は、神野向遺跡の範囲に入る。神野向遺跡は、標高三二～三四㍍の鹿島台地と呼ばれる洪積台地上の西側縁辺部に位置する。台地の西側は、急峻な谷が樹枝状に入り込んでいる。この谷は沖積世の後半（縄文時代）に溺れ谷の海が埋積されたものと考えられており、谷底平野は北浦に向かって緩やかに傾斜している。鹿島台地の東縁は急傾斜の海食崖が形成され、約一㌔幅の南北にのびる海岸平野を挟み太平洋に至る。周辺に目を向けると北側一五〇〇㍍

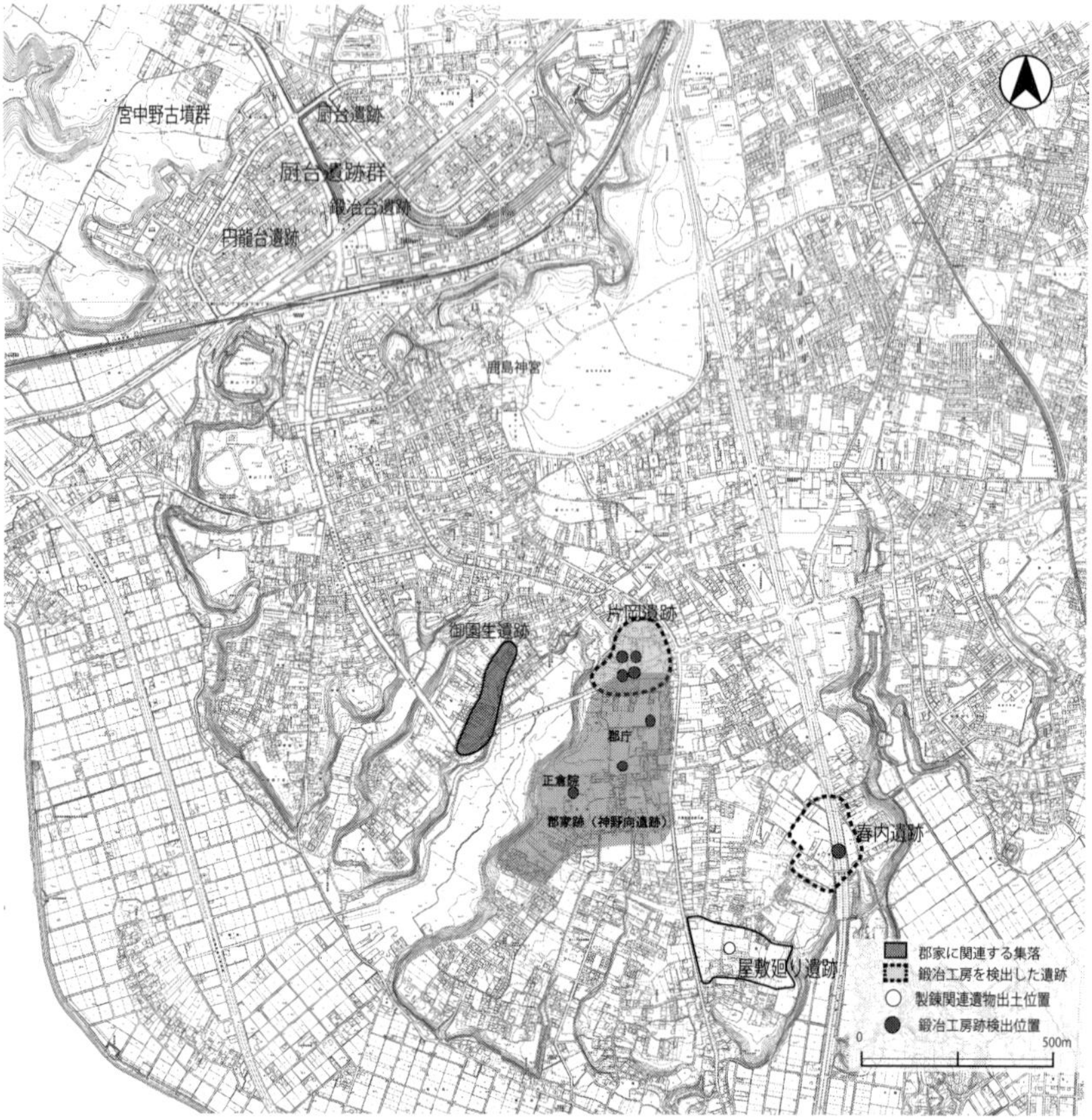


第１図　郡家周辺位置図

には鹿島神宮（以下神宮）が鎮座する。『常陸国風土記』では、天の大神の社・坂戸の社・沼尾の社の三社を合わせて、香島の天の大神と称しており、神郡であることからも、郡家と神宮は密接な関係にある。

## 2　郡家の範囲

現在のところ、郡家の範囲は明確でない。北側は現在の都市計画街路三・三・一〇号線付近と考えられる。この都市計画街路建設に伴う事前調査で、郡家移転期の鍛冶工房が検出され、さらに郡家衰退期は集落がしだいに南へ広がることが確認されている。東側は試掘調査の結果を踏まえると、国道

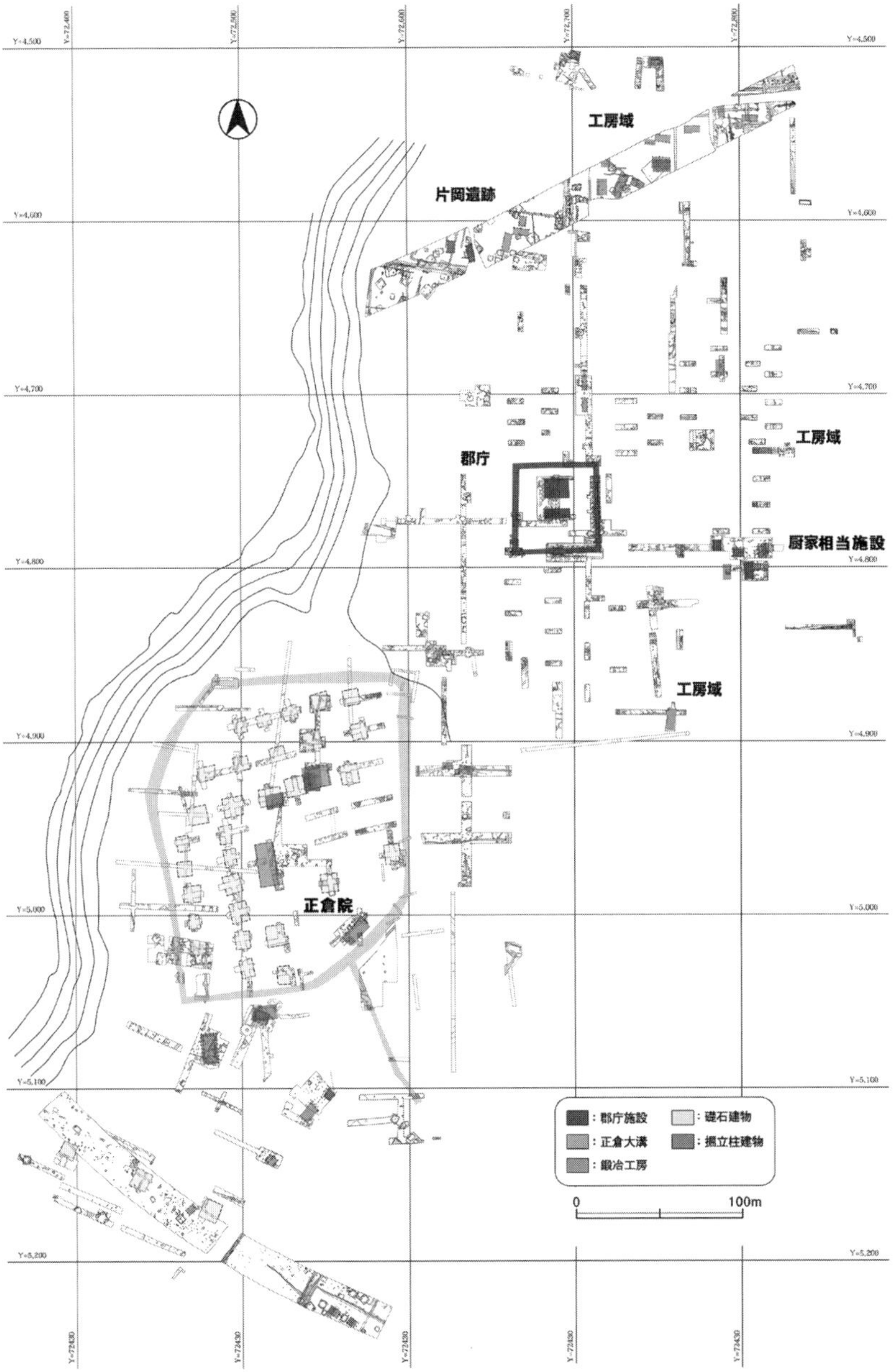


第２図　鹿島郡家平面図（鹿嶋市の文化財 173 集を一部改変）

一二四号付近で官衙時期の遺構が確認できなくなる。西は台地の縁辺部と考えられるが、郡庁南西の斜面には台地下に降りることのできる道があり、奈良時代までさかのぼる可能性があるため、谷津から登る道も含めて郡家の範囲とする見解がある。南は、平成十五年に行われた県道の調査によって、正倉院の南側一二〇㍍から約一〇㍍四方の総地業が三棟確認され、礎石建物跡の分布が南に広がることが明確になった。さらに平成十九年には、正倉院の南側三五〇㍍で同様の礎石建物跡を一棟、平成二十五年には正倉院の南側一八五㍍に礎石建物跡を一棟確認し、正倉院第二期には正倉院の大溝の外に、少なくとも五棟の礎石建物跡が確認できた。これにより当初考えられていた郡家の範囲は南に広がることとなったが、郡家の南域区画施設の溝や柵列など検出できていない。急峻に切り立つ台地の南側縁辺まで郡家域が広がる可能性がある。

このように、郡家の範囲は当初の想定より広くなり、南北七〇〇㍍以上、東西四〇〇㍍と広大な郡家である。

## 3　諸施設の構造

これまでの発掘調査で検出された遺構から、郡家を構成する主要な施設は郡庁、正倉院、厨家である。館や曹司の遺構はまだ確認できていない。

### ⑴ 郡　庁

郡家の郡庁は、郡家域内の中央から北よりに配置されている。南の谷津から入って来た場合、直線的に北上した位置になる。三回の建て替えがあり、正倉院の建て替えの時期とほぼ同じとみられる。

第1期は鹿島郡家の創建期である。郡庁は、南北に長大な東脇殿ＳＢ1010、西脇殿ＳＢ1015を東西に配し、南北は塀を連結させた遮蔽施設で囲繞した構造を呈し、遮蔽施設は南北総長五一・六㍍、東西総長五二・五㍍を測り、南面中央に八脚門と想定される南門が取り付く。遮蔽施設の内側では中央北寄りに正殿（SB1020）を確認しており、正殿は南北二面に廂が取り付く東西棟であった。正殿の規模は、身舎が桁行五間約一五㍍、梁間二間四・八㍍、北と南に約二・一㍍（七尺）の廂がつき、梁間総長は九・〇㍍（三〇尺）を測る。第1期の正殿柱掘り方の覆土と後述する正倉院第1期の総柱竪穴建物跡柱掘り方の覆土は近似し、同時期の造営であると想定される。後続する第2・3期の遺構と複雑に重複しており、出土遺物も土器の小片のみであったため、第1期の年代を具体的に判断することは困難であるが、『常陸国風土記』香島条ではすでに郡家の移転がなされているため、風土記編纂の詔が出される和銅六年（七一三）頃には移転していたと考えられている。

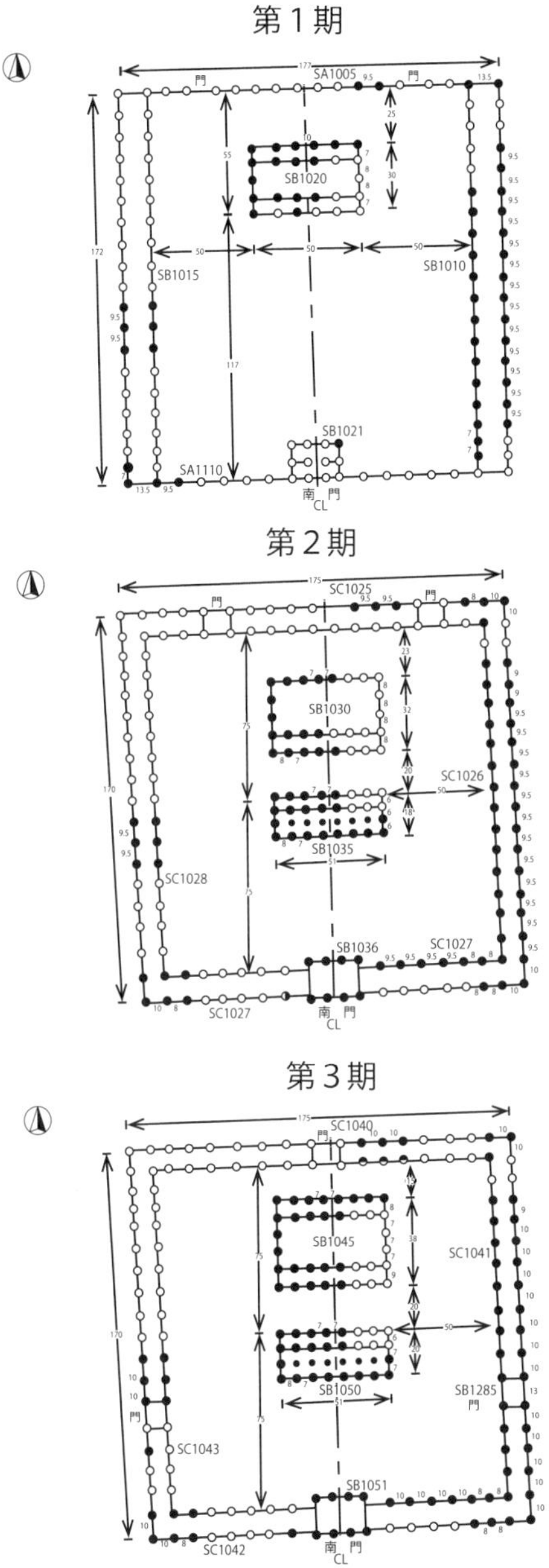


第3図　郡庁想定図

第2期は郡庁の構造が大きく変化する時期である。第1期の建物すべてを撤収し、ほぼ同じ位置に四周を掘立柱の回廊で取り囲む。正殿は身舎桁行推定七間総長一五・三〇㍍、梁間三間約七・二㍍（約二・四㍍八尺等間）、南面約二・四㍍（八尺）に正殿と同じ柱間で廂が付く構造で、第1期とは異なり北の廂がない構造へと変化している。前殿は身舎桁行七間約一五・三㍍、梁間二間約三・六㍍（六尺約一・八㍍等間）の東西棟で、北面には廂を有し床束を全面にともなう床張りの建物と想定される。また、回廊は梁間一間約三・〇㍍（十尺）の単廊で、桁行は十八間総長約五一・〇㍍（一七〇尺）を測り、南面中央には南門が取り付く。南門は後世の大溝の法面から柱穴を検出し、ほぼ同じ位置で建て直しをしていることがわかる。門構造は、桁行三間（約六・八㍍）梁間一間（約四・六㍍）を測る東西棟掘立柱の八脚門と想定されている。出土した土器から八世紀後半には第3期の施設へと変化したと考えられている。

第3期は郡庁の最終期で第2期を踏襲して回廊を巡らし、身舎はほぼ等しい寸法で踏襲した正殿・前殿が建てられる。正殿は南北に廂が取り付く構造となり、その南に第2期とおおむね同様の前殿がつくられる。正殿は、身舎桁行七間（確認長約一五・三〇㍍）、梁間三間約六・三㍍（約二・一㍍七尺等間）の東西棟、前殿は身舎桁行七間（約一五・三〇㍍）、梁間二間（約四・二㍍）の東西棟が確認されている。回廊の南面中央には第2期と同様に八脚門の南門がつくられ、そのほかに東西北方向に門が存在したことが想定されている。時期について、昭和五十九年度の調査では、回廊北東隅の柱穴抜取痕跡から出土した内黒土器及び東面回廊の柱抜取痕跡から出土した「鹿厨」の墨書土器の年代が、九世紀後半代に相当することや、回廊と重複する竪穴住居跡の年代が十世紀代であることから、第3期の廃絶、すなわち郡庁の廃絶は、九世紀後半〜十世紀初頭と推定されている。

### (2) 正倉院

正倉院は郡庁の南西に位置し、標高は三二㍍である。郡庁回廊南西隅から正倉院北東隅までの距離は約一〇〇㍍、

第４図　主な建物配置図（鹿嶋市の文化財第173集より）

正殿から正倉院北東隅までの距離は約一五〇㍍と養老令の倉庫令に従い距離を空けている。大溝の幅は約四～五・五㍍、深さ二～二・七㍍を測る。大溝を平面的にみると「ロ」の字で走行している。北東隅と南西隅はほぼ直角に曲がり、東南部は斜行しながら曲がる不整形な区画である。北西隅は台地の縁辺部の形状にあわせて緩やかなカーブとなる。大溝によって画された区域の範囲は、各辺の中央部で測った場合、南北約一八二㍍、東西約一四五㍍になる。

大溝の西面南北溝の断面をみると、東側より西側が急傾斜であり、東面は一段フラットな面が部分的にあって底面に至る。底面には、小さな掘り込みが数ケ所確認されている。中位層より炭化米が多量に発見された。この炭化米は土層観察により溝の東側より投下されたと考えられる。この集中炭化米層には建物の柱材、屋根材と思われる炭化物、鉄釘、多量の須恵器の大甕などの遺物が包含されており、西群のいずれかの建物が火災にあったと推測される。この集中炭化米層のすぐ下部には、ロームブロックが多量に混入する土層で、炭化米層の埋没時期より先行する。

次に、正倉院内の建物跡をみると、三時期の建物変遷がある。この変遷時期は郡庁建物の時期区分とほぼ同じ年代と推定している。

第1期は総柱掘立柱建物の時期である。SB300を例にあげると、柱の掘り方は柱筋に対して変形の布掘りを南北に行い、その後柱位置だけを一・六×二・三㍍程度、深さ〇・七㍍程度の規模で再度深く掘り下げる方法をとっている。また埋土には主にロームとローム混じりの暗褐色粘質土を互層にして版築している。この搗き固めの方法は、郡庁第1期正殿柱穴の埋土状況に類似する。第1期の建物の配置は部分的にしか確認できていないことは、後続する第2期の建物がほぼ同じ位置に建てられた可能性がある。

第2期は総地業の礎石建物の時期で、大溝内において三三棟を検出している。その配置は北側から東西方向に並ぶ礎石建物が三列(北から北一列五棟―北二列五棟―北三列六棟)あり、この列から南は南北方向の軸で並ぶ。これらの礎石建物は列によって建物の規模に規則性があり、北から一列目と二列目では東西八～九㍍・南北八～一〇㍍、三列目は一回り大きい一〇〜一三㍍、南北一〇〜一一㍍となる。西群の三列(東から西一列三棟—西二列六棟—西三列六棟)は、各列を揃えて配置している。建物規模は列ごとに違いがあるものの、七〜一二㍍の正方形の地業が行われ、総地業の東西か南北のラインを揃えている。

最も大規模な礎石建物SB2260は、南北二五㍍、東西一〇・五㍍、面積二六二・五㎡で、現在確認できている礎石建物跡の二倍の面積を測り、法倉という見方がある。

また、建物と建物の間隔は北側三列の建物の間隔は、北一列目と二列目の間隔が一一〜一五㍍、二列目と三列目の間隔が八・六〜一四㍍である。東西は一列目六〜一一㍍、二列目一二〜一八㍍、三列目五〜一〇㍍である。また、北一行と西二列の建物の間隔は三㍍で、西三列との間隔も四㍍と短い。建物の規模や間隔、地業の深さからみて、三三棟すべてが同時期に建っておらず、建てた時期に差があると推定できる。そして、正倉院の南で確認されている三棟の建物間は三六・四〜三四㍍ある。延暦十年(七九一)の太政官符に「新造倉庫。各相去必須十丈已上。」とあり、正倉院の南で確認されている三棟は太政官符の内容を満たしているため、延暦十年以降の造営と推測される。また、正倉院内も院外の南の建物跡も礎石の痕跡は見つからず、柱間などは不明である。礎石に使用した石を廃絶以降に移動させたと考えているが、礎石や根石が検出されないことから、大きな礎石を用いない建築様式の可能性も検討が必要である。

さて、正倉院内では空閑地が南東域にある。掘立柱建物跡の柱穴は部分的に確認できているため、ある時期に掘立柱建物が建っていた可能性はあるものの、礎石建物の地業は確認されていない。この空閑地は東南から正倉院内に入ってきたら、中心的倉庫の前庭部分になり、穎穀の出納・点検などの作業空間や儀礼的空間としても利用されたと考えられる。

第3期は側柱の掘立柱建物へと替わっている。建物は調査面積からみて一部の遺構を検出したのみであり、全体の遺構の配置が明らかでないが、礎石建物の位置をほぼ踏襲している。SB280やSB295の柱穴の例をみると、柱の掘り方はほぼ正方形や長方形で一辺一〜一・五㍍、深さ約一・五㍍としっかりとした柱穴である。第3期の倉庫である掘立柱建物が二棟のみの検出であり、第2期の礎石建物の地業を掘り込んだ柱穴も各列で確認されないことから、第2期と考えられている礎石建物の一部は第3期まで存続していたか、三三棟の一部は第3期に造営したことも想定できる。

正倉院の南には掘立柱建物跡が六棟検出され、その中には四面廂の建物も含まれるため、正倉院西南官衙遺構と呼んでいる。また、掘立柱建物跡に近いSK776土坑からは瓦片の集中した出土が確認されている。前述のとおり、礎石建物の総地業も五棟検出していることから、正倉院と同様な役割の区域であった可能性も検討されるが、遺構群の性格については判然としておらず、今後の調査による解明が待たれる状況である。

### (3) 厨家相当施設

郡庁の東方五〇㍍に位置し、郡庁との間は二条の南北溝で区画されている。この溝の東には小規模な掘立柱建物群と一棟の竪穴状遺構が確認されている。重複関係をみると、建物群は四時期に分けられる。

第1期は五軒(SB1315・1330・1350・4466・4907)の掘立柱建物が配置され、その東約六㍍に掘立柱塀が南北に延びる。建物跡の軸向きが郡庁第1期の軸向きに近く、八世紀前半と想定されている。

第2期は前段階の建物位置を踏襲する形で三軒(SB1335・1355・4925)が建て替えられており、その東には第1期同様に掘立柱塀が取り付く。西側には溝が取り付く可能性が指摘される。郡庁第1期前半の八世紀後半と想定されている。

第3期も第2期を踏襲し、三軒(SB1340・1360・4956)の掘立柱建物が建て替えられている。そして前段階まで東側を囲郭した掘立柱塀がなくなり、替わって同位置にSB1375掘立柱建物が建てられる。また、SB1340の西側には前段階同様

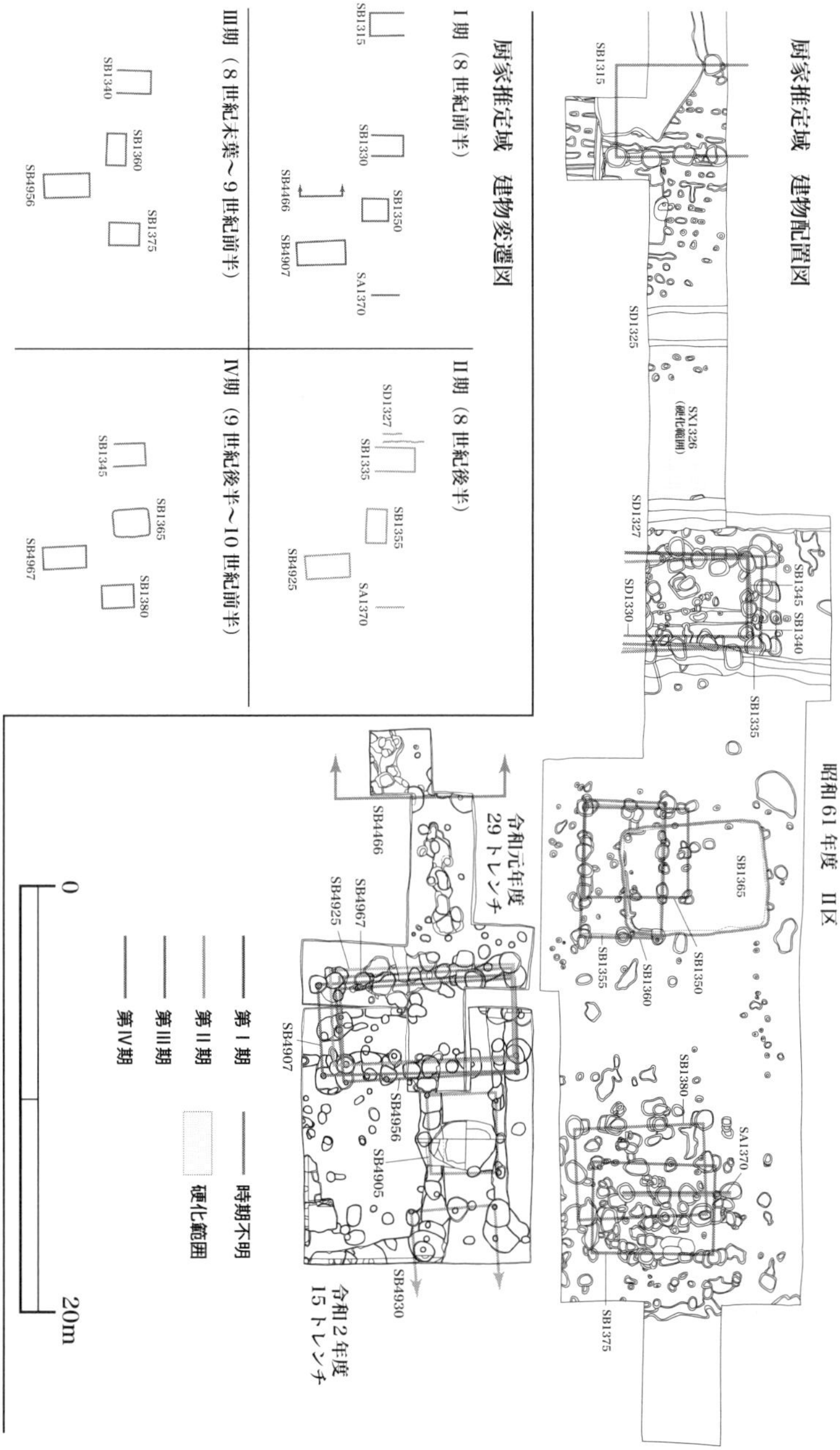


第5図　廚家相当施設の遺構配置図（鹿嶋市の文化財第173集より）

溝が取り付く。郡庁第2期後半の九世紀初頭と想定されている。

第4期は前段階まで掘立柱建物だったＳＢ1360の位置に長さ七・二㍍、幅五・四㍍のＳＢ1365竪穴状遺構が建てられ、その左右に前段階を踏襲する形でＳＢ1345・1380の掘立柱建物が建て替えられている。また、南東側に位置する建物跡もＳＢ4967に建て替えられている。ＳＢ1365からは「鹿厨」や「神宮」など五〇〇点以上の墨書土器が出土しており、その年代から九世紀後半に廃絶したと想定されている。

## 4　周辺遺跡にみる律令制下の鍛冶工房

『常陸国風土記』には「慶雲元年に常陸国司釆女朝臣が鍛冶師の佐備大麿たちを率いて、若松の浜に産する砂鉄から剣を造った」と製鉄に関した記述がみられることから、八世紀初めの鹿嶋地方では、高い技術を持った鍛冶師集団によって、砂鉄の採取↓製錬↓鍛錬といった、一連の工程で鉄製品の生産が行われていたことが推測される。

平成三十年度の屋敷廻り遺跡の調査で、郡家造営期の製鉄活動との関係が想定される製鉄関連遺物の排滓坑（ＳＫ371）が検出された。この土坑の覆土には、鉄滓や炉壁が詰まった状況であった。また、付着する鉄滓等は、製鉄に関係する排滓であり、炉壁にスサ痕跡が明瞭である点から、七世紀末葉から八世紀第3四半期までにつくられる箱形炉の炉壁である可能性が想定されている。製鉄炉の発見ではないが、屋敷廻り遺跡の調査区周辺で製鉄炉が操業されていたと解釈できる。

鍛冶工程の遺構も郡庁の南東約一〇〇㍍に一軒、郡庁から北東約一〇〇㍍に二軒といったように郡庁から比較的近い位置で見つかっている。また、平成二十九年度の調査では、正倉院内でも鍛冶工房が検出された。郡庁から東に七五〇㍍の鹿嶋市佐田に所在する春内遺跡は、平成五年に発掘調査が実施され官営的な鍛冶工房跡が発見された。工房跡は全部で一九軒見つかり、その中に東西の長さ約二九・四㍍、南北の幅約五・五㍍を測る長大な鍛冶工房跡が検出された。また片岡遺跡は郡家の北方七〇〇㍍に位置し、連房式竪穴工房跡二軒、竪穴工房跡七軒が検出され、春内遺跡と同様の構造をもつ鍛冶炉と、地床炉状の二種類の鍛冶炉が確認された。

屋敷廻り遺跡周辺の製鉄関係遺構が七世紀後半と想定すると、製錬から鍛錬の一連の工程が、七世紀末から八世紀にかけて郡家周辺で行われていたことになり、検出している鍛錬遺構が八世紀初頭以降継続して操業されていないことから、まさに郡家の建設用鉄製品、武器、武具、祭器といったさまざまな鉄製品の製造を行い、その出来上がった製品を郡家を中心に律令体制の下で供給していたと考えられる。

## 5　郡家の景観

郡家の景観を概観すると、郡家は標高三二㍍の台地上にあり、その範囲は南北七〇〇㍍以上、東西四〇〇㍍と八万～九万㎡の規模である。

郡家内はその中心部からやや北に郡庁、郡庁の東に厨家、南西に正倉院と、郡家の施設配置は自然地形をうまく利用していた。穎穀を主に収納した正倉院は、舌状台地の縁辺に近く、徴収される穎穀の運搬や収納など利便性が高く、水はけのよい安定した地盤で、官衙施設に適した立地である。

郡家の中核をなす郡庁は南北に長い建物(第1期)や回廊(第2・3期)といった一辺が約五二㍍を測るロの字形の遮蔽施設に囲まれ、正殿や前殿(第2・3期)を配置するという国庁の縮小版のような均整のとれた配置をし、建て替えが行われても建物配置は踏襲されていた。建物の計画方位もすべてほぼ真北、前殿と正殿は左右対称の整然とした施設であった。

郡庁の東側には厨家相当施設が配され、複数の小規模な掘立柱建物群からなるが、最終期は竪穴建物が含まれる建物構成であった。郡庁や厨家相当施設の建物は非瓦葺の建物であった。

正倉院は大溝で囲まれ、徴収された穀物の倉庫が北側から西側にかけて複数建っていた。第2期をみると、正倉院の中心には大型の礎石建物が配置され、その北側と西側に倉庫群が配され、ほとんどの倉庫が非瓦葺であったが、大型の倉庫か西側に近い一〜二棟の特別な倉庫に瓦が葺かれていた。正倉院内の南東域には空閑地が広がっているため、南東から正倉院を見ると、大型倉庫が前面に配置されて、正倉院の荘厳さを際立たせていた。

郡家周辺では、創建期の一時期には律令体制下で操業する鍛冶工房が配置され、御園生遺跡・片岡遺跡・神野向南遺跡・大地遺跡・屋敷廻り遺跡などに関係した人々が住む集落が広がっていた。

参考・引用文献

本田　勉　一九九四「鹿島の郡家」『風土記の考古学①常陸国風土記の巻』同成社
本田　勉　二〇一三「常陸国鹿島郡家」『東国の古代官衙』高志書院
山中敏史　一九九四『古代地方官衙遺跡の研究』塙書房
鹿嶋市文化スポーツ振興事業団　二〇〇五『神野向遺跡』鹿嶋市の文化財第一一七集
(公財)鹿嶋市文化スポーツ振興事業団　二〇二一『屋敷廻り遺跡発掘調査報告書Ⅰ』鹿嶋市の文化財第一六九集
鹿嶋市教育委員会　二〇二二『史跡鹿島神宮境内附郡家跡確認調査報告書』鹿嶋市の文化財第一七三集

# 香島郡家の成立と移転

本田　勉・石橋美和子

## はじめに

香島郡家は昭和五十四年度から行われた調査によって解明が進み、昭和六十一年に国史跡となった。八世紀前半から九世紀代に鹿嶋市大字宮中字荒原および字神野向の地に郡家跡（以下、新郡家）は造営されていたが、『常陸国風土記』によれば「其の社の南に郡家あり。北に沼尾池あり。（中略）前に郡を置ける所にして、多に橘を蒔ゑて、其の實味し。」との記述があり、『常陸国風土記』編纂前には、沼尾の地に郡家が存在したことが知られている（第1図）。旧郡家跡の所在地は、中山信名・宮本元球・野口保市郎・豊崎卓など古くから研究者が注目してきたが、定説をみていないのが現状である。しかし、「沼尾池」については範囲の問題はあるが、現在の「田谷沼」に比定することは一致しており、周囲の台地上に旧郡家が所在していたと考えられている。旧郡家のおかれた場所と推定される田谷沼周辺の台地上では、平成十八年度から発掘調査が進められているが、まだ郡家跡と特定できる遺構を確認していない。

本稿では「旧郡家跡推定地」の近年の調査結果をまとめ、郡家成立から移転時期に比定できる周辺遺跡の調査例から香島郡家の成立と移転について考えていきたい。

## 1　文献にみえる香島郡の成立

旧郡家である香島評（以下香島郡）の成立について『常陸国風土記』から確認する。『常陸国風土記』の「建評記事」に注目すると、香島郡は「難波長柄豊前大朝馭宇天皇の世、己酉の年に、大乙上中臣子、大乙下中臣部兎子等、惣領高向大夫に請ひて、下総国の海上国造の部内、軽野より南の一里と、那賀国造部内、寒田より北の五里とを割きて、別に神郡を置きき」とあり、大化五年（六四九）に六里からなる神郡が設置されたことに始まる。行方郡・信太郡・石城郡は白雉四年（六五三）と記載されており、いずれも孝徳朝に建評され、香島郡は行方郡や信太郡・石城郡より四年早い。

## 2　香島郡家（旧郡家）の研究史と確認調査の成果

郡家の所在地については、『常陸国風土記』に「其社南郡家。北沼尾池。（中略）前郡所置。」と記載され、新旧二ヵ所の郡家が推定されている。新郡家は発掘調査によって神野向遺跡と判明し、昭和六十一年国史跡に指定された。旧郡家の位置は大門遺跡、竜会城跡、梶内遺跡、沼尾神社周辺と四ヵ所の推定地が示されている（第2図参照）。ここで研究史と調査成果をまとめる。

### ①　大字須賀字大門の周辺

旧郡家の地理的位置について中山信名は、『新編常陸国誌』巻三、鹿島郡瀦尾郷の条で「前郡所置トアレバ、和銅ヨリ前ニコノ沼尾ニ郡家ヲ置レタリケンヲ、後ニ吉岡ニ移サレシナリ、（中略）沼尾ノ郡家ノ北ハ田野邊ノ南ニ城ト字

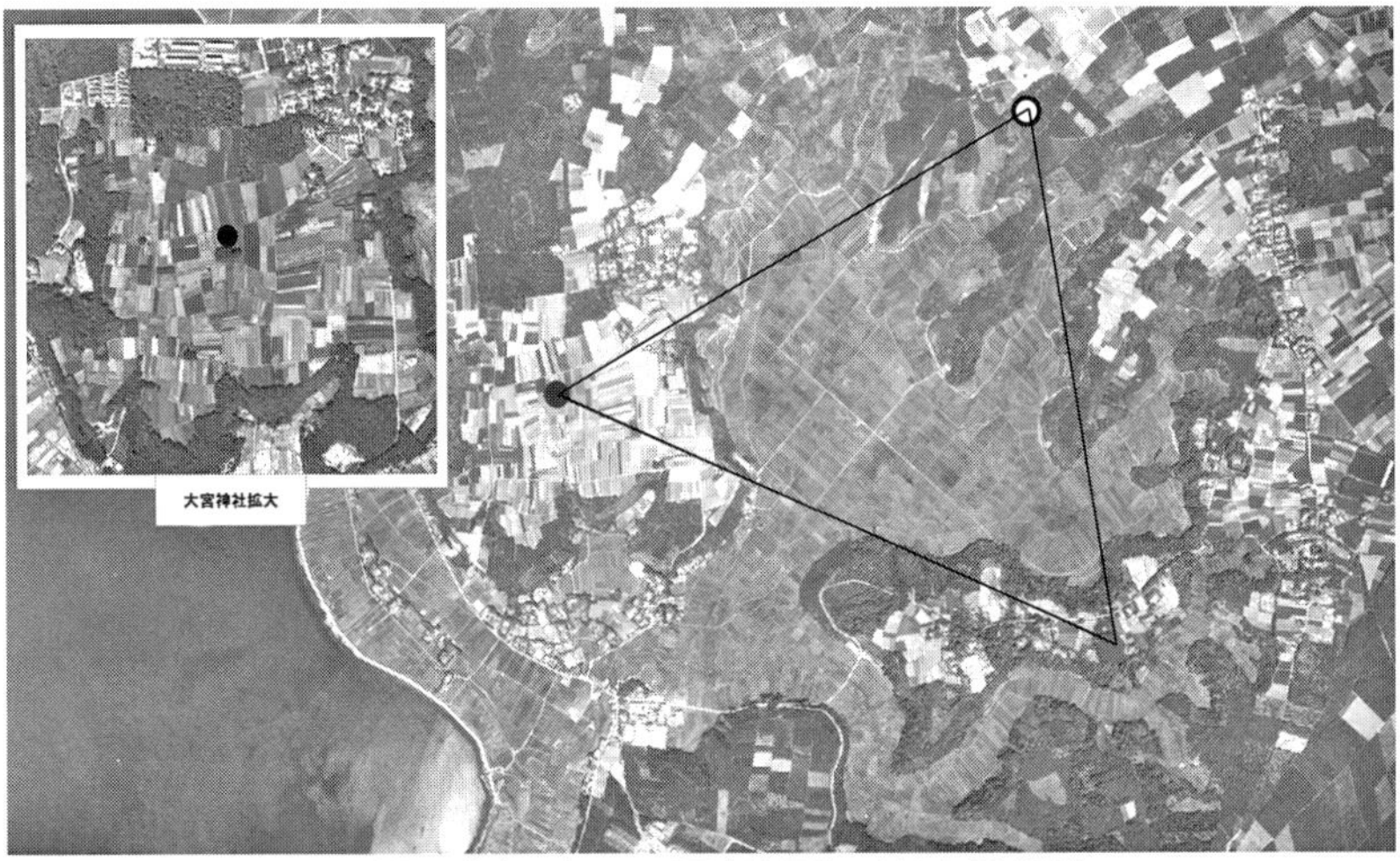


沼尾池周辺航空写真　　（国土地理院　S44.4.28 撮影）

●大宮神社　●坂戸神社　○沼尾神社

第１図　旧郡家跡はどこだ（沼尾池周辺航空写真 S44）

スル地アリ、其処ナルベシ、ソコヨリ下ル坂ヲ大門坂ト云フ、コレ郡家ノ門ノアリシ所ト見エタリ、思フニ鹿島氏ノ族、田野邊、沼尾ナド称スル者、コノ地邊ニ居住セシナレバ、其郡家ノ址ヲ直ニ居館ニ用ヒシモノト見エタリ」「原本一説モト郡家ノアリシハ、沼尾郷ノ内田野邊ノアタリナリ、ソコニ大門坂ナド云フ所アリ、コレニヨレバ初メハ此地ニ郡家アリシヲ（以下略）」とし、田野辺の南、字「城」の地域をその比定地とした。現在、字名に「城」は存在しないが、大字須賀字大門の地名は現存する。

大門遺跡は平成二十六〜二十八年度に確認調査を実施している。調査区は、大字須賀の大門坂を上った台地の南端よりの休耕している畑を中心に選定した。道路を挟んだ東西の畑からは、多くの土師器や須恵器が出土しているため、東西の畑にトレンチを設定した。二回の確認調査において旧郡家跡に直接関連する遺構は確認できなかったが、当該期の集落や官衙に関連する遺物が出土している。

ＫＴ120調査区からは、遺物の出土量が多い竪穴建物跡（ＳＩ017）を確認し、ＫＴ121として追加調査を行った。一辺が約八・五〇㍍の大型の建物跡で、北壁にカマドを付設してい

写真1　大門遺跡出土朱墨書須恵器坏「□椋」

写真2　大門遺跡出土墨書土器「鹿□」

る。出土した遺物量は確認面から床面まで全体に多く、朱墨で「□椋」と書かれた須恵器杯が出土している。一字目は割れているため判読できないが、平や十が考えられる。「椋」は「くら」とも読み、「椋」は墨書や木簡にも見える。官衙的要素の強い文字と考えられ、「椋」は鹿嶋市内の調査で初めて検出した文字であり、朱で書かれた墨書土器は一五例目である。判読できるものは少ないが、厨台遺跡群鍛冶台遺跡で出土した須恵器杯の底には朱で「中臣」と書かれていた。黒墨ではなく、朱墨でかかれていることも注目するところである。

また、KT121の柱穴から出土した墨書土器「鹿□」は、神野向の新郡家跡厨家推定域竪穴建物跡SB1365出土の墨書土器と筆の運びが類似し、「鹿厨」など官衙的な意味をもつ文字である可能性が高い。これらの墨書土器の発見により、郡の下の律令単位である「沼尾郷」に関わる遺構や郡庁の別院など官衙関連遺跡の可能性がある。

**②大字山之上の竜会城跡の周辺**

安政六年(一八五九)に宮本元球は『常陸国郡郷考』をまとめ、その中で「今山上村に沼尾爾十館址と云ふ所あり、沼尾社よりは西七八町、坂戸社よりは又稍南二三町もあるべし、其墟形勝にして、古郡家の址に沼尾氏の拠れるなるべし、其処より下る坂を大門坂と云う」とし、竜会城跡を比定地とした。

また、野口保市郎は『常陸風土記の歴史地理学的研究』の中で、『新編常陸国誌』や『常陸郡郷考』を引用した上で、「宮本元球のやうに弥十郎館址即ち竜会城が郡家の址である云ふ断定は史料の不足から直ちに下せないにしても、地形上坂戸社の西方の台地がこの郡家の所在地であると考へられる可能性が多い」とし、竜会城跡を比定地とした。

豊崎卓は旧郡家について以下のように結論をだしている。

①『常陸国風土記』の鹿島郡の条に「其の社の南に郡家あり。北に沼尾の池あり(中略)前に郡を置ける所にして、多く橘を蒔えて、其の実味し」と記されていること。

②東に接する坂戸社が、沼尾に侵入した流海の南涯に臨んでいること。

③国衙と総社とが相接近していると同様に郡衙の付近にも必ず社の存すること。

④高燥な台地で交通が便利であることも他の郡家と一致していること。

⑤竜会城とは竜害、要害、館などと同じく簡単な城構えを意味する。竜会城には土塁を残し、南方と西方に壕の跡を留め、沼尾の水田を一眸に収める景勝の地で郡家に相応しいこと。

⑥山之上の南、水田を隔てた宮中野の丘陵には全長一〇〇㍍の夫婦塚を初め六基の前方後円墳と四〇基あまりの円墳がみられ、また沼尾の台にも三〇基の円墳が散在していること。

⑦貝塚は田谷と田野辺にあり、縄文土器の破片は山之上の北辺、田谷の西側、沼尾の南辺から出土し、土師器及び

土師系の土器片は山之上及び沼尾に多く発見されること。要するに以上の結果を総合すれば、古郡家は坂戸社の西、竜会城と呼はれる所以外にはあるまいと断定されるのである。

と述べ、竜会城跡を比定地にあげている。

竜会城跡における郡家跡の確認調査は平成二十九年度から本格的に開始されたが、直接的に遺構や遺物は確認していない。山之上地区は北・南・西に谷津が入り、東西にのびる馬の背上の台地である。城跡内には土塁の一部や堀が現存している。これら城郭遺構の存在は、中世において城郭が造営される際に古代の遺構が削平された可能性があるため、これまで竜会城跡隣接地で調査を行ってきた。これまでの確認調査では、古墳時代の竪穴建物跡が七軒（五世紀代二軒・六世紀代五軒・七世紀後から末〔工房舎〕六軒）、奈良・平安時代の竪穴建物跡が五軒（八世紀代三軒、十世紀代二軒）、中・近世の溝四条、土坑が確認されている。

③大字沼尾　梶内遺跡周辺

大宮神社を中心とした梶内遺跡も旧郡家推定地として知られている。大宮神社周辺地は、北浦に面した台地であり、周辺の畑には古墳時代後期から奈良時代の土器類が散布している。大宮神社の祭神は、鹿島神宮の祭神「武甕槌大神」である。大宮神社周辺は神社を取り囲むように道が走り、土地割がされているため、確認調査成果を注目していたが、地形図を確認すると台地の中央が窪んでおり、大宮神社南域は粘土質の排水の悪い土壌のため、倉庫等官衙施設の立地には適さない地域であると考えている。

梶内遺跡は平成十八年度より確認調査を実施している。大宮神社を中心にその周辺の確認調査が行ったが、旧郡家に関連する遺構は検出されていない。梶内遺跡の分布範囲の北端には金砂神社が鎮座し、周辺の畑からは多くの土師器や須恵器が出土している。これまでの調査結果から、梶内遺跡は縄文時代・弥生時代の遺構はほとんどなく、古墳時代後期から集落が広がり、奈良時代・平安時代と遺構密度は少ないが集落は引き継がれていく。また、中世になり、堀のような遺構が配置される。これは北に位置する林城跡や、その南に広がる外郭施設、沼尾から海岸に向かう街道が影響していると考えられる。

調査で確認された遺構は郡家跡の関連施設でなく集落ではあるが、旧郡家から新郡家に移転する時期であることから、興味深いところである。また、令和四年度からは梶内遺跡や大門遺跡を含む豊郷台地畑地整備に伴うの発掘調査が始まった。今後の調査成果を期待する。

④大字沼尾　沼尾神社周辺

『常陸国風土記』に記載のある沼尾神社周辺地は、筆者(本田)が有力と考える推定地である。地理的には沼尾池の最奥部で、推定地の中では最も北に位置する。沼尾神社から北約一〇〇㍍の地域に原大空地山と呼ばれるところがあり、「原(はら)」も「原大空地山(だいくうちやま)」も文字通り原っぱである。新郡家の小字名も「荒原(あらはら)」であり、郡家廃絶後一時的に広大な荒れた場所となり、その名前が付いたのではないか。かつて広大な面積を有する官衙であったのではないかと推測される。

沼尾神社周辺において旧郡家跡の確認調査は行っていないが、沼尾神社の北で昭和五十年に行われた沼尾原遺跡の調査では、縄文時代早期から後期までの集落跡や七世紀末から八世紀代の集落が検出されている。

## 3　神郡成立期の周辺遺跡

神郡が設置された七世紀中葉は、古墳が築造されていた最後の時期でもある。

宮中野古墳群大塚古墳は、全長約九〇㍍、高さ約七㍍、円墳に造り出しが付く帆立貝式古墳であり、古墳を囲む溝から埋葬施設までは墓道が掘られ、奥には横口式石槨とよばれる石室が配置され、朱塗りの石棺材の一部が残されていた。埋葬施設の大半が破壊されていたが、副葬品から七世紀前半の築造と考えられている。

宮中野99—1号墳は長方墳で、開墾と耕作によって昭和四十三年の調査時は原形を失っていた。長辺約三三㍍、短辺約二二㍍、高さ約二・一八㍍、埋葬施設は横穴式石室が二基、石室の入り口にあたる羨道には切り石が積まれていた。二つの石室は石材が抜き取られ、第Ⅱ石室の前道と周溝からは留金や飾具、轡などの馬具類や須恵器壺などが出土している。副葬品から七世紀中頃の築造と推定される。

市内の最も新しい古墳は、志崎古墳群1号墳が挙げられる。二〇一三年に土採取に伴う発掘調査が行われ、全長約一五・五㍍の「造り出し付き円墳」と考えられる墳丘に「石棺系横穴式石室」というべき埋葬施設が検出された。埋葬施設は空墓であり、墓道(羨道)からは須恵器の長頸壺・瓶類が三個体出土した。出土遺物から七世紀後半と考えられているが、空墓との報告があり特異な古墳といえる。

次に、古墳とともに横穴墓の位置付けも重要である。鹿島台地の西側縁辺には横穴群が二ヵ所確認され、ともに削平されている。宮中野古墳群の西側斜面に位置する大掾辺田横穴群は、一九基と伝えられている。昭和六十年、山砂採取中に発見された15号墓は家形アーチ型であり、遺物は出土していない。宮中野古墳群の範囲とも捉えられる立地であり、大塚古墳・99—1号墳の埋葬者と横穴墓の被葬者との関係が注目される。

木滝横穴群は『鹿島町史』第一巻によると、六基確認されたとの記載があり三体以上の人骨が出土しているが、詳細は明らかでない。昭和四十二年造成工事の際に出土したと伝えられる出土遺物については、昭和五十四年に刊行された『文化財だより』第七号に掲載されている。須恵器短頸壺一・台付皿一・壺一・長頸壺四・横瓶一、土師器甕一があり、湖西産の須恵器が含まれている。出土遺物からみると志崎古墳群出土の須恵器と類似する器種があり、同時期の遺構と考えられる。

以上のように、市内における埋葬された古墳の最終段階では、大掾辺田横穴群、そして木滝横穴群が造られ、年代

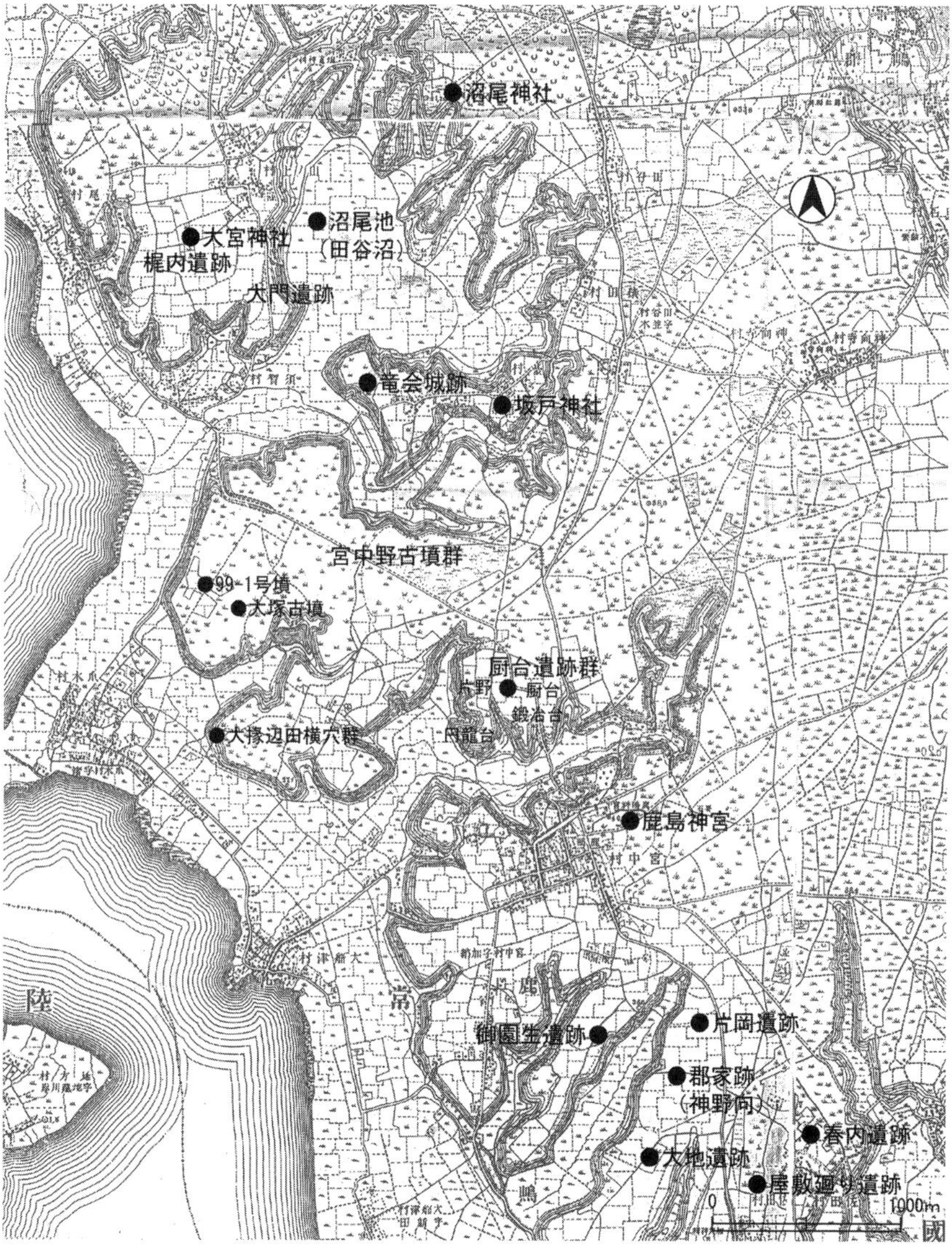


第2図　旧郡家跡推定地位置図（陸軍陸地測量部明治32年）

的には鹿島神郡が建評する時期である。宮中野地区は律令時代にも引き続き土壙墓や火葬墓が造られ、墓域の役割が続く。

製鉄関連遺構については、七世紀後半から八世紀前葉にかけての製鉄・鍛冶関連遺構が郡家周辺から見つかっている（「鹿島郡家の景観」を参照）。連房式の鍛冶工房を検出した春内遺跡の調査成果では、七世紀後半にある程度の期間継続して操業されていたと推定されており、操業年代と一致する可能性があるものとしては旧郡家と鹿島神宮の造営を挙げているが、その後調査された片岡遺跡の連房式鍛冶工房も類似する遺構であり、新郡家造営が七世紀代に開始された可能性もある。また、長屋状鍛冶遺構は片岡遺跡で三棟、神野向遺跡で三棟確認しており、こうした鍛冶工房跡が新郡家周辺に集中して確認される点については、官営的で組織的な鉄生産が行われ、郡家の建築部材の供給を担っていたことが考えられる。

新郡家周辺の集落遺跡の様相については、新郡家の西北西〇・五キロに位置する御園生遺跡の調査成果から窺うことができる。御園生遺跡は、県道茨城鹿島線建設工事に伴い平成十三年に茨城県教育財団によって調査がされており、約四三〇〇㎡の調査面積に対して、古墳時代後期から奈良・平安時代の竪穴建物跡を四一軒確認している。この内新郡家の建設に関連する時期を中心に集落の様相をみてみると、七世紀中葉二軒→七世紀後葉五軒→八世紀前葉一二軒→八世紀中葉六軒→八世紀後葉一一軒→九世紀前葉五軒と推移するため、七世紀末から八世紀前葉における集落の拡大は顕著であり、郡家造営と連動し集落の規模が拡大する。

郡家を支える大規模な集落といえる厨台遺跡群は鹿島郷の拠点集落であり、『常陸国風土記』に記載されている神戸の集落と考えられ、律令期からその崩壊期まで集落が続いている点で大変参考になる遺跡群である。厨台遺跡群は大きく分けると四地域（厨台遺跡・片野遺跡・鍛冶台遺跡・円龍台遺跡）からなり、全体的にみると、七世紀中頃から古墳時代の集落が開始され、七世紀後半に遺構数が増加する。円龍台遺跡では、六世紀末から七世紀前半に竪穴住居跡が急増し、七世紀中頃から後半、八世紀前半まで同じぐらいの遺構数で推移し、その後激減する。逆に片野遺跡・厨台遺跡は増大する。

新郡家周辺の遺跡では、正倉の南側八〇㍍の大地遺跡で、七世紀末から八世紀初めの竪穴建物跡群(集落)を検出しており、七世紀末に集落が開始されることは、初期の新郡家の役人か造営にあたった人々の集落ではないかと推測できる。また、屋敷廻り遺跡でも七世紀末に竪穴建物跡が急増する。

## 4 郡家の移転

沼尾から神野向に郡家が移転した時期については、これまで様々な論考がされている。

新郡家の移転時期は郡庁・正倉院ともに同時期に開始され、八世紀前半と推定されてきた。結論には至らないが、新郡家周辺の製鉄関連遺構や集落の展開からみれば、すでに七世紀末には造営が開始され、おそらく短期間で完成させ、風土記編纂時点の七一〇年代には機能していたと考えられる。

その理由についても、様々な論考がある。広域交通から見た場合は、沼尾の評家よりも新郡家の方が駅路へのアクセスが容易な位置である。門井直哉氏は『常陸国風土記』編纂当時は国府から、行方郡の曽尼・板来駅を経て香島社付近に到達する「香島に向う陸の駅道」が通じていたと推定されており、交通の便は郡家の立地に重視される理由をあげている。また、堀部猛氏は国家政策を背景とした「天の大神の社」の整備と連動して、官道の整備と郡家移転が同時期に行われたと考えている。

また、正倉院の倉庫数や正倉院と郡庁の距離など郡家の面積から検討すると、沼尾の評家は立地条件が悪く、正倉用地が十分確保できず、郡家機能が十分配置できない立地であり、本格的な律令体制の導入に伴い、神郡の郡家として空間的に移転が必要であったと考えられる。

いずれにしても、郡家の位置が沼尾郷から鹿島へ移転したことに変わりなく、律令が整備されていく中で沼尾郷に鎮座する沼尾社・坂戸社より天の大神の社に近い位置に郡家を置き、神郡としての郡家を造り上げていった。『常陸国風土記』にみえる三社は、後世のそれぞれの社の様子からみても、自ずと天の大神がその柱となっている神であり、神郡は郡司と神主の職を同族が任官できたという特殊性からも天の大神（鹿島社）を選び、郡家をその社の近くに移転させたと推定できる。

最後に、『常陸国風土記』の沼尾の池の周辺に前郡家が置かれたという記載を頼りに、推定地の確認調査を行っている。また、豊郷台地の畑地整備に伴い大門遺跡や梶内遺跡の発掘調査を進めている。これらの調査を丁寧にすることによって、旧郡家はきっと見つかると確信している。

※本稿では鹿島の表記を『常陸国風土記』にみえる「香島」を使用した。引用文は現文の字で表記した。

**参考文献**

沖森卓也ほか　二〇〇七『常陸国風土記』山川出版社
門井直哉　二〇〇九「郡家の立地」『日本古代の郡衙遺跡』条里制・古代都市研究会　雄山閣
豊崎　卓　一九七〇『東洋史上より見た常陸国府・郡家の研究』山川出版社
中山信名著・栗山寛補　一九七九『新編常陸国誌』宮崎報恩会
野口保市郎　一九五一『常陸風土記の歴史地理学的研究』古今書院
本田　勉　一九九四「鹿島の郡家」『風土記の考古学①常陸国風土記の巻』同成社
堀部　猛　二〇二〇「『常陸国風土記』にみる郡家の移転」『古代日本における国郡制形成に関する考古学的研究』平成28年度～令和元年度科学研究費補助金基盤研究（C）研究成果報告書　大橋泰夫（研究代表者）島根大学
宮本元球　一八六〇『常陸国郡郷考』三香社
茨城県教育財団　二〇〇三『御園生遺跡』茨城県教育財団文化財調査報告第二〇〇集

鹿嶋市文化スポーツ振興事業団　一九九五『春内遺跡』鹿嶋市の文化財第八九集
鹿嶋市文化スポーツ振興事業団　一九九六『鹿嶋市内遺跡埋蔵文化財発掘調査報告書17』鹿嶋市の文化財第九五集　鹿嶋市教委
鹿嶋市文化スポーツ振興事業団　二〇〇五『神野向遺跡』鹿嶋市の文化財第一一七集
鹿嶋市文化スポーツ振興事業団　二〇〇八〜二〇一五『鹿嶋市内遺跡埋蔵文化財発掘調査報告書二九〜三六』鹿嶋市教委
鹿嶋市文化スポーツ振興事業団　二〇二一『屋敷廻り遺跡発掘調査報告書』鹿嶋市の文化財第一六九集
鹿嶋市文化スポーツ振興事業団　二〇二二『史跡鹿島神宮境内附郡家跡確認調査報告書』鹿嶋市の文化財第一七三集　鹿嶋市教委
鹿島町史編さん委員会　一九七二『鹿島町史第1巻』
鹿島町教委　一九八八『神野向遺跡Ⅶ　昭和62年度発掘調査概報』鹿島町の文化財第五九集
鹿島町教委　一九八九『鹿島町内遺跡発掘調査報告Ｘ』鹿島町の文化財第六二集
鹿島町教委　一九九〇『鹿島町内遺跡発掘調査報告ＸⅠ』鹿島町の文化財第六五集
鹿島町文化スポーツ振興事業団　一九九五『鹿島町内遺跡発掘調査報告16』鹿島町の文化財第九〇集　鹿島町教委

# 香島郡家出土瓦について

新垣 清貴

## はじめに

古代の地方官衙で瓦葺建物は、有力寺院や国分寺・国分尼寺に限られていたことは周知のことである。ところが、八世紀前半以降の東国では郡家の正倉院を中心に瓦葺建物が見られるという見解も法倉を中心とした検討から進められている。その意味でも法倉は郡家の正倉の中でも最も重要視された倉であった。

正倉は一般的に「凡倉」「法倉」の二種で、前者が一般的な穀倉、後者が各郡の中でも一棟ないし数棟に限定された飢饉などに備える備蓄倉庫であった。正税帳の記載からも大型であることが明らかな法倉は、近年の調査で丹塗りの礎石建物が確認されており、視覚的にも特別な建物であったことがわかる。瓦倉の建設は、国司・郡司による直轄生産である瓦を葺いていた点においても各郡において特別な事業であった。

香島郡家でも正倉域を中心として瓦が出土し、瓦倉の存在が想定されているものの、法倉の位置や配置・景観などは十分に解明されていないので、本稿では瓦を中心とした分析を加えることで、香島郡の正倉の年代観や実態について考察を加えていきたい。

## 1　香島郡家の概要と正倉院

　香島郡家である神野向遺跡(鹿嶋市宮中)は、鹿島神宮より南へ一・五㌔程の場所に位置し、北浦から入り組む谷の縁辺を大きく占地する形で郡家関連施設が展開している。昭和五十五年から五十六年度に実施した個人住宅建築に伴う発掘調査により、奈良・平安時代の土器や炭化米を含んだ大溝と、数棟の礎石建物や掘立柱建物が検出され、香島郡家跡と推定されるようになった。その後、昭和五十六年から五十八年の調査により正倉院の範囲が確定し、昭和五十九年度の調査で郡庁の中枢建物とこれを取り囲む回廊を検出した。「鹿島郡厨」・「祝家」の墨書土器の発見により香島郡家であることが判明した。昭和六十一年に神野向遺跡は「鹿島神宮境内附郡家跡」として国指定史跡となったが、現在までのところ、国指定郡衙遺跡では全国最大規模の指定面積である。二〇〇四年度の調査でも正倉院の範囲より南側二〇〇㍍の場所で礎石建物跡三棟が確認されている。

　四周を大溝によって区画された正倉院は、郡家の南西方向に位置し、平成三十年までの調査で内部に二七棟の礎石建物が確認されている。大溝は上幅四㍍から五・五㍍、深さ一・五㍍から二・八㍍を測る。大溝の区画範囲は、各辺の中央で測った場合、南北一八二㍍、東西が約一四五㍍になる。建物は総柱建物一棟、掘立柱建物八棟、礎石建物一八棟が確認されている。正倉院の時期は3時期に分れ、1期：総柱建物段階、2期：礎石建物段階、3期：掘立柱建物段階となる。1期は柱掘り方中に七世紀末から八世紀初頭の須恵器片が含まれ、2期は大溝中に炭化材や炭化米が出土し、正倉が火災にあった段階と考えられる。3期は焼失後の建て替え時期で官衙の最終段階頃である。また近年、正倉院外の南域でも礎石建物三棟が確認されたが、正倉院内の建物と異なる傾きであり、一棟ごとの距離は三五㍍離れている。延暦十年(七九一)二月十二日付太政官符に「新造倉庫各相去必須十丈已上」とあるように、新造の倉庫を

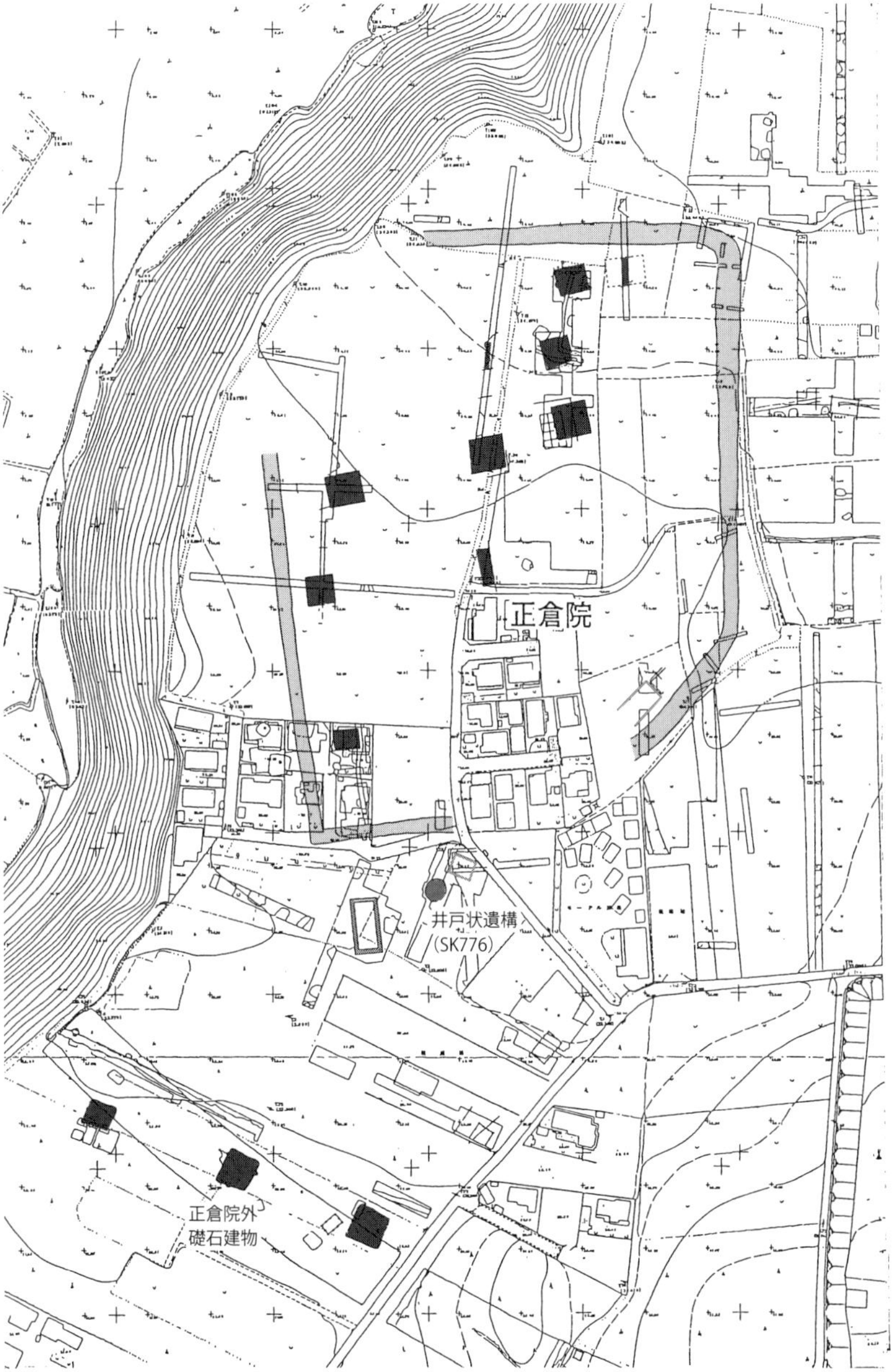


第１図　香島郡家正倉院全体図（S=1/1500）

三〇㍍以上離して建てることが指示されており、南域の礎石建物は、倉庫令に従ったものと考えられ、時期的には八世紀後半以降の建て替えではないだろうか。

　また瓦の分布は正倉院の北・西・南面の大溝覆土中ならびに郡庁南側、正倉の東域と比較的広範囲から出土しており、瓦の年代についても、1期の総柱建物の柱抜き取り痕から平瓦が出土しているので、八世紀前半には瓦葺であったことがわかる。

## 2　出土瓦について

### (1) 瓦の特徴

香島郡家から出土している瓦は、軒丸瓦・丸瓦・平瓦のみで軒平瓦は一点も確認されていない。以下、瓦の特徴に

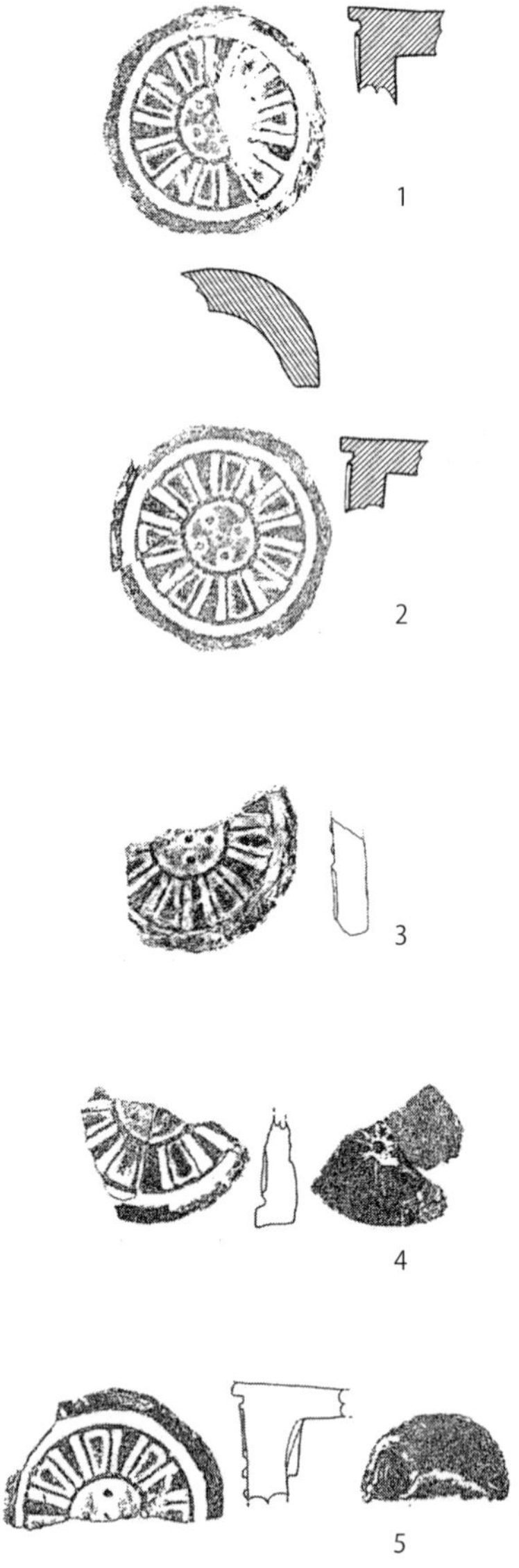


第2図　神野向遺跡出土軒丸瓦
(1・2・4・5は鹿島市教委1982、3は新垣2006より)

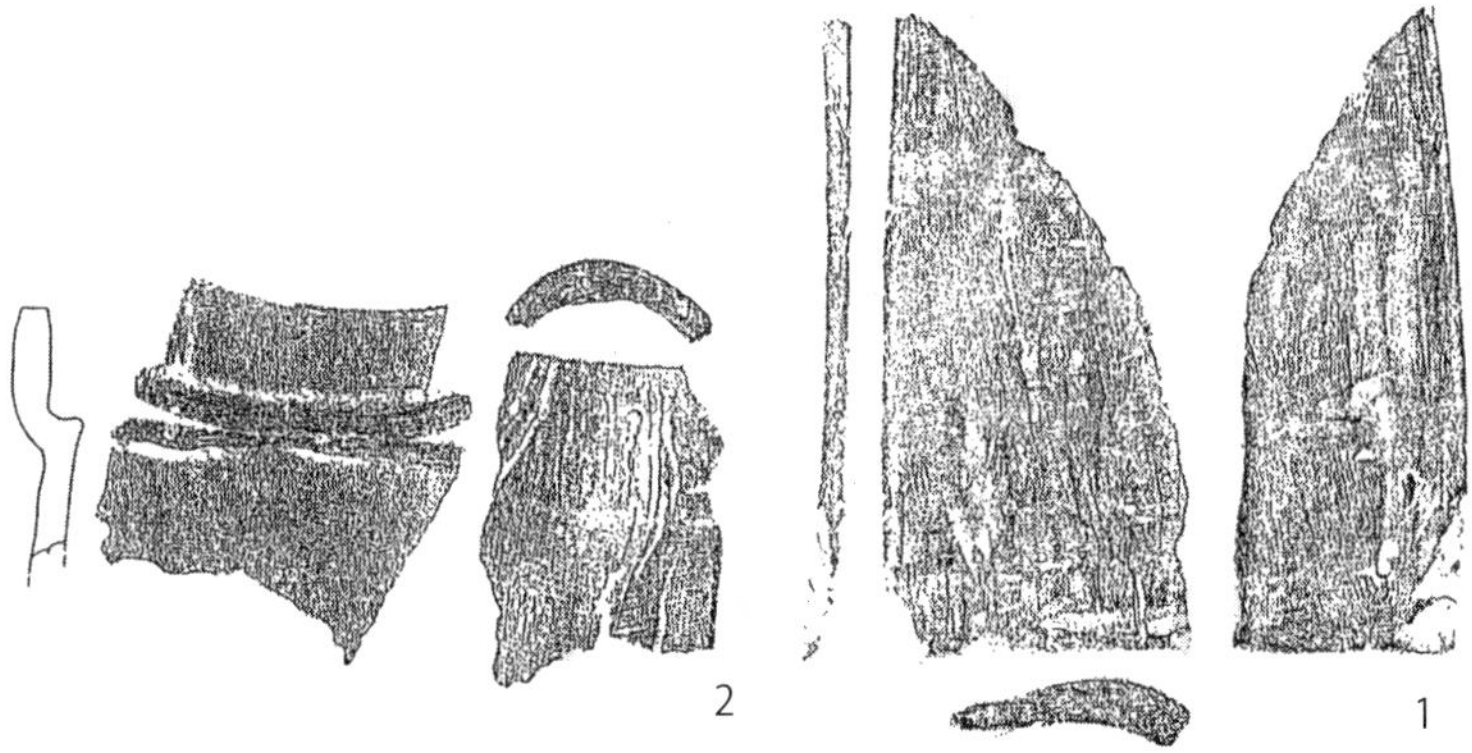


第３図　神野向遺跡出土丸瓦（鹿島市教委 1981 より転載）

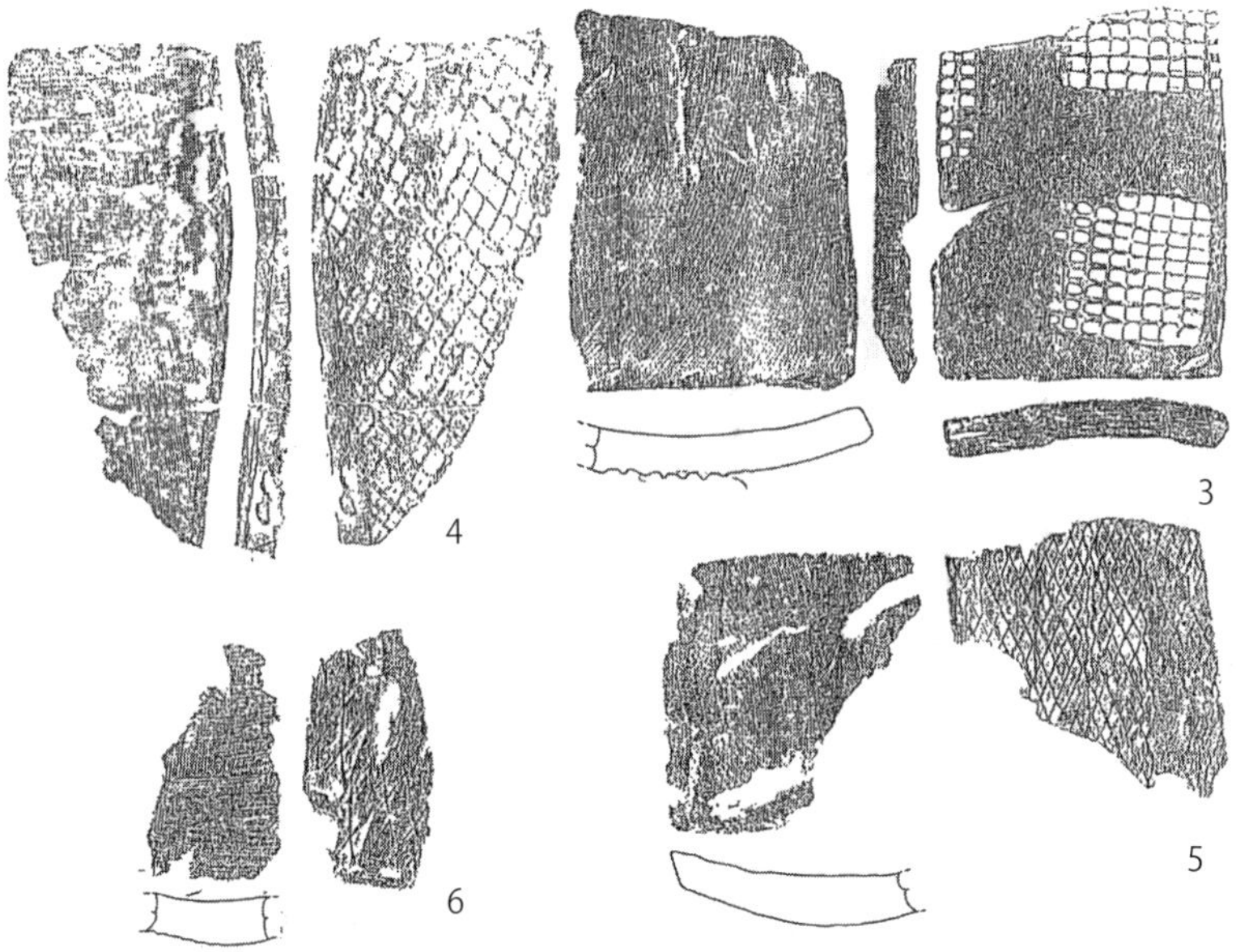


第４図　神野向遺跡出土平瓦（S=1/4）（鹿島市教委 1982 より転載）

触れておく。

**軒丸瓦　素縁単弁八葉蓮華文**（四一〇三型式、第2図）　神野向遺跡で確認された軒丸瓦は一型式のみである。花弁・間弁が圏線化し、外区と接続する花弁はわずかな盛り上がりをみせる。間弁は楔形を呈する。中房は一＋四の蓮子が圏線によって囲まれる。裏面には絞り目をもつ布目圧痕が残り、縦置き型一本作りである。丸瓦部と瓦頭部は接合式と見られ、丸瓦部凹面から瓦頭裏面に連続する布目痕が見られる。軒丸の顎の部分は丸瓦を切り取った後、丁寧に削り落とす特徴を持つ。

**丸瓦**（第3図）　丸瓦は無段式及び有段式の二種類である。無段式丸瓦は還元焔焼成のものが多く、一部に酸化焔焼成も含まれる。有段式丸瓦は酸化焔焼成からなり、燻し風の黒褐色の色調である。凸面は丁寧なナデ。凹面は布目痕及び糸切り痕を残す。有段部の長さは五㌢程。側縁は分割截線がみられ、分割に際して凹面近くまで若干の切り込みを入れた後、截断しているものと考えられる。

**平瓦**（第4図）　平瓦は桶巻き作りの正格叩きと叩き目の大きい斜格子叩き、叩きが縦長で細かい斜格子叩き、目の細かい斜格子叩きの四種が認められる。桶巻き作りの瓦は正格子叩きで、傷の進行から大きく四時期に分けることができる。

**Ⅰ—ａ類**　桶巻き作りのもの。正格子叩き。焼成具合から還元焔焼成・酸化焔焼成の両方が見られる。叩き板の傷進行から古いものはいずれも還元焔焼成に限定され、全体数もそれほど多くない。

**Ⅰ—ｂ類**　桶巻き作り。傷進行は9×8で酸化焔焼成が多くなる。外面が燻し風の黒褐色を呈するものが多くなる。

**Ⅱ—ａ類**　一枚作り技法のもの。凸面は幅七㌢程の斜格子叩きで、酸化焔焼成と還元焔焼成の二種がある。側縁はヘラ削りを行うものが大半で、直角に近い形態である。凹面は布目を残すものとヘラナデによって布目が消えるものがある。技法は凸型成形台にのせて作っていることが凹面にみられる糸切り痕によって明確である。

Ⅱ—b類　技法はⅡ—a類と同様である。側縁は斜めに面取りされ、一枚作りの形態の様子が顕著となる。
Ⅲ類　一枚作り技法のもの。平瓦全体の中で一点のみである。凸面は縦長の斜格子叩きで、還元焰焼成。残存が良好なものは少ないが、一枚作りと考えられる。ここではⅣ類と同様に考える。
Ⅳ類　一枚作りである。全て還元焰焼成からなる。凸面はⅡ類よりも叩き目が細かくなる斜格子叩きで、叩きの深さも浅い。凹面は布目痕が見えないほど、ヘラ削りを丁寧に行っている。側縁は鋭角なほど斜めに面取りされている。

以上が香島郡家で確認された瓦の概要である。次に、年代的な考察及び瓦の組成について触れてみたい（第1表）。

軒丸瓦は一種類のみの瓦范で、出土総数のうち一八点と、数量は圧倒的に少数である。丸瓦は無段式と有段式の二種類だが、無段式が圧倒的に多く、有段式は少ない。平瓦は正格子叩きが桶巻き作りで、斜格子叩きのものが全て一枚作りとなる。

平瓦Ⅰ—a類からⅠ—b類が初期段階とみられ、セット関係は無段丸瓦の還元焰焼成と組み合うものと考えられる。Ⅰ類の瓦は傷進行から判断して還元焰焼成で構成されるⅠ—a類が瓦倉の創建段階とみられる。その後、傷の進行が進むにつれⅠ—b類からⅠ—d類まで酸化焰焼成となる。正格子叩きは破片数として二六四点である。

Ⅱ類の平瓦は全て一枚作りとみられ、破片数二八四点である。Ⅰ類とほぼ同数である。Ⅲ類はⅡ類に後続する一枚作りの特徴が顕著となる瓦で破片数にして一九九点である。

Ⅱ類・Ⅲ類ともに一枚作りであり、破片総数四八三点と圧倒的に多い傾向がある。無段式丸瓦との組み合わせから推定して、丸瓦無段式が長期間使用され、Ⅰ類からⅡ類の平瓦とセットとなり、Ⅲ類以降、有段式の丸瓦とセット関係に変化するとみられるが、基本的には有段式丸瓦は補修瓦で、大半が行基葺きが継続していたと考えられる。

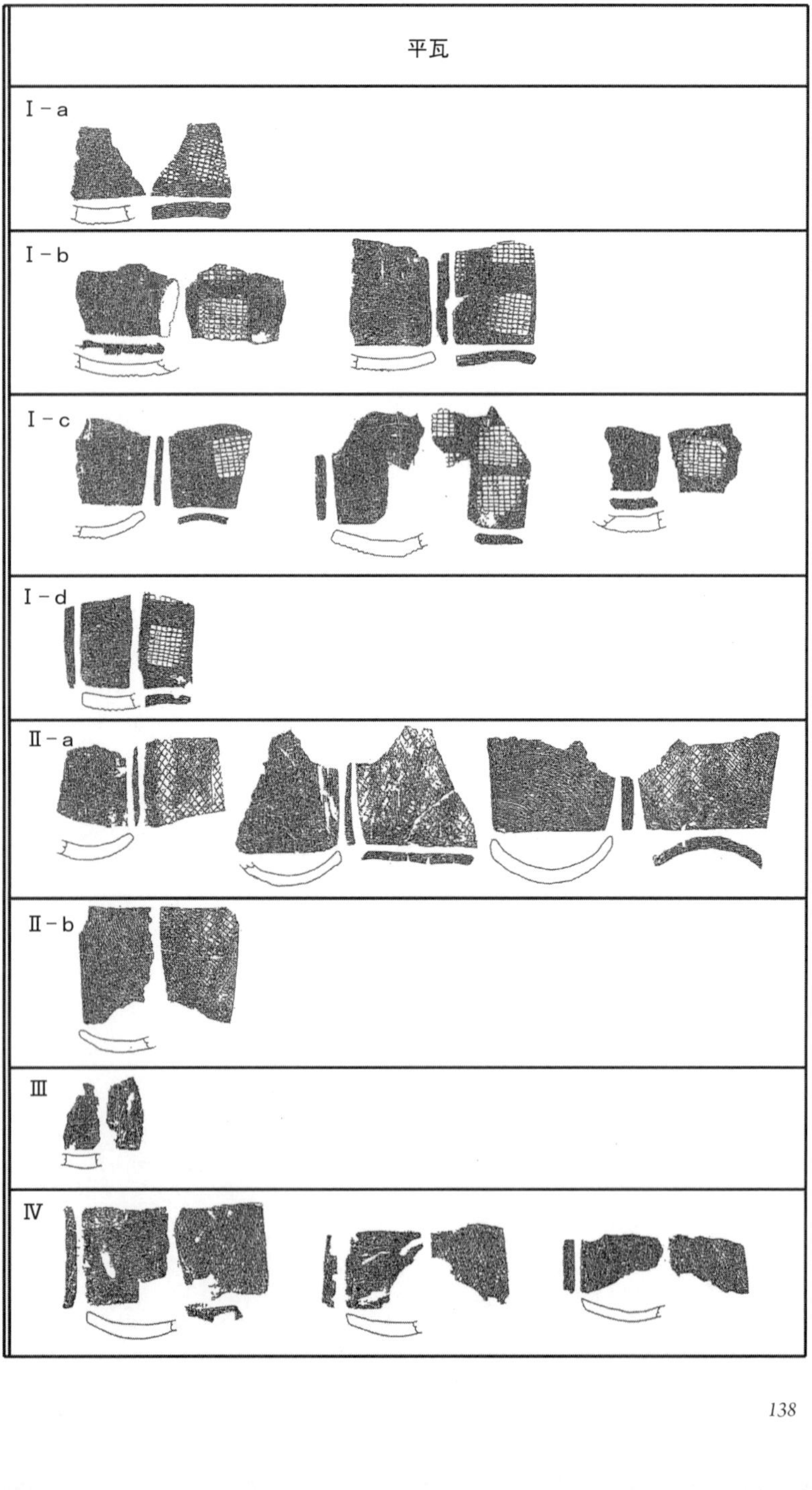
平瓦
Ⅰ－a
Ⅰ－b
Ⅰ－c
Ⅰ－d
Ⅱ－a
Ⅱ－b
Ⅲ
Ⅳ

| 種別 / 年代 | 軒丸瓦 | 丸瓦 |
| --- | --- | --- |
| 8世紀前半 |  | 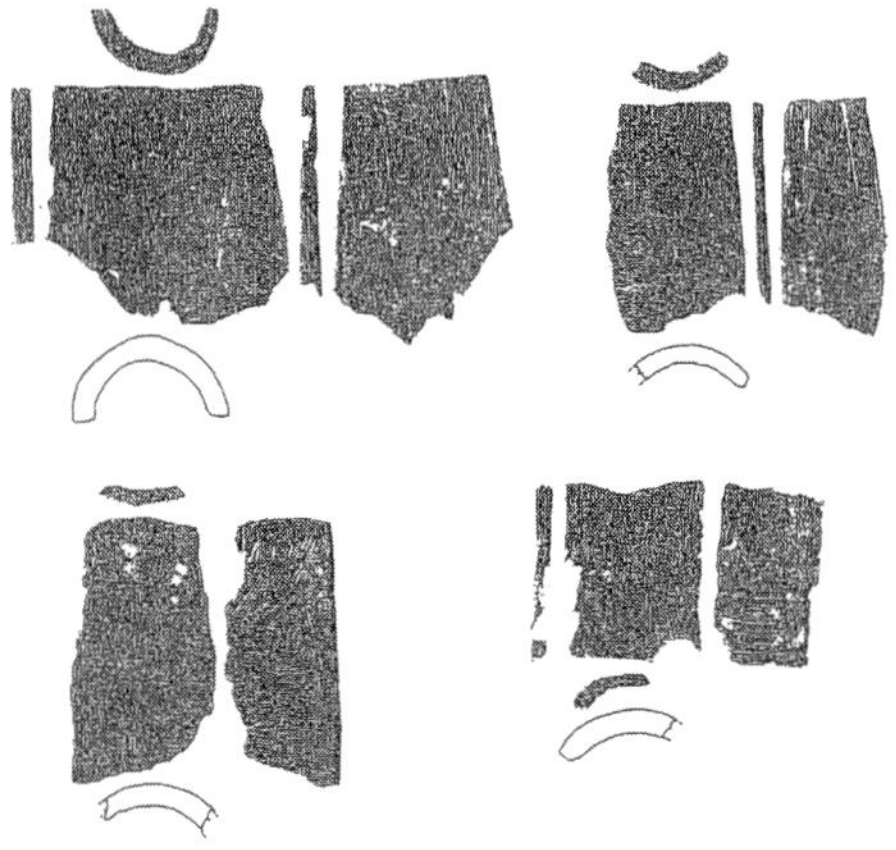 |
| 8世紀半ば | | |
| 8世紀後半〜9世紀前半 | | 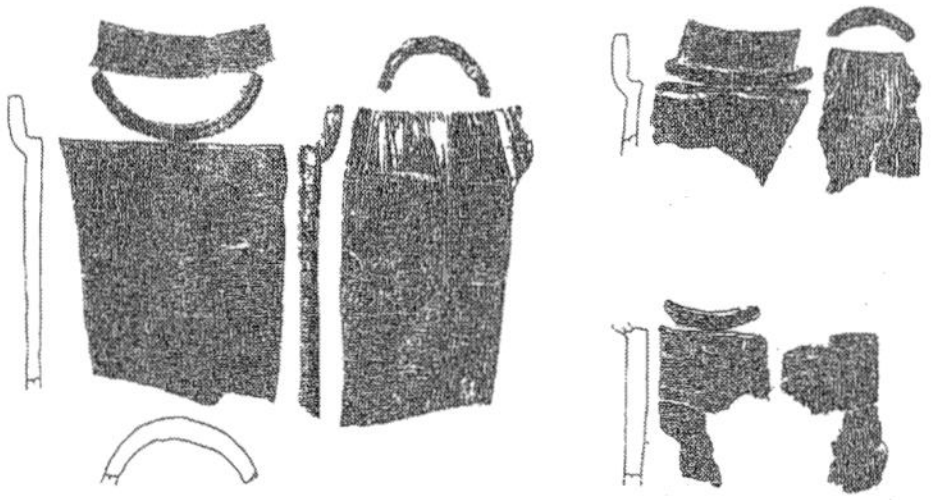 |

第1表　鹿島郡家出土瓦編年案

第２表　神野向遺跡瓦偶数集計表

| | 破片数 | | | | | | 隅数 | | | |
|---|---|---|---|---|---|---|---|---|---|---|
| | 軒丸 | 丸瓦（無段） | 丸瓦（有段） | 平瓦（Ⅰ） | 平瓦（Ⅱ） | 平瓦（Ⅲ） | 丸瓦 | 平瓦 | | |
| 郡庁 | | | | | | | | １類 | ２類 | ３類 |
| 北域 | 0 | 4 | 0 | 0 | 0 | 0 | 0 | 0 | 0 | 0 |
| 東域 | 0 | 5 | 3 | 7 | 0 | 6 | 0 | 1 | 0 | 1 |
| 南域 | 0 | 12 | 0 | 21 | 2 | 7 | 2 | 1 | 0 | 1 |
| 西域 | 1 | 1 | 0 | 0 | 0 | 1 | 0 | 0 | 0 | 0 |
| 計 | 1 | 22 | 3 | 28 | 2 | 14 | 2 | 2 | 0 | 2 |
| % | 5% | 7% | 17% | 13% | 2% | 13% | 4% | 10% | 0% | 7% |
| 正倉院 | 軒丸 | 丸瓦（無段） | 丸瓦（有段） | 平瓦（１） | 平瓦（２） | 平瓦（３） | | | | |
| 北域 | 1 | 0 | 0 | 1 | 0 | 2 | 0 | 0 | 0 | 0 |
| 北面大溝 | 0 | 27 | 0 | 46 | 1 | 14 | 8 | 4 | 0 | 3 |
| 東面大溝 | 0 | 0 | 0 | 2 | 0 | 1 | 0 | 0 | 0 | 0 |
| 南面 | 0 | 25 | 2 | 3 | 24 | 4 | 3 | 0 | 0 | 1 |
| 南域 | 0 | 12 | 2 | 7 | 12 | 2 | 3 | 0 | 0 | 2 |
| 西面大溝 | 0 | 19 | 0 | 11 | 8 | 11 | 1 | 0 | 1 | 1 |
| 西域 | 1 | 3 | 0 | 3 | 4 | 9 | 0 | 0 | 0 | 3 |
| 南西 | 1 | 9 | 2 | 1 | 8 | 0 | 3 | 0 | 5 | 0 |
| 南西大溝 | 1 | 45 | 6 | 19 | 37 | 14 | 6 | 2 | 11 | 7 |
| 計 | 4 | 140 | 12 | 93 | 94 | 57 | 24 | 6 | 17 | 17 |
| % | 21% | 43% | 67% | 42% | 79% | 53% | 48% | 30% | 57% | 57% |
| 正倉院外 | 軒丸 | 丸瓦（無段） | 丸瓦（有段） | 平瓦（１） | 平瓦（２） | 平瓦（３） | | | | |
| 正倉院外東域 | 0 | 0 | 0 | 0 | 1 | 1 | 0 | 0 | 0 | 1 |
| 南西大溝外 | 5 | 4 | 0 | 0 | 2 | 0 | 0 | 1 | 0 | 0 |
| 正倉院外北域 | 0 | 2 | 0 | 2 | 0 | 0 | 0 | 1 | 0 | 0 |
| ＳＫ776 | 9 | 160 | 3 | 99 | 20 | 36 | 24 | 10 | 13 | 10 |
| 計 | 14 | 166 | 3 | 101 | 23 | 37 | 24 | 12 | 13 | 11 |
| % | 74% | 51% | 17% | 45% | 19% | 34% | 48% | 60% | 43% | 37% |
| 総計 | 19 | 328 | 18 | 222 | 119 | 108 | 50 | 20 | 30 | 30 |

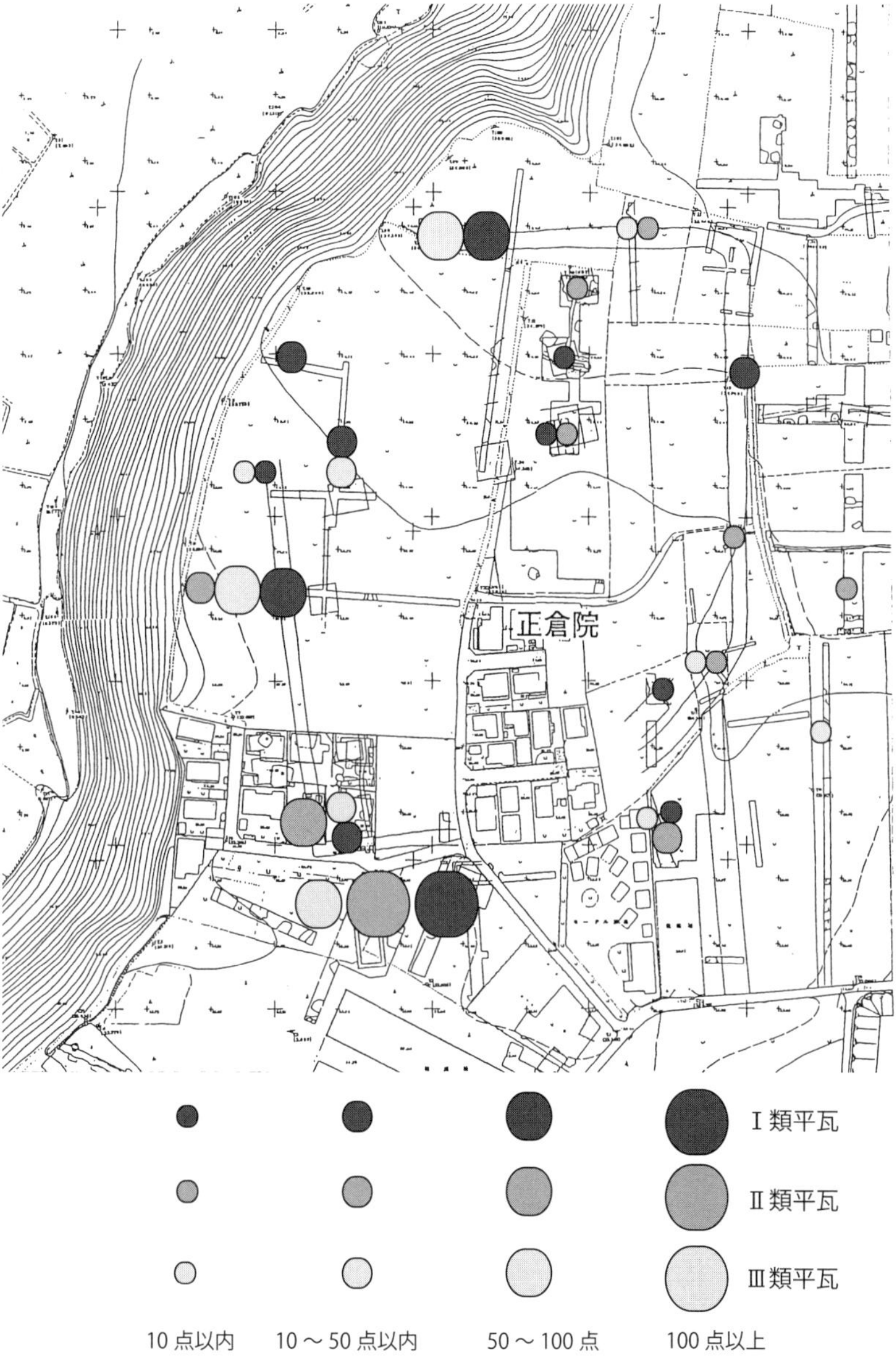


第 5 図　香島郡家正倉院瓦分布図（S=1/1500）

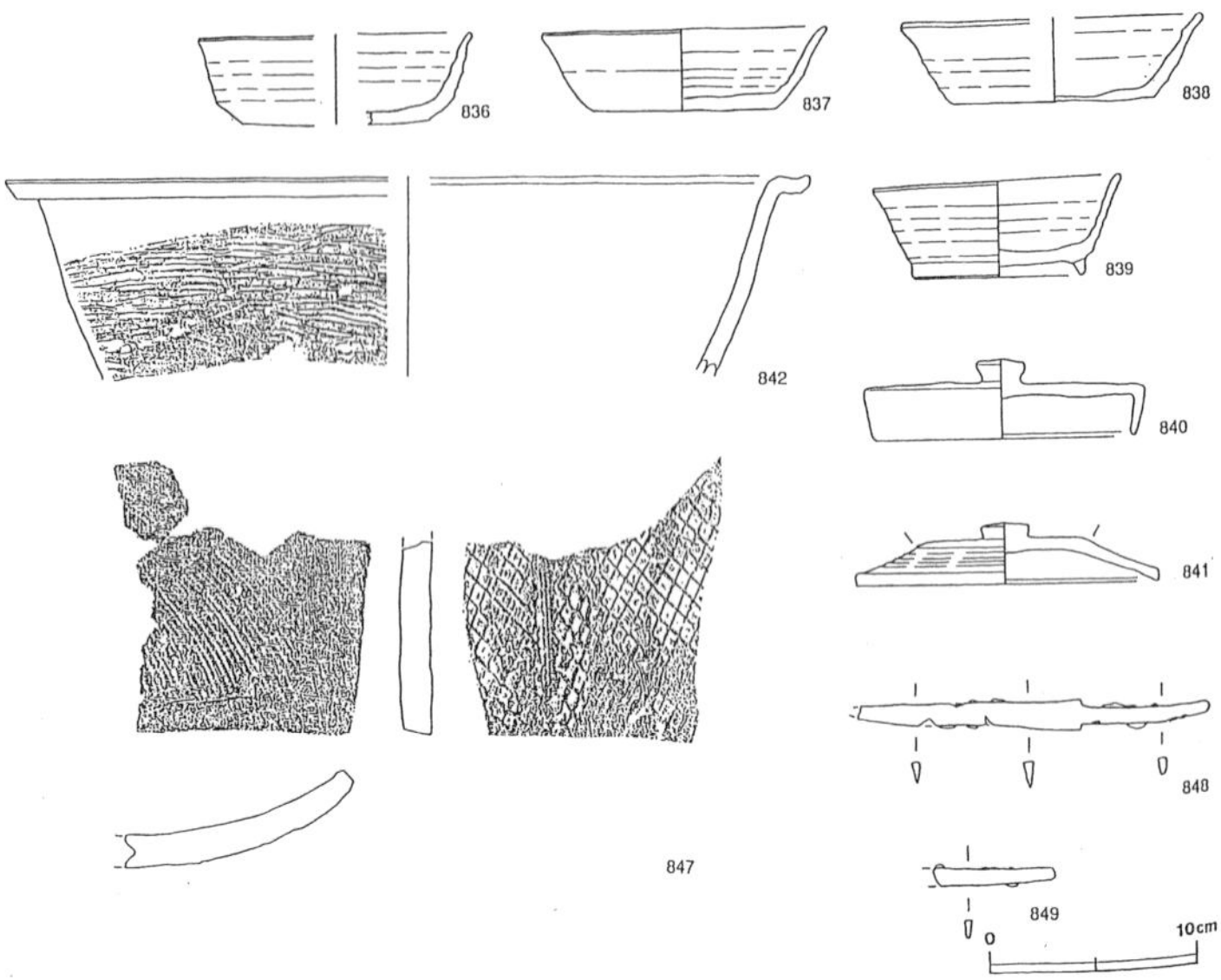


第6図　御園生遺跡第78号住居出土遺物(S=1/4)（茨城県教育財団2003より）

## (2) 出土位置と瓦の年代観

瓦の出土位置は、概ね正倉院の北・西・南面の大溝覆土中と、大溝外南側の庇建物の付近にある大型土坑の覆土中のほか、郡庁南域から西域の付近である(第5図参照)。郡庁域の破片数は六〇点に満たない数で、瓦葺き建物を想定し難い。郡庁南域では築地塀と考えられている付近からも若干量の瓦が出土する。やはり全体数としても圧倒的に多く分布するのは正倉院の南西域一帯である。大溝中の瓦は炭化材や炭化米と共伴することから正倉院の火災に遭遇した段階で廃棄されたと見られる。正倉院外南域の大型土坑でも三三九点と最多数の瓦片が出土するが、大溝と同様に火災時に廃棄されたものであろう。

また平瓦の出土位置は、正倉院の南西域や北域で瓦の出土量が多いが、瓦の種別によって分布が変わることもなく、I類からIV類の瓦が全て混ざった状態で出土している。したがって、火災後に全ての時期の瓦が廃棄され、正倉院2期から3期への建て替え時には、瓦葺建物は終焉しているのではないだろうか。

ここで、詳細に年代的根拠を整理しておきたい。

正倉院1期の八世紀初頭には、総柱建物の柱抜き取り痕でⅠ類（桶巻き作り）とⅡ類（一枚作り）の平瓦がそれぞれ出土することから、八世紀前半に瓦葺建物が作られたことが想定される。また、Ⅱ類（一枚作り）の下限については香島郡家と対岸の御園生遺跡第78号住居跡一括例（第6図）から判断して、八世紀第2四半期前半である。Ⅲ類・Ⅳ類は破片総数が少数であることや、有段丸瓦が少数である事実と併せ考えても、常陸国分寺段階の八世紀第3四半期以降である。

また、正倉院南域で新たに確認されている礎石建物三棟が延暦十年（七九一）以降に作られ、同時に瓦の出土量が極めて少数であることから考えても、八世紀第4四半期以降から九世紀前半には瓦の需要は終焉しているものと見られる。

したがって、香島郡の瓦の年代は、八世紀前半から後半にかけてであり、九世紀段階に入りその需要が途絶えたと考えられる。

いずれにせよ、瓦倉は正倉の南域や北域付近に想定されるが、瓦の分布を観察すると、大溝の各所でいずれの種類の瓦も混在した形で確認されているので、瓦倉は本来一棟で、大溝の各所からの出土は廃棄によるものと考えられる。正倉院外の大形土坑付近では四面庇の掘立柱建物跡が二棟確認され、規模も桁行六間・梁間三間と大きめの建物跡である。礎石建物ではないが、井戸状遺構に近接していることも考えれば、四面庇の掘立柱建物二棟は瓦葺であった可能性がある。また平成三十年までの調査で確認されたＳＢ2260は正倉院内の中央にあって、大型であること、手前に広場を持つことから、この建物が法倉であることも想定される。いずれも今後、詳細な検討を加えることで、どの建物が瓦葺であるのか考慮する必要がある。

## 3　香島郡家の瓦生産について

香島郡家の生産窯は、瓦窯跡と断定できる遺跡がなく、詳細不明である。瓦が出土する遺跡は、現在のところ、香島郡家の隣接郡である行方郡の郡家関連の寺院とされる井上廃寺・手賀廃寺、鉾田市に所在する三光院廃寺（塔ヶ崎遺跡）だが、瓦窯跡として推定されているのは、地形や採集遺物から三光院廃寺だけである。

三光院廃寺は北浦の上流を流れる巴川の左岸にあり、行方郡当麻郷に位置する。香島郡との郡境にあたるが、香島郡とみて差し支えないであろう。三光院廃寺では、香島郡家と同范の軒丸瓦（四一〇三型式）の他に、香島郡家出土のⅠ類の平瓦と同じ叩き板のものが出土している。香島郡家の平瓦と比較すると、傷進行から香島郡のⅠ類とⅡ類の間に位置づけられるもので、香島郡家と同じ段階とは判断できない。また、かねてより同遺跡の平瓦は行方郡の井上廃寺跡のものと同一の叩きであるとみられていたが、筆者による井上廃寺の瓦資料の調査では同一でないと見られる。したがって、三光院廃寺を瓦窯跡として考えた場合、行方郡井上廃寺に瓦を供給しているのではなく、平瓦も同一の叩き板が出土する香島郡家との積極的な関連が想定できる。瓦の生産と供給から総合的に判断すると、香島郡の瓦倉の創建段階は、郡内で瓦生産を負担していたことになる。

続いて一枚作りの段階であるⅡ類以降は、三光院廃寺では一点も採集されていない。付近に別な窯体があるのか、別な場所に窯跡があるのかも不明で、今後の調査の進展を待つしかないが、香島郡の瓦生産については行方郡とあわせて考える必要がある。

香島郡に瓦を供給する瓦窯跡の候補地は、三光院廃寺のほかに、同遺跡と香島との中間に位置する中居に窯跡がある。中居窯跡はかつて『図説鉾田の歴史』などにも記載があり、地元でも良質な粘土が取れることで知られ、瓦谷と

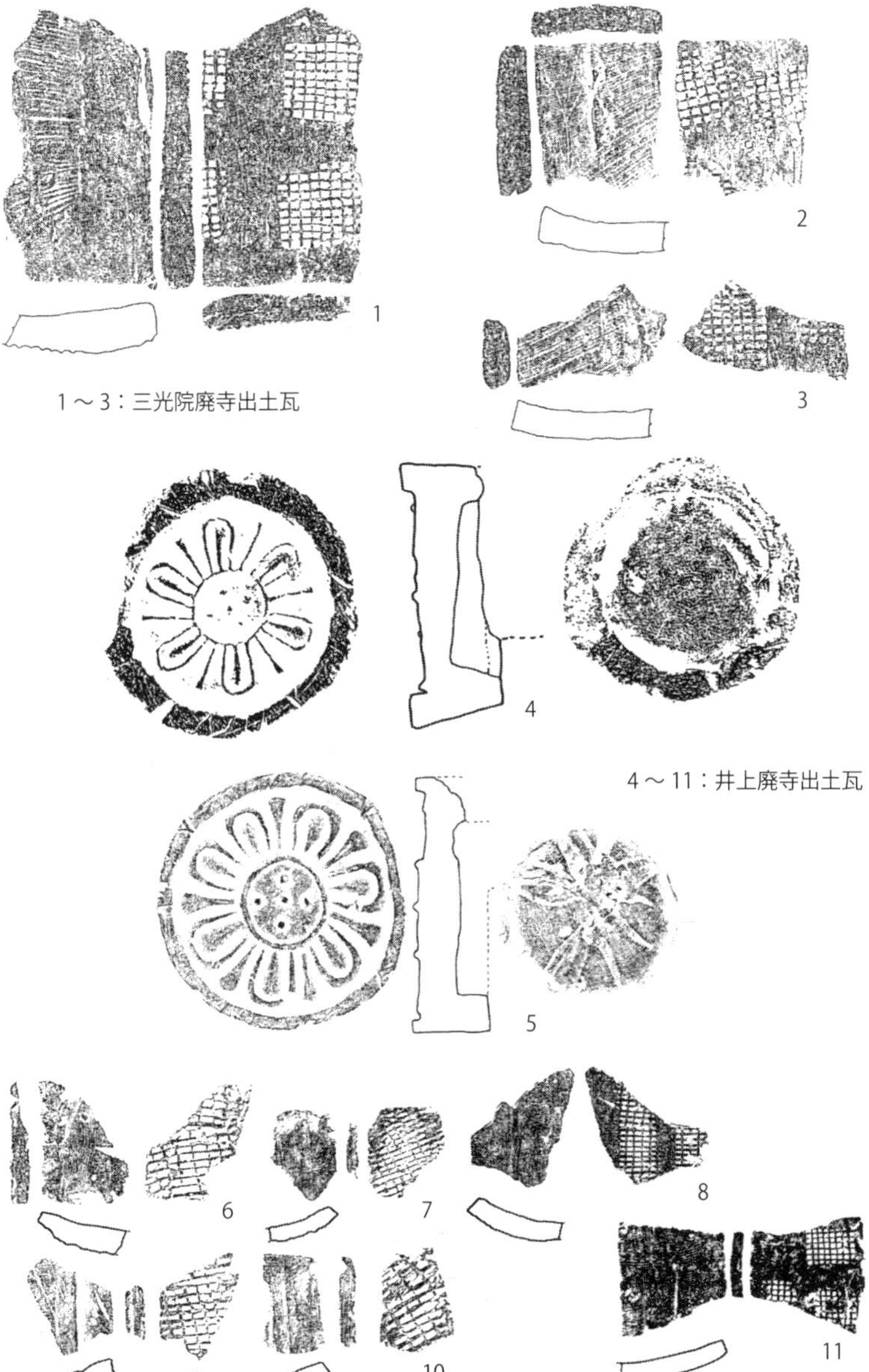


第７図　三光院廃寺（塔ケ崎遺跡）・井上廃寺出土瓦（S=1/8）
（1~3 新垣 2006 より、4 阿久津 1985、5 新垣・川口 2011、6~11 黒澤 1994 より転載）

呼ばれている場所にある。幾度か現地確認を実施しているが、窯体や瓦片などは確認できず、実態は不明である。場所的には香島郡に瓦を供給していたと想定しても問題はなく、今後の調査による発見が期待される。

さらに香島郡内で瓦が出土する遺跡には、鹿島神宮寺がある。鹿島神宮寺は七四九年に僧満願により建立された寺院で、郡家が現在の神野向に移転した後、国分寺以降に建立された寺院である。出土瓦はいずれも平瓦のみで、軒丸瓦や軒平瓦は出土しない。平瓦も少数であり、長縄叩きの一枚作りがほとんどである。時期的にも国分寺段階であることから、香島郡家よりも後続して瓦が入ったものとみられる。

香島郡家では長縄叩きの一枚作り平瓦の出土がなく、対して神宮寺では香島郡家の瓦が出土しない。このことからも郡家の瓦と神宮寺の瓦とは区別されており、瓦生産においても、香島郡家には国分寺の直接的関与がなく、鹿島神宮寺が国分寺系の瓦を採用したと考えられる。これについても当時の鹿島神宮寺の歴史的背景と合わせ考慮していく必要があろう。

同時に行方郡の井上廃寺跡は、軒丸瓦の技法から香島郡家との強い関係がうかがえることは間違いない。香島郡と同じく縦置き型一本作りであり、瓦当文様から香島郡よりも先行していると考えられる。瓦の年代は八世紀代を通して存続しており、補修瓦として国分寺段階の一枚作り長縄叩き平瓦が使用されていることから、井上廃寺跡は九世紀前半には廃絶したと見られる。井上廃寺より北側の手賀遺跡も寺院跡と推定され、常陸国分寺と同范の七一〇六型式軒丸、七二六〇三型式軒平、有段式丸瓦、一枚作りの長縄叩き平瓦が出土する。七一〇六型式は常陸国分寺及び生産窯である瓦塚瓦窯の年代から九世紀前半と考えられる瓦である。

## まとめ

香島郡の瓦生産をもとに郡家の様相を垣間見た場合、一般的に郡の有力な寺院よりも正倉の瓦倉が後続する形がうかがえるが、香島郡では沼尾の地より神宮の南、神野向の台地に郡家が移転した八世紀前半に瓦倉が建てられる。八世紀後半に神宮寺が完成した時点で、香島郡内に郡寺的性格を持つ寺院はなく、神宮寺がその性格を担ったものと考えられる。

香島郡における瓦の研究は、これまで瓦倉の存在について検討する論考がいくつかあるものの、瓦の出土量が比較的少数であること、香島郡家の大溝中に全て混ざった状態で投棄されていることから、瓦の年代的考察や正倉院と絡めた検討は行われていなかった。また瓦窯跡の調査もされておらず、周辺の瓦との系譜にしても検討課題である。現在も香島郡の瓦については、同范瓦は香島郡以外になく、井上廃寺の軒丸瓦との系譜から考えていく必要がある。前にも触れたが、香島郡の軒丸瓦は井上廃寺の四一〇二型式から発生していると見ているが、井上廃寺の瓦の系譜を特定するには至っていない。

常陸国内の八世紀前半段階に縦置型一本作り技法を取り入れた郡は、行方郡と香島郡のみである。周辺郡でも同時期に一本作りを取り入れた郡は見られない。陸奥国の越浜廃寺の一本作りとも近い技法であることから、陸奥国との関係も考えられるが、今後さらに検討を要する。

ここまでの内容を整理すると次の通りである。

香島郡の瓦は、郡の正倉院に葺くことを目的に八世紀前半には生産が開始される。生産に従事した瓦工人は行方郡の瓦工人から分かれた形で、三光院廃寺へ移り、生産が行われたとみられる。最終的に正倉が焼失した段階に補修期段階の瓦が混ざった状態で投棄される点や、神宮寺所用瓦の縄叩き一枚作りが一点のみの点からも、瓦の需要は比較的短期間であったと考えられる。また、鹿島神宮寺は正倉院の建て替え時期以降に建立されているが、神宮寺と郡家正倉では所用瓦が異なる。神宮寺は国分寺系の瓦を採用しているので、国分寺との関係を踏まえながら香島郡における神宮寺の位置付けと性格を検討する必要がある。また、香島郡家の瓦倉は法倉の位置が特定できないが、出土数から判断して、正倉院の南西付近の礎石建物、または正倉院外の大型土坑付近の四面庇掘立柱建物跡付近と想定してみた。ただし、なぜ正倉院の北面溝や西面大溝からも一定量の出土があるのか、疑問も残る。

参考文献

阿久津久　一九八五「井上廃寺古瓦考」『常陸国風土記と考古学―大森信英先生還暦記念論文集』雄山閣
茨城県教育財団　二〇〇三『御園生遺跡』茨城県教育財団文化財調査報告二〇〇集
大橋泰夫　一九九九「古代における瓦倉について」『瓦衣千年』森郁夫先生還暦記念論文集刊行会
鹿島町教委　二〇〇五「造瓦の叩き板に関する基礎的研究」『国士舘考古学』創刊号
鹿島町教委　一九八一「神野向遺跡1・鹿島郡衙推定遺跡・」鹿島町の文化財　第二四集
鹿嶋市教委　一九八二「神野向遺跡2・昭和五六年度発掘調査概報」鹿島町の文化財第二九集
黒澤彰哉　二〇一二『史跡鹿島神宮境内附郡家跡確認調査報告書』鹿島市の文化財一七三集
新垣清貴　一九九四『茨城県における古代瓦の研究』茨城県立歴史館
新垣清貴　二〇〇六「神野向遺跡正倉院採集の瓦について」『茨城県考古学協会誌』第一八号
新垣清貴　二〇一〇「古代常陸国鹿島郡の瓦生産について」『利根川』三二　利根川同人
新垣清貴・川口武彦　二〇一二「茨城県行方市井上廃寺跡出土瓦について」『利根川』三四　利根川同人
森下松壽　二〇一四『常陸国一之宮　鹿島神宮の研究』茨城新聞社

# 第2部　風土記の人びと

# 古墳にみる風土記の世界

小林 佳南子

## はじめに

『常陸国風土記』は和銅六年(七一三)に出された官令に基づき編纂され、提出された報告文書と言われている。編纂された奈良時代初期の地域の様子や、「古老」が語る地域の伝承などが記されている。地域を治めるためには地域を知る必要があり、歴史と地理をまとめた風土記はまさに地域を知るための重要な文書である。これらの情報は税の徴収などにも関わるものであり、中央集権国家の成立を物語る。

編纂時期を考慮すれば、古老が語る部分は古墳時代のものであろう。古墳時代は、前方後円墳を代表とする古墳を媒介とした政治体制が成り立っていた時代である。しかし、『常陸国風土記』には古墳そのものに関する記載が残っていない。

『常陸国風土記』では、国造制にもとづく新治・筑波・茨城・那賀・久慈・多珂国の六国が、七世紀中葉に建評記事(信太・行方・香島・多珂)が残る評(郡)を含め一二の評に分割される過程が伺える(1)。

古墳そのものの記述はないが、各地域が畿内政権によって再編されていく過程は、政治的な役割をもっていた古墳に何らかの影響を与え、大きな前方後円墳を築いた在地首長層だけでなく、地域社会全体が変化していく痕跡をどこかに残しているに違いない。考古学的な資料である古墳を通して、『常陸国風土記』を考える時、後期から終末期にかけての古墳のあり方が非常に重要であり、前方後円墳を築いた在地首長層の評成立時の動向と、地域社会がどのように変化していったかが、最大の焦点になる。

## 1　茨城県域の後期・終末期の古墳

### (1) 大型古墳のあり方

古墳時代後期の大型古墳や、終末期の円墳や方墳についてはこれまで多くの研究がなされ、その分布が示されてきた［白石 一九九一、日高 二〇一〇など］。分布による検討は考古学において、極めてオーソドックスな方法であり、一定の地域の全体像を捉えるには効果的な手法である。茨城県域の後期から終末期にかけての様子は非常に複雑で、大規模な古墳もあれば、中小規模の古墳も多く、石室や墳形も多様で、横穴墓も築造されている。その複雑さを少しでも可視化するため、本稿では分布図をいくつか示し、その分布図をもとに『常陸国風土記』と比較検討してみたい。

筆者は古墳時代後期から終末期にかけての大型の古墳、古墳群、

第1図　後期・終末期の大型古墳

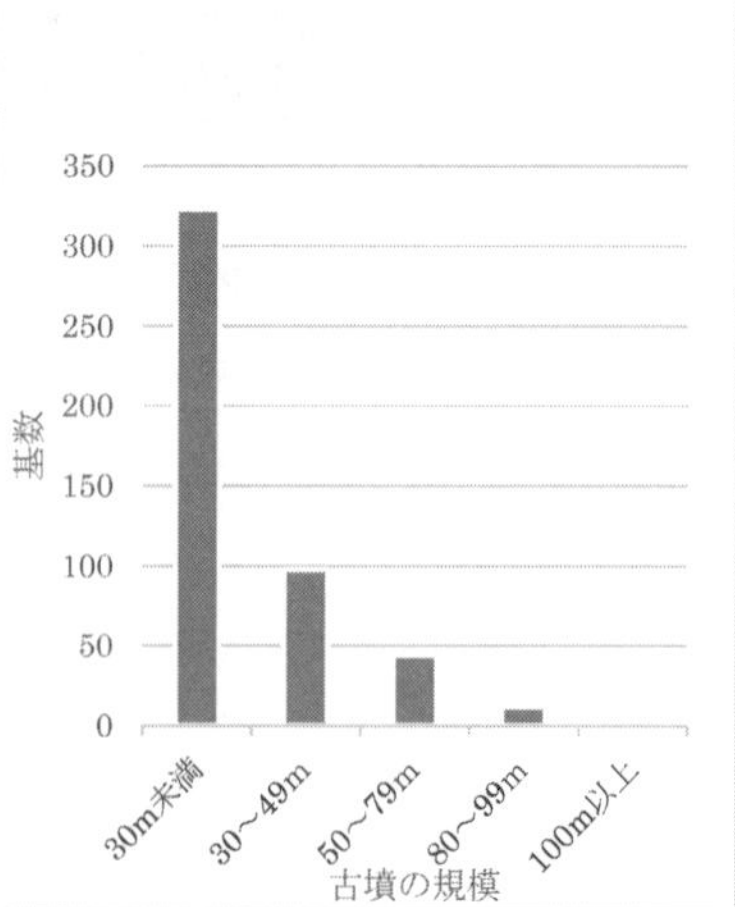


第2図　後期・終末期の古墳群

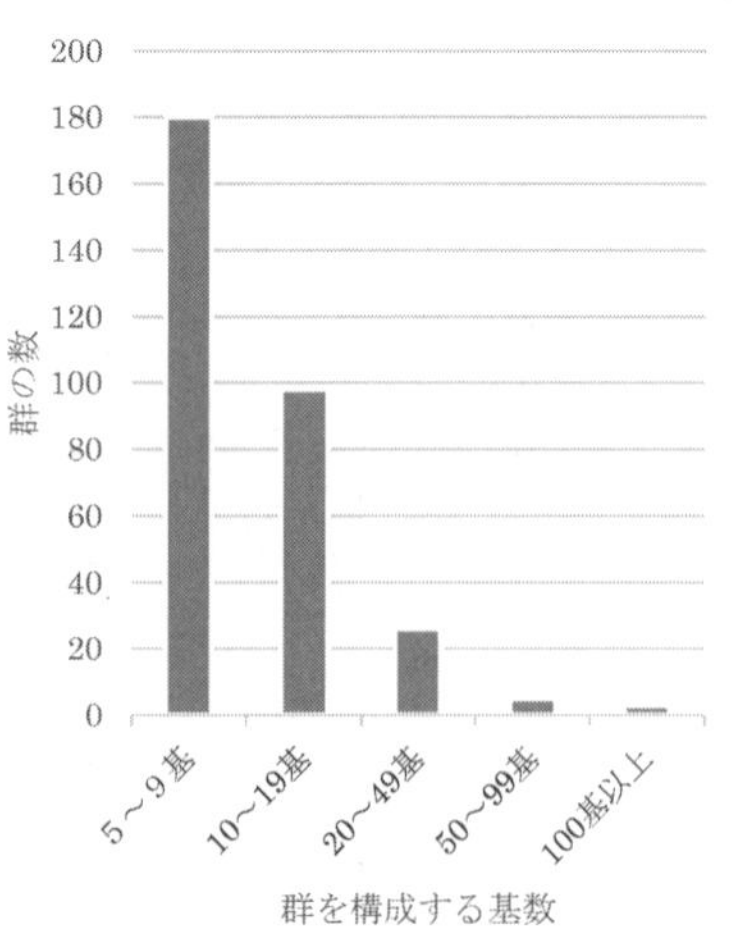

横穴墓の分布をまとめたことがある［小林 二〇一四］。『茨城県遺跡地図』［茨城県教育庁二〇〇一］には古墳群九〇〇群と古墳七六二基が登録されている。後期に中小規模の古墳が爆発的に増加する特徴を踏まえ、まず五基以上の古墳群を抽出したところ、四五一群、総数四四三一基となった。[2] その中から、後期・終末期の古墳と考えられ、かつ規模を把握できた四七三基を取り上げることとする。

はじめに「大型古墳」と表現できる規模を確認するため、規模を把握できた四七三基における大きさの割合を整理すると、三〇㍍を境に規模が大きくなるほど、基数が減少傾向にあることが確認できた（第1図）。特に五〇㍍以上は非常に限定的であることから、在地首長層の墓と考えられるだろう。後期以降の古墳で五〇㍍以上の古墳を「大型古墳」として五七基を抽出し、分布を示すと第5図のようになる。

五七基の分布状況をみると、主に茨城県域南部の平野部を中心に分布し、特に霞ヶ浦高浜入り周辺は、より大規模

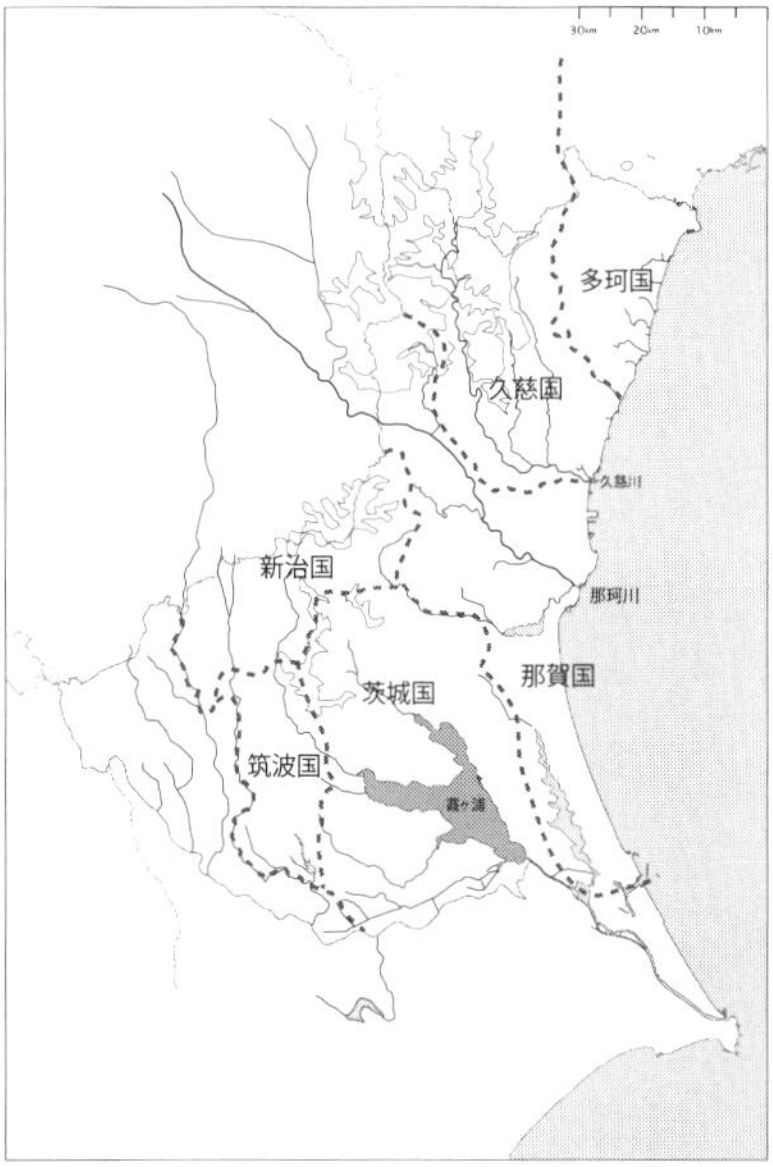


第3図　国造国

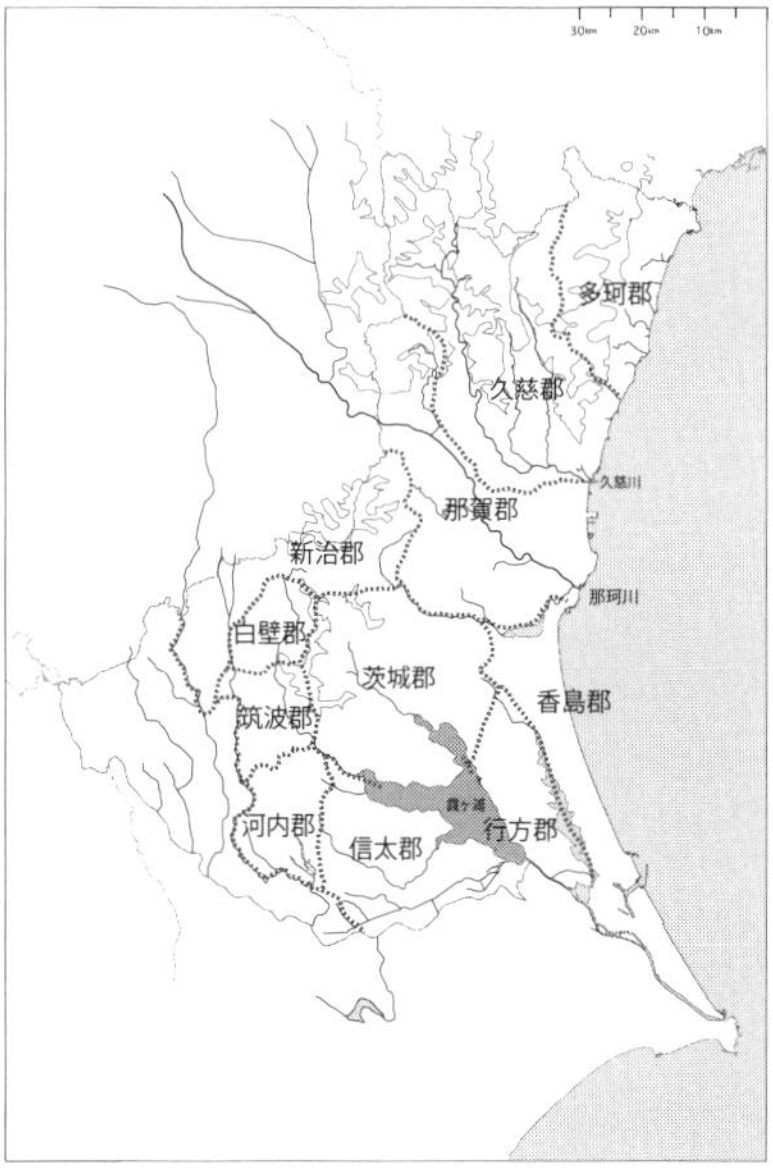


第4図　評（郡）

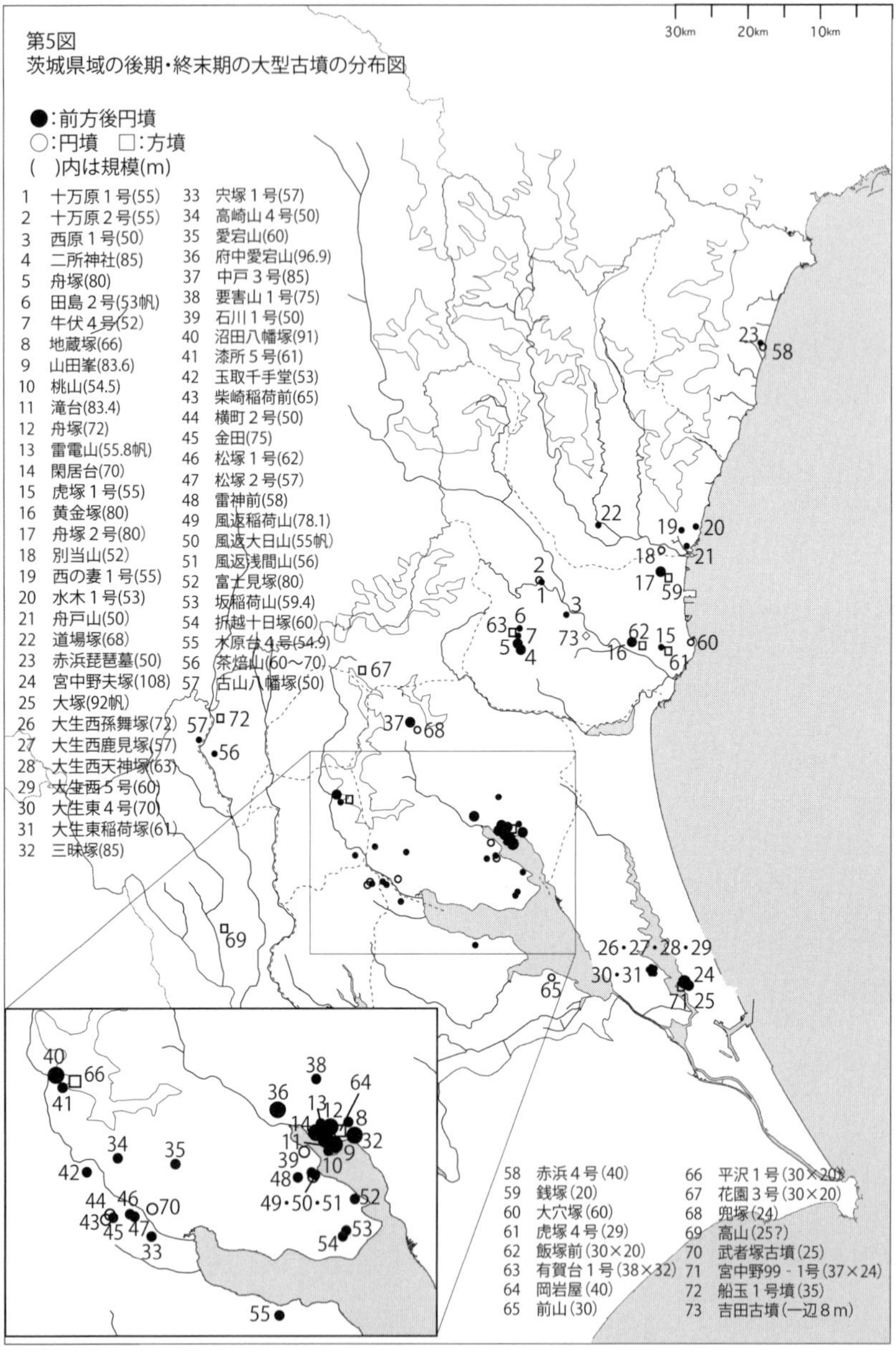

第5図
茨城県域の後期・終末期の大型古墳の分布図

第6図
茨城県域の20基以上の古墳群分布図

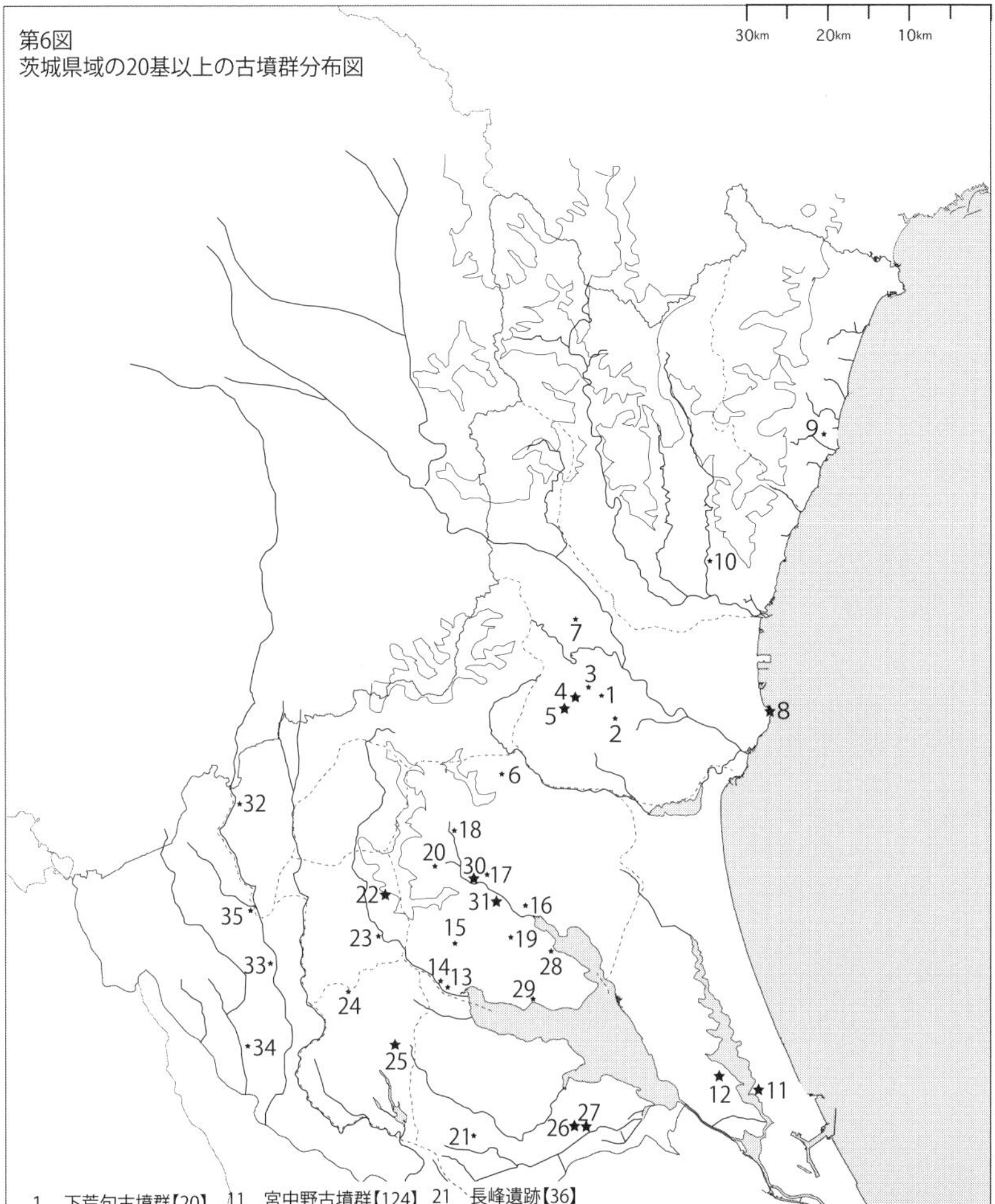


1 下荒句古墳群【20】
2 赤塚古墳群【34】
3 加倉井古墳群【21】
4 田島古墳群【43】
5 杉崎古墳群【35】
6 花園古墳群【21】
7 上青山古墳群【38】
8 磯崎東古墳群【34】
9 十王台古墳群【25】
10 幡山古墳群【25】
11 宮中野古墳群【124】
12 大生古墳群【100】
13 宍塚古墳群【24】
14 山川古墳群【32】
15 愛宕山古墳群【22】
16 舟塚山古墳群【41】
17 染谷古墳群【41】
18 丸山古墳群【23】
19 大塚古墳群【21】
20 加生野古墳群【20】
21 長峰遺跡【36】
22 北条中台古墳群【72】
23 大曽根松原古墳群【20】
24 島名関ノ台古墳群【29】
25 下横場古墳群【57】
26 東大沼古墳群【34】
27 福田古墳群【80】
28 風返古墳群【22】
29 田宿赤塚古墳群【20】
30 栗村古墳群【23】
31 大塚古墳群【113】
32 女方古墳群【49】
33 神子女古墳群【71】
34 篠山古墳群【31】
35 仁江戸古墳群【21】

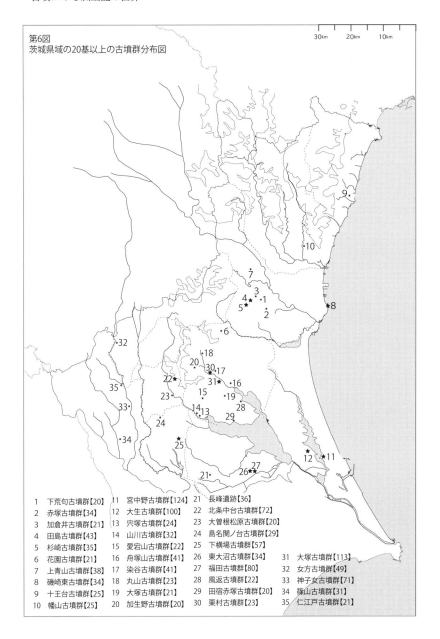

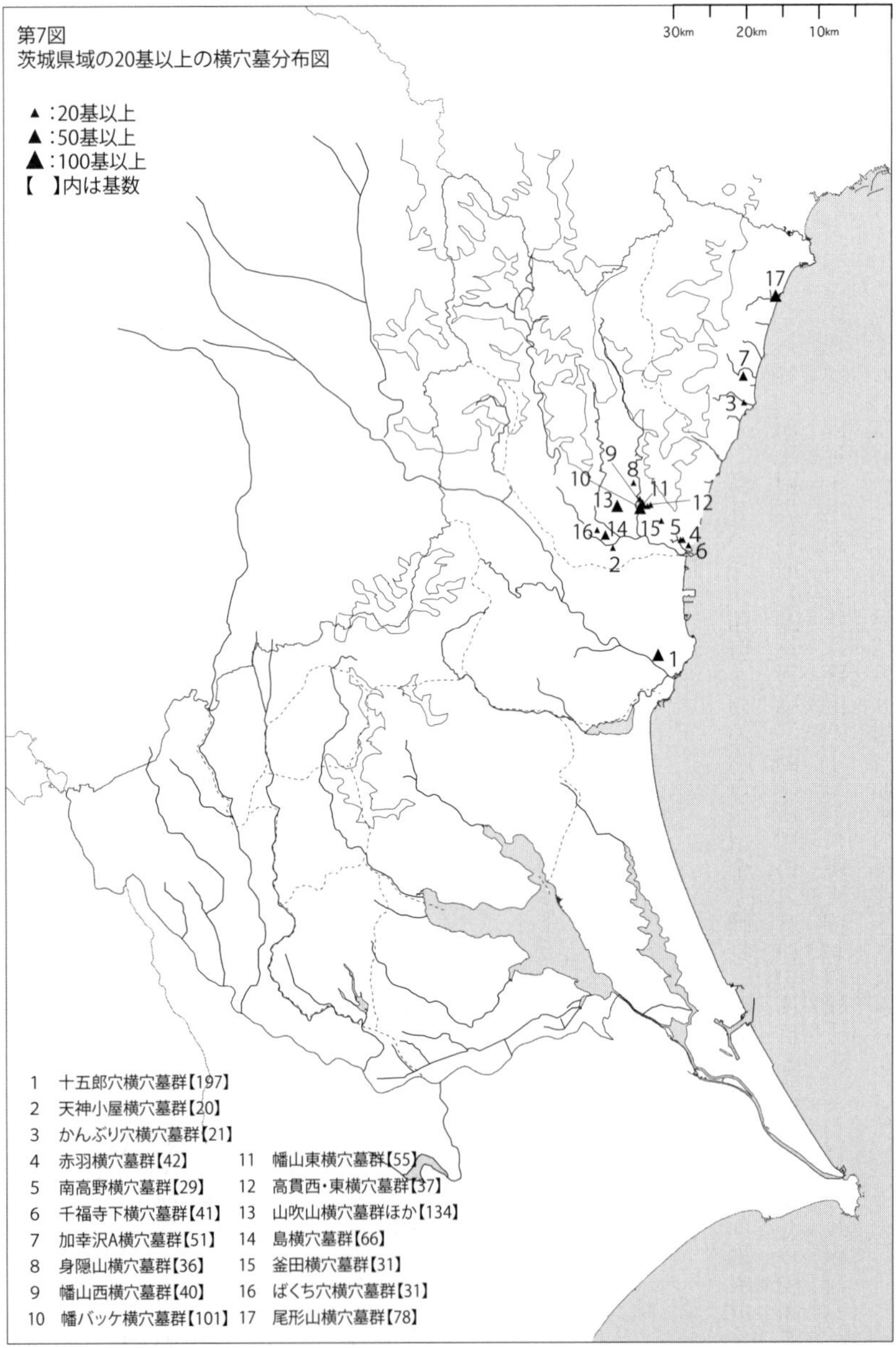
30km
20km
10km
▲：20基以上
▲：50基以上
▲：100基以上
【　】内は基数
1　十五郎穴横穴墓群【197】
2　天神小屋横穴墓群【20】
3　かんぶり穴横穴墓群【21】
4　赤羽横穴墓群【42】
5　南高野横穴墓群【29】
6　千福寺下横穴墓群【41】
7　加幸沢A横穴墓群【51】
8　身隠山横穴墓群【36】
9　幡山西横穴墓群【40】
10　幡バッケ横穴墓群【101】
11　幡山東横穴墓群【55】
12　高貫西・東横穴墓群【37】
13　山吹山横穴墓群ほか【134】
14　島横穴墓群【66】
15　釜田横穴墓群【31】
16　ばくち穴横穴墓群【31】
17　尾形山横穴墓群【78】

第7図
茨城県域の20基以上の横穴墓分布図

な大型古墳が濃密に築造されている様子がわかる。そのほか、久慈川・那珂川・桜川・霞ケ浦・北浦などの河川を中心に大型古墳が分布している。

さらに本稿では五七基に加えて、五基以下の古墳群であるが、終末期に築造されたと考えられる三〇〜四〇㍍程度の円墳や方墳などの古墳も分布図に追加し、計七三基を後期以降の在地首長層墓（大型古墳）とする。

### (2) 古墳群と横穴墓のあり方

さらに、最初に抽出した五基以上の古墳群のなかで、それぞれの群の基数を比較したところ、二〇基以上を境に大きな格差があることが確認できた（第2図）。この二〇基以上の古墳群には三五群が該当する。これらの分布は非常に特徴的で、三五群中三二群が那珂川より南に分布している（第6図）。

古墳群を構成する古墳の多くは中小規模の古墳であり、調査例も少なく、前期や中期に築造された古墳を含むものもあるが、抽出した古墳群には後期以降の古墳が多く含まれる傾向にある。また、茨城県域北部に横穴墓が多く分布していることはよく知られている。古墳群とは時期差があり、単純に比較することは難しいが、茨城県域の横穴墓一〇〇群、総数一三九六基から、古墳群と同じ条件の二〇基以上の横穴墓を抽出すると、一七群が該当する。[3] そのすべてが那珂川より北に分布し、特に久慈川流域とその支流の里川流域に濃密に分布している（第7図）。

## 2 古墳にみる風土記の世界

### (1) 評の領域における古墳の分布

次に、抽出した古墳と横穴墓の分布状況について、『常陸国風土記』と関連づけ、評ごとの分布をみてみよう。

### ①久慈郡

　国名と領域をそのまま引き継ぐ久慈郡は久慈川河口に西の妻1号墳（前方後円墳・五五メートル）、やや北に水木1号墳（前方後円墳・五三メートル）などの大型古墳が分布するが、何よりも目立つのが里川流域の横穴墓の濃密な分布である。一〇〇基を超える大規模な横穴墓群、幡バッケ横穴墓群（一〇一基）がつくられているほか、久慈川河口付近には、銅地に鍍金を施した冠をはじめとする装身具や馬具など豪華な副葬品を持つ、赤羽横穴墓群B支丘1号墓が存在している。

### ②多珂郡

　孝徳天皇の時代、白雉四年（六五三）に、多珂国造石城《いはきの》直《あたひ》美夜部《みやべ》と石城《いはきの》評造《こほりのみやつこ》部《べの》志許赤《しこあか》らが、惣領高向大夫《そうりょうたかむこのまへつきみ》に請い、多珂国を石城郡と分けて成立した多珂郡は、ほかの地域と比べて古墳などの分布は閑散とした印象を受けるが、加幸沢A横穴墓群（五一基）や尾形山横穴群（七八基）が分布し、十王前（かんぶり穴）横穴墓群には、大きな石室に彩色による装飾をもつものがつくられている。

### ③那賀郡

　南北に長い領域をもっていた那賀国は、那賀郡・香島郡・行方郡に分かれる。国名を引き継いで那賀郡となったのは、涸沼より北側の那珂川流域を含む地域である。那賀郡の領域には、那珂川下流域と旧内原町の

| 国 | 郡 |
|---|---|
| 多珂国 | 陸奥石城郡　653（白雉4）年 |
| | ▲▼多珂国分ちて |
| | 多　珂　郡　653（白雉4）年 |
| 久慈国 | 久　慈　郡 |
| 筑波国 | 河　内　郡 |
| | 筑　波　郡 |
| | ▼筑波郡と茨城郡から700戸 |
| | 信　太　郡　653（白雉4）年 |
| | ▲筑波郡と茨城郡から700戸 |
| 茨城国 | 茨　城　郡 |
| | ▼茨城郡から8里 |
| | 行　方　郡　653（白雉4）年 |
| | ▲那賀郡から7里？ |
| 那賀国 | 那　賀　郡 |
| | ▼那賀郡寒田より北の里 |
| | 香　島　郡　649（大化5）年　◀下総海上国の軽野より南の1里 |
| 新治国 | 新　治　郡 |
| | 白　壁　郡 |

第1表

二カ所に古墳が集中している。那珂川下流域には、墳長八〇㍍の黄金塚古墳（前方後円墳）、装飾古墳で知られる虎塚1号墳（前方後円墳・五五㍍）などが分布し、虎塚1号墳に近接して、二〇〇基近い基数を誇る十五郎穴横穴墓群（一九七基）が存在する。また、飯塚前古墳（方墳・三〇×二〇）や虎塚4号墳（方墳・二九㍍）、太平洋を臨む場所には大穴塚古墳（円墳・六〇㍍）などの終末期古墳も分布している。また、大穴塚古墳に近接して磯崎東古墳群（三四基）が形成されている。遺跡地図をもとに二〇基以上の古墳群を抽出した場合は磯崎東古墳群のみが該当するが、この地域には磯崎東古墳群、磯合古墳群（九基）、入道古墳群（一一基）、三ツ塚古墳群（三二基?）、新道古墳群（基数不明）が連続した地形に築かれている。これらを合わせると一〇〇基を超える。旧内原町には墳長八〇㍍の前方後円墳である舟塚古墳、同じく八五㍍の二所神社古墳があるほか、これらの大型古墳よりやや標高が高い丘陵上に、田島古墳群（四三基）や杉崎古墳群（三五基）が形成されている。

### ④香島郡

香島郡は、孝徳天皇の時代の大化五年（六四九）に、大乙上中臣子《だいおつじやうなかとみのこ》と大乙下中臣部兎子《だいおつげなかとみべのうのこ》らが、惣領高向大夫に請い、下総国の海上国《うなかみのくに》の軽野より南の一里と、那賀国の寒田より北の五里を割いて、神郡として置かれた建評記事の残る評である。

香島郡には、茨城県域で後期最大規模一〇八㍍を誇る前方後円墳の夫婦塚古墳や、九二㍍の大型帆立貝式古墳である大塚古墳を含んだ一二四基からなる宮中野古墳群が存在している。

### ⑤行方郡

行方郡は、白雉四年（六五三）に、茨城国造小乙下壬生連麻呂《せうおつげみぶのむらじまろ》と那珂国造大建壬生直夫子《だいけんみぶのあたひをのこ》たちが、同じく請い、茨城郡からの八里を含め那賀郡と合わせて七〇〇戸を割いて置かれている。[4]

行方郡には六三基の大生東古墳群と、三七基の大生西古墳群があり、互いに隣接するこれらを合わせると一〇〇基にのぼる。七二㍍の前方後円墳である孫舞塚古墳からは、後期の埴輪が出土しており［塩谷 一九八五］、同古墳群中の鹿見塚古墳、天神塚古墳などと合わせて後期の古墳と考えられる。

### ⑥茨城郡

茨城国は、白雉四年（六五三）に行方郡へ八里、信太郡へ一部を割いている。国名を引き継いだ茨城郡は、常陸国でもっとも大型古墳が分布している地域である。特に霞ヶ浦高浜入り周辺は舟塚古墳（前方後円墳・八八㍍）や滝台古墳（前方後円墳・八三・四㍍）などの大型古墳が濃密に分布している。一方で、恋瀬川流域には、大塚古墳群（一一三基）をはじめとする二〇基以上の古墳群も点在している。この地域は、中期に茨城県内最大の舟塚山古墳（前方後円墳・一八二㍍）が築造されるなど、古墳時代を通して、茨城県内の古墳文化の中心地となっている。そして茨城郡はのちに常陸国の国府が置かれる場所でもある。

### ⑦信太郡

筑波・茨城郡の七〇〇戸を分けて置かれた信太郡には、目立った古墳は少ないが、東大沼古墳群（三四基）と福田古墳群（八〇基）が存在する。この二つの古墳群は限られた範囲に多数の古墳が築造されている。前方後円墳も含んでいるが、東大沼古墳群の最大規模は三〇㍍、福田古墳群の最大規模は四五㍍と、やや小さめの古墳である。

### ⑧筑波郡

国名を引き継ぐ筑波郡は、信太郡や河内郡にその一部を割いている。桜川流域や筑波山塊に沼田八幡塚古墳（前方後円墳・九一㍍）や漆所古墳群5号墳（前方後円墳・六一㍍）などの大型古墳と、北条中台古墳群（七一基）が形成されている。

### ⑨河内郡

河内郡には、松塚1号墳（前方後円墳・六二㍍）や2号墳（前方後円墳・五七㍍）、横町2号墳（円墳・五〇㍍）などが桜川流域に分布している。霞ヶ浦に注ぐ小野川流域には下横場古墳群（五七基）があり、古墳群内の最大の古墳は三〇㍍の円墳で、周辺には大型古墳はみられない。

### ⑩新治郡

新治国の領域には、鬼怒川流域に茶臼山古墳（前方後円墳・六〇～七〇㍍）、それよりもやや上流に女方古墳群（四九基）、下野国の領域内になるが、古山八幡塚古墳（前方後円墳・五〇㍍）がある。

### ⑪白壁郡（真壁郡）

新治国を割いて置かれたであろう白壁郡領域には目立った古墳や古墳群は確認できない。

以上、評の領域ごとに大型古墳と古墳群、横穴墓の分布状況を概観してみた。ところで、評の領域といったものの、当時の領域とはどのようなものを示すのであろうか。

『常陸国風土記』の建評記事では、里や戸という人間集団の単位を割いて評という領域を確立している様子が伺えることから、現在の行政区画のように境界線を引いて、領域を明確に区切ったものではなく、人間集団の生活に基づいた人的な支配が行われ、土地としての領域は彼らの生活に付随する二次的なものであったと考えられる。そのように人的な支配を考えられるとすれば、里や戸を構成していた人々、在地首長層、畿内政権はどのような関係にあったのだろうか。古墳と横穴墓の分布から考えてみたい。

## (2) 分布にみる茨城県域の後期・終末期の様子

### ①大型古墳の偏った分布

大型古墳が築造された場所は、在地首長層の勢力圏の拠点に近いと考えられるが、評の領域ごとにみると数や規模

第８図
後期・終末期の大型古墳・古墳群・横穴墓の分布

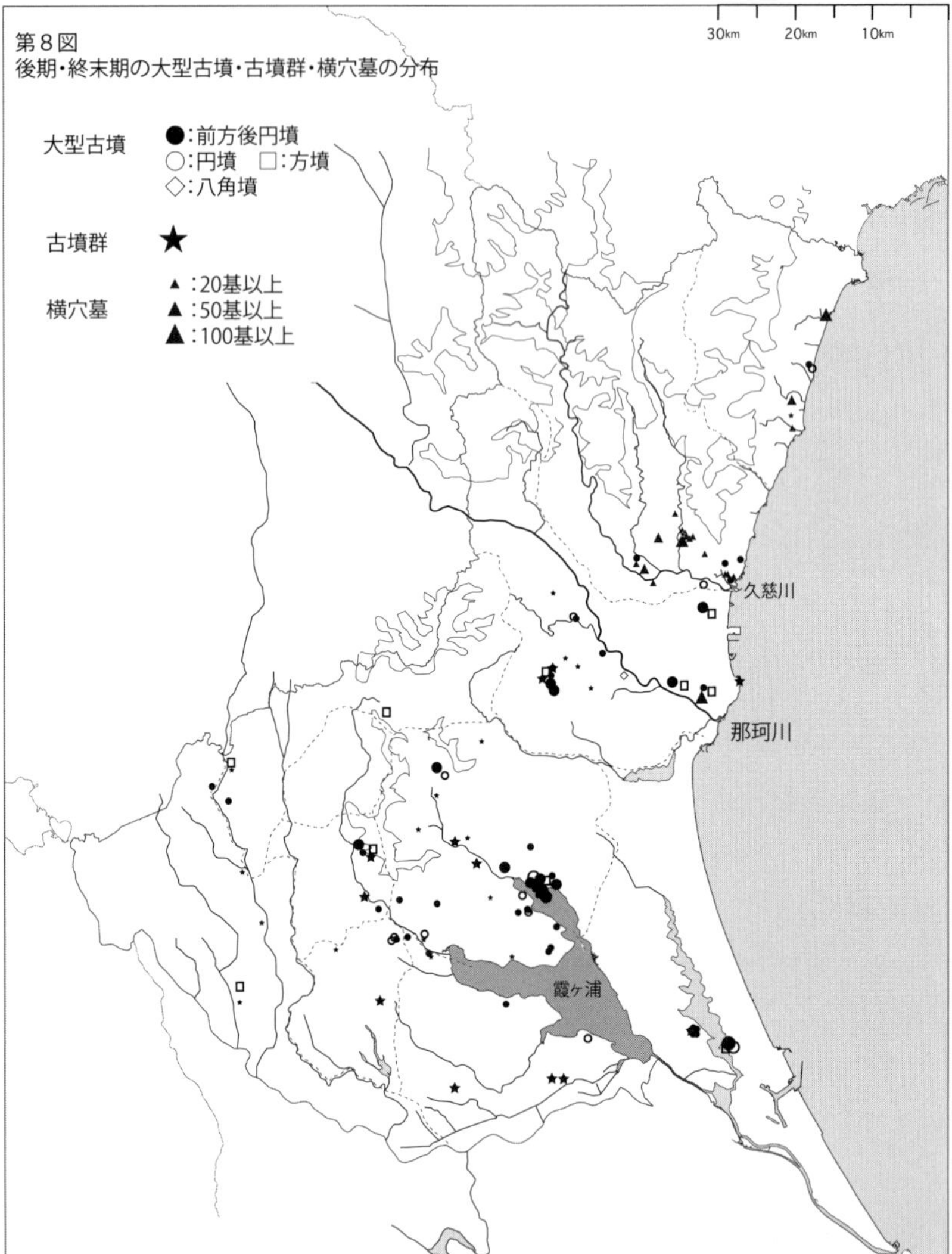

に偏りがあり、地域によって様々な特徴を示している（第8図）。国造制の国名を引き継ぐ那賀郡と茨城郡には、大型古墳がまとまって分布し、久慈郡と筑波郡、河内郡においても、多少まとまって大型古墳が分布しているが、むしろ久慈川・那珂川・霞ヶ浦・恋瀬川・桜川に分布が集中しており、水上交通との関連を想起させる分布状況にある。

この分布状況は、国造国あるいは評を治めた人物が必ずしも、これまで大型古墳を築造していた在地首長層ではなく、畿内政権によって新たに派遣されてきた人物や、大型古墳を築造するような権力を持たなかった人物などが、地域を治めた可能性を示している。特に水上交通は、古墳時代後期に重要視されていたのではないだろうか。

## ②大型古墳と古墳群、横穴墓の関係

久慈郡と多珂郡は、大型古墳も分布しているが、久慈郡では豊かな副葬品をもつ赤羽横穴墓B支群1号墳、多珂郡では装飾横穴である十王前横穴墓群が存在し、在地首長層の墓である可能性が十分にある。視線を北へ伸ばせば、かつては同じ多珂国であった石城郡にも中田横穴墓という装飾をもつ横穴墓が築造されている。

また、古墳群と横穴墓の分布状況は那珂川を境に明確な分布の偏りが存在する。時期差のある古墳群と横穴墓の分布状況を、安易に比較することは適切ではないかもしれないが、これほどの明確な分布の偏りがあることは興味深い。その偏りをもたらしたのは、多珂郡や久慈郡に横穴墓を築造しやすい環境があったとも言えるが、平地もあり、久慈郡では後期以前に一五一㍍を誇る梵天山古墳など複数の大型古墳が築造され、古墳築造が十分可能な環境である。

この古墳群と横穴墓の偏りについては、別の機会に改めて考えてみたいが、六世紀から爆発的に増加する中小規模の古墳群の成立と、やや遅れての横穴墓の築造開始は、群を成す墓に多くの人々が埋葬された結果に他ならない。その背景には、各地域の共同体内で新たに台頭してきた人々の存在があるのではないだろうか。

大型古墳が多く分布している霞ヶ浦高浜入り周辺（茨城郡）や旧内原町（那賀郡）には、二〇基以上の古墳群が複数形成され、他の地域よりも古墳が多い。大型古墳が多く築造される地域には、古墳群も多い傾向にあると言える。これは大型古墳を築造した在地首長層と共同体内で新たに台頭してきた人々との間に古墳を媒介とした関係や秩序があったとは考えられないだろうか。久慈川以北の横穴墓も同様に、在地首長層が埋葬されたと考えられる横穴墓の周辺には横穴墓が多数つくられている。香島郡の宮中野古墳群や大生東・西古墳群は、大型古墳と多数の小さな古墳が一体となって限られた範囲に築造されている。宮中野古墳群には、四世紀末から五世紀初めに築造されたお伊勢山古墳（前方後円墳・九六㍍）があり、その後しばらく大きな古墳が築造されず、後期になって、県内最大の前方後円墳をはじめ大型古墳が続けて築造され、その周辺に濃密な古墳群が形成される様子は、香島郡の成立と関連があり、大型古墳と中小規模の古墳群の埋葬者は深い関係にあったと考えられる。

　これらの様子から、後期から終末期にかけて、地域社会では在地首長層を頂点に共通の墓制をもって地域内の秩序を生み出し、結束を強め、畿内政権はそういった地域社会における各在地首長層の勢力圏を、制度的に国造国や評としての支配権を認めることで、律令国家成立の素地を構築していったとは考えられないだろうか。

### ④まとめ

　七世紀初頭には前方後円墳が築造されなくなり、古墳の役割は終焉を迎えていくが、一方で地域のなかでは在地首長層と地域社会を結びつける秩序として機能し、畿内政権は在地首長層を制度に組み込み、組織化することで、間接的に地域の人々の支配を確立していった。それが後期における関東地方の大型前方後円墳の築造や、各地で爆発的に増える「群集墳」の形成につながったとは考えられないだろうか。

## 3　装飾古墳について

茨城県域における古墳時代後期から終末期にかけての重要な考古学的資料に、装飾古墳も挙げられる。装飾古墳は、石棺や石室などに彩色や線刻などを用いて装飾を施すものであり、熊本県や福岡県をはじめとする九州地方を中心に分布している。茨城県から宮城県の太平洋沿岸地域にも分布しており、その関係が議論されている。『常陸国風土記』に関連付け、大場磐雄は古代氏族の多氏らが九州から東国へ移住してきたことによって分布するという説を述べている〔大場　一九七四〕。行方郡の条に、建借間命が賊を討伐するために、舟を連ね、筏を編み、「杵嶋唱曲《きしまのうたぶり》」を歌い、その音楽を聴いて浜に出てきた賊を殺したとあり、その「杵嶋唱曲」が『肥後国風土記』の逸文にも記されている。建借間命は神八井耳命を祖とし、火国造も同じである。これらを根拠に、多氏が九州から東国へ移住したものとしているのである。

本稿では、装飾古墳の分布を確認した上で、装飾古墳の古墳時代における位置づけを確認し、『常陸国風土記』との関連を考えてみたい。

### (1)　装飾古墳の分布

時期の判断が難しい、いわゆる「自由画風線刻」で装飾される横穴墓を除いて、茨城県域には一〇基の装飾古墳および装飾横穴墓が分布している(第9図)。装飾古墳の築造は後期から終末期にかけてであり、分布図に示したとおりどこかに集中するわけではなく、各地に点在している。

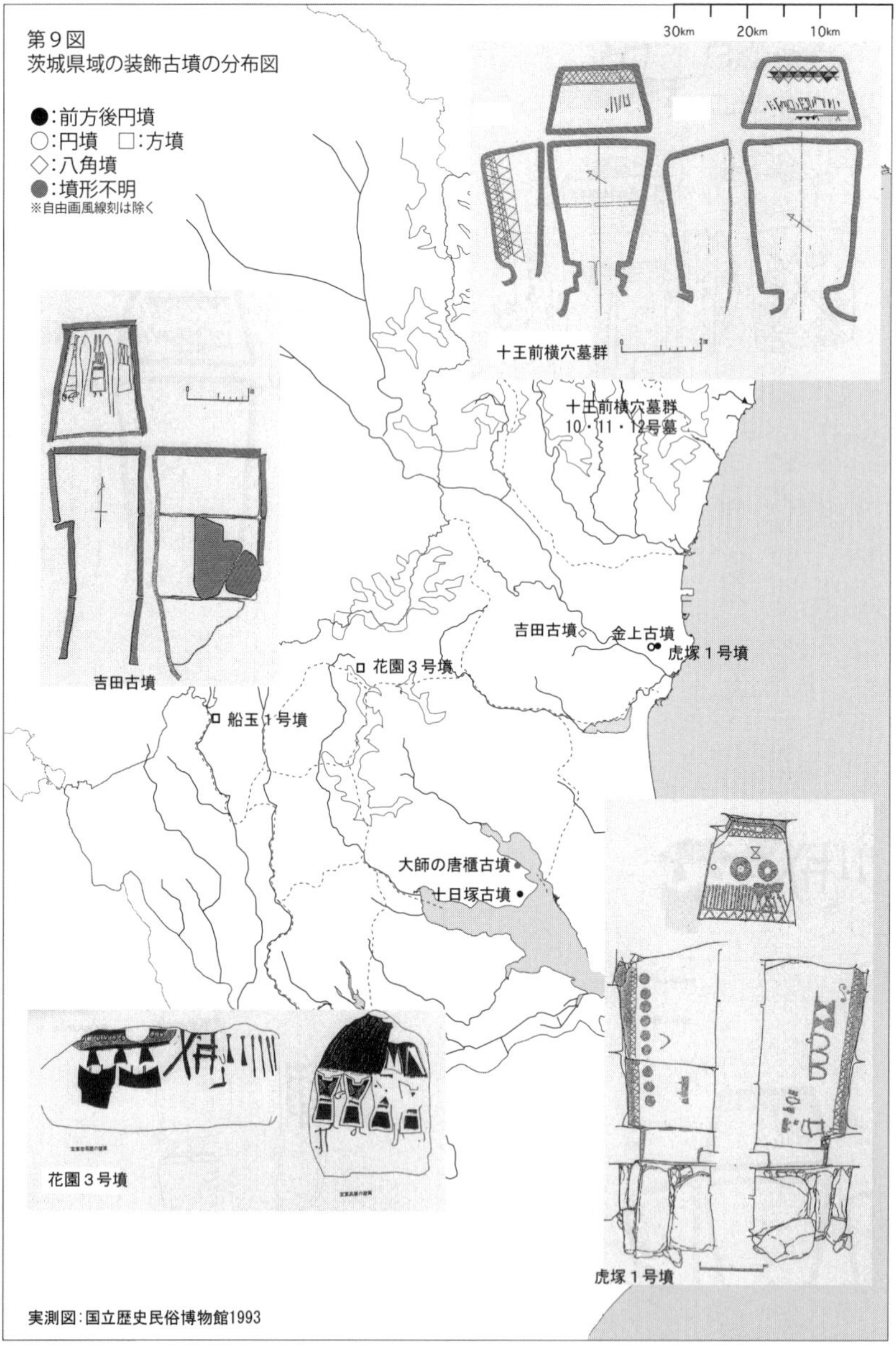
第９図
茨城県域の装飾古墳の分布図
●：前方後円墳
○：円墳　□：方墳
◇：八角墳
●：墳形不明
※自由画風線刻は除く
30km
20km
10km
十王前横穴墓群
十王前横穴墓群
10・11・12号墓
吉田古墳
吉田古墳
金上古墳
虎塚１号墳
花園３号墳
船玉１号墳
大師の唐櫃古墳
十日塚古墳
花園３号墳
虎塚１号墳
実測図：国立歴史民俗博物館1993

### (2) 装飾古墳と埴輪の比較

後期以降の古墳の特徴のひとつは横穴式石室である。横穴式石室は墳丘内部の埋葬施設に出入り口を設け、追葬を可能としたものであり、単葬と埋葬施設の密閉を特徴とする竪穴式石室とは大きく異なる構造を持つ。こういった埋葬施設の変化は単にモノの変化だけではなく、死者を葬る人々の葬送の行為や観念の変質に他ならない。葬送観念の変化は、葺石や埴輪などにも確認できる。埋葬された場所(遺骸のある場所)を重視することからはじまり、外側を飾り立てる意識が強まり、やがては石室を重視する傾向が強まっていくのである。

装飾古墳もそういった傾向と連動していると、筆者は考えている。埴輪の樹立位置および種類と、装飾古墳の装飾位置および図文の種類における変化を比較してみると、第10図のような傾向が指摘できる。

埴輪は大きく五段階に分けられる。第1段階(四世紀ごろ)では、円筒埴輪を中心として、一部に家形、蓋形、鶏形埴輪が埋葬施設を囲むように配置される。第2段階(五世紀初め)では、造り出しや周溝の周辺へも埴輪が樹立されるようになり、器材埴輪や船形、水鳥形埴輪が新たに加わる。第3段階(五世紀中ごろ)には周堤等にも樹立され、人物形や動物形が加わり、第4段階になると人物形や動物形埴輪による埴輪群像が成立する。第5段階(六世紀末)に至ると埴輪の樹立は減り、樹立されるとしても新たに導入された横穴式石室の周辺がメインになる。この段階においては、地域によっては埴輪が樹立されない。

装飾古墳は五世紀ごろに九州地方で築造が始まる。第1段階(五世紀)では、石棺や石障を中心に、丸などの幾何学模様や直弧文、靭や楯などの武器・武具を彫刻し、赤色顔料で彩色した図文が施される。文様を区画する表現も多く見られる。第2段階(五世紀中葉~六世紀中葉)では横穴式石室内の壁面への図文がはじまり、色彩が豊かになるほか、

第10図　埴輪と装飾古墳の比較

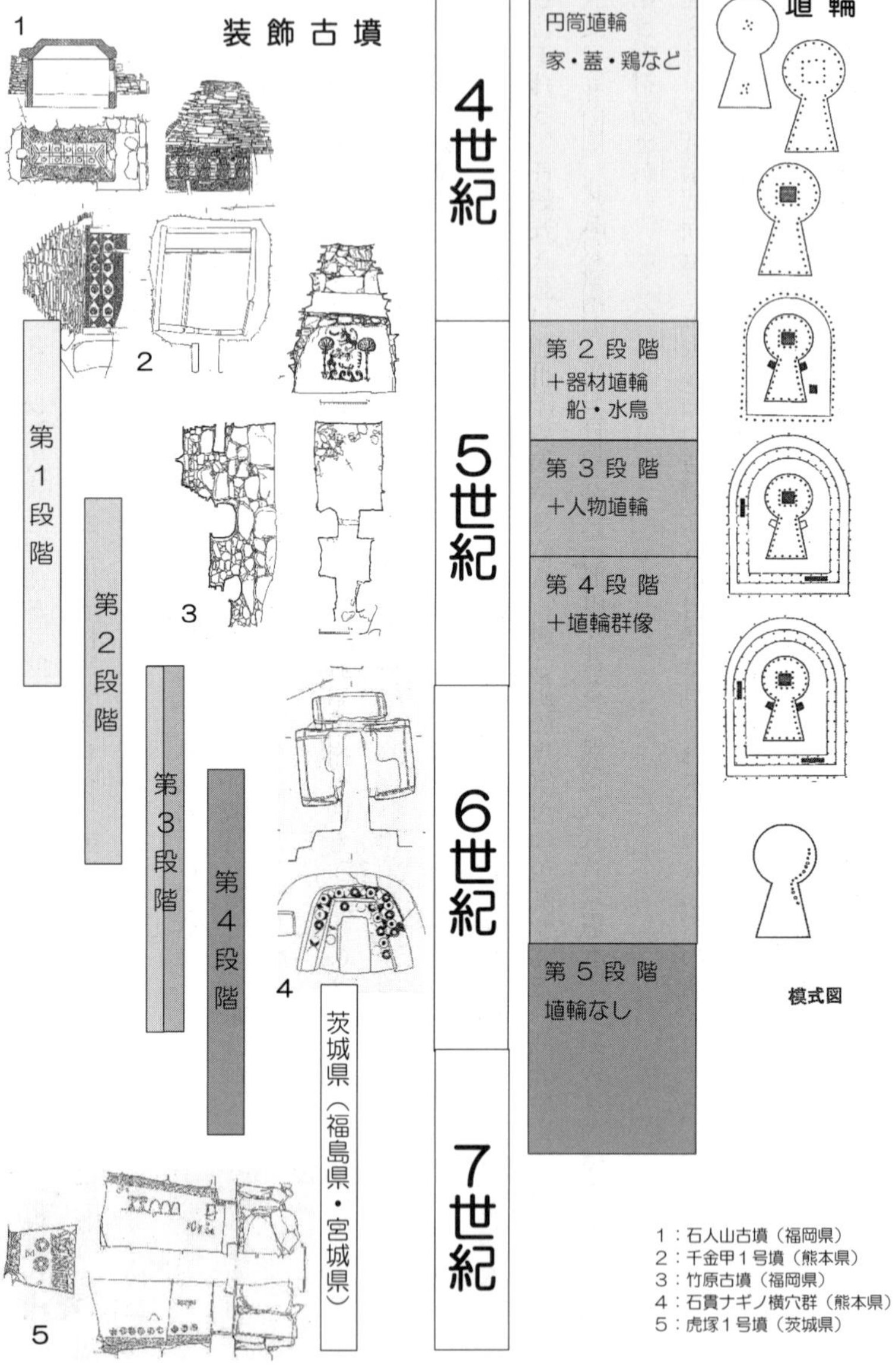

文様を区画する表現が減り、双脚輪状文や人物や船など新しい図文が加わる。第3段階（六世紀前葉～七世紀初め）では、幾何学模様や武器・武具に加え、船・馬・魚・鳥・人物など具象的な図文が増加する。装飾方法も線刻よりも彩色が多くなる。また、横穴式石室の前室・羨道・玄門などにまで、装飾が施され、石室の石材も大型化し、絵を描くキャンパスと化す。さらには装飾古墳の数も増加する。第4段階（六世紀中葉～七世紀中葉）では、横穴墓に装飾が施される例が増加する。幾何学模様や船・人物・武器・武具などが描かれるほか、この段階で釘状の金属工具で描く自由画風線刻が登場すると考えられるが、時期決定は難しい。

これらの変化を比較すると、埴輪の変化に連動するかのように、装飾古墳も変化していることが指摘できる。埋葬施設を強く意識したものから、人物や動物などのさまざまな表現の種類が加わり、豊かな群集的な表現となり、やがては石室の内側へ向けた表現となっていく。装飾古墳はその特質性から、そのほかの古墳と切り離されて考えられる傾向があるが、埴輪の樹立位置や種類と連動する変化の状況は装飾古墳も、古墳文化の中心地である畿内の影響を受けていることを示している。

本稿では、茨城県になぜ装飾古墳がつくられたのか、という根本的な問題については触れることができなかったが、装飾古墳は決して特殊なものではなく、古墳文化のなかで醸成されたものであると言えよう(5)。

### (3)『常陸国風土記』の記述と装飾古墳

『常陸国風土記』のなかで、装飾古墳の材料とも思われる記述が、久慈郡の条に登場する。

「河内里あり…有らゆる土は、色、青き紺の如く、画に用ゐて麗し」

「薩都里あり…北の山に有らゆる白土は、画を塗るに可し」

これらの「画」が何を示すのかは難しいところであるが、虎塚1号墳は白粘土の上に赤色顔料で図文を施していることもあり、装飾古墳との関連も十分に考えられるであろう。

また、葬送に関する色についての記述が信太郡の逸文に確認できる。黒坂命が蝦夷を征伐した後、多珂郡の角枯山に至り、病気により亡くなり、その亡骸を車に載せ運ぶ途中、赤旗と青旗が翻る場面が描かれている。どのような形状の旗であるかは分からないが、葬送に関連して旗が使用されていた可能性を示す記事であり、十王前横穴墓では、赤と黒の連続三画文が描かれており、旗を描いたとも考えられる。連続三画文の表現は茨城県域も含め、多くの装飾古墳において描かれている図文である。

『常陸国風土記』のなかで、装飾古墳と直接的に関連付けられる記事は以上である。

## おわりに

本稿では、前方後円墳を築いた在地首長層の評成立時の動向と、地域社会がどのように変化していったかを、考古学的資料と文献史料である『常陸国風土記』とを結び付け、検証を進めてきた。茨城県域全体を対象とした分布状況による考察のため、まだまだ根拠が不足していると思うが、複雑な古墳時代後期・終末期の大型古墳・古墳群・横穴墓のあり方を可視化した成果が古代社会の構造解明の一助になれば幸いである。

また、装飾古墳についてはなぜ茨城県に分布しているのかという根本的な課題にふれることができなかった。装飾古墳について考える場合、『常陸国風土記』等の文献史料も考慮しつつ、ほかの古墳や横穴墓との関係も明確にし、総合的に考える必要がある。

## 註

(1) 本稿の『常陸国風土記』の内容については、沖森卓也ほか編『常陸国風土記』(山川出版社、二〇〇七年)に従った。
(2) 抽出したデータの一覧及び出典は紙面の都合上省略する。基数や規模などは各市町村史、各報告書等から情報を集めた。
(3) 那珂川より南には、鹿嶋市大掾辺田横穴墓群(一九基)、かすみがうら市崎浜横穴墓群(一七基)があり、遺跡の性格上二〇基以上である可能性は十分にある。特に大掾辺田横穴墓群は宮中野古墳群に近接しており、総合的な検討が必要であるが、本稿では二〇基以上を抽出しての分析であるため除外する。この二遺跡を加えたとしても、那珂川より北に横穴墓が集中して築造されていることは間違いない。
(4) 「茨城地八里」に「那珂地七里」を補うものもある[沖森ほか二〇〇七]。
(5) 茨城県域の装飾古墳に関する研究としては、生田目和利「常陸の装飾古墳と装飾横穴墓」(茂木雅博編『風土記の考古学①』一九九四年)や、中尾麻由美「常陸における装飾古墳の出現とその背景」(『東国の地域考古学』二〇一一年)などの先行研究がある。

## 引用文献


茨城県教育庁　二〇〇一『茨城県遺跡地図』地図編・地名編
大場磐雄　一九七四「古代賊の移動と装飾古墳」『どるめん』4号
沖森卓也ほか編　二〇〇七『常陸国風土記』山川出版社
小林佳南子　二〇一四「後期古墳群と横穴墓の排他性―茨城県における事例研究の試み―」『日立市郷土博物館 紀要9』日立市郷土博物館
国立歴史民俗博物館　一九九三『装飾古墳の世界』図録
塩谷　修　一九八五「茨城県における埴輪の出現と消滅」『第6回三県シンポジウム 埴輪の変遷―普遍性と地域性―』
白石太一郎　一九九一「常陸の後期・終末期古墳と風土記建評記事」『国立歴史民俗博物館研究報告』第35集　創設十周年記念論文
日高　慎　二〇一〇「各地域における前方後円墳の終焉 茨城県」『前方後円墳の終焉』

# 『常陸国風土記』と香島大神の成立

森下 松壽

## 1　大和王権の東夷征伐と香島大神

香島大神の成立は大和王権の東夷征伐の時期と重なる。東夷征伐の時期としては『日本書紀』巻第五〔坂本ほか 一九六七〕の崇神天皇九年九月九日条に、「九月の丙戌の朔甲午に、大彦命《おおひこのみこと》を以て北陸に遣《つかわ》す。武渟川別《たけぬなかはわけ》をもて東海《うみつみち》に遣す。吉備津彦《きびつひこ》をもて西道に遣す。丹波道主命《たにはのちぬしのみこと》をもて丹波《たには》に遣す。因りて詔して曰はく、「若し教《のり》を受けざる者あらば、乃ち兵を挙げて伐て」とのたまふ。既にして共に印綬を授ひて将軍とす。」と四道将軍を北陸・東海・西道・丹波に派遣したとある。

更に、『日本書紀』巻第七〔坂本ほか 一九六七〕景行天皇四十年夏六月の条に、「四十年夏六月に、東の夷多《ひなさは》に叛《そむ》きて、邊境《ほとり》騒ぎ動《とよ》む。秋七月の癸未の朔戊戌に、天皇、群卿《まへつきみたち》に詔して曰はく、「今東国《あずまのくに》安からずして、暴ぶる神多《たわ》に起こる。亦蝦夷《えみし》悉に叛きて屢《しばしば》人民《おおみたから》を略《かす》む。誰《たれ》人を遣わしてか其の亂《みだれ》を平けむ。」とのたまふ。(中略)冬十月の壬子の朔癸丑に、日本武尊、發路《みちたち》したまふ。戊午に、道を枉《よぎ》り伊勢神宮を拝む。仍りて倭姫命に辭《まかりまう》して曰はく、「今天皇が命《おほみこと》を被りて、東に征きて諸《もろもろ》の叛く者どもを誅《つみな》へむとす。故、辭す」とのたまふ。是に、倭姫命、草薙剣を取りて、日本武尊に授けて曰はく、「慎め。な怠りそ」とのたまふ。(中略)爰に日本武尊、則ち上総より轉《うつ》りて、陸奥国に入

第１図　位置図並びに東夷征伐順路図

りたまふ。時に大きなる鏡を王船《みふね》に懸けて、海路より葦浦に廻《めぐ》る。横《よこしま》に玉浦を渡りて、蝦夷の境に至る。蝦夷の賊首《ひとごのかみ》、嶋津神、國津神等、竹水門《たかのみなと》に屯《いは》みて距《ふせ》かむとす。然るに遙に王船を視りて、豫め其の威勢を怖ぢて、心の裏にえ勝ちまつるまじきことを知りて、悉く弓矢を捨てて、望み拜みて曰さく、「仰ぎて君が容を視れば、人倫に秀れたまへり。若し神か。姓名を知らむ」とまうす。王、對へて曰はく、「吾は是、現人神の子なり」とのたまふ。是に、蝦夷等、悉く慄りて、則ち裳を褰《かか》げ、波を披けて、自ら王船を扶けて岸に著く。仍りて面縛ひて服罪ふ。故、其の罪を免したまふ。因りて、其の首帥を俘にして、従身へまつらしむ。蝦夷既に平けて、日高見國より還りて、西南、常陸を歴て、甲斐國に至りて、酒折宮に居します。」崇神天皇・景行天皇による『日本書紀』における東夷征伐記事である。

なお、香島大神の成立については、『常陸国風土記』香島郡の条〔秋本 一九五八〕に、「古老曰へらく、難波の長柄の豊前の大朝に馭宇しめしし天皇の世、己酉の年、大乙上中臣□子、大乙下中臣部兎子等、惣領高向の大夫に請ひて、下総の国、海上の国造の部内、軽野より以南の一里、那賀の国造の部内、田より以北の五里とを割きて、別て神の郡を置きき。其処に有ませる所の天の大神の社・坂戸の社・沼尾の社、三処を合せて、惣べて香島の天の大神と称ふ。因りて郡に名づく。風俗の説に、霰向降る香島の国と云ふ。」とあり、また、同郡に崇神天皇と天津大御神（香島大神）の記事などもある。しかし、この記事は東夷征伐と香島大神の成立時期を明確にするものではない。しかし、今後の文献史料と考古学調査成果を再検討することによって実年代に迫ることが出来るように思える。以下、鹿嶋市周辺の調査事例をもって検討する。

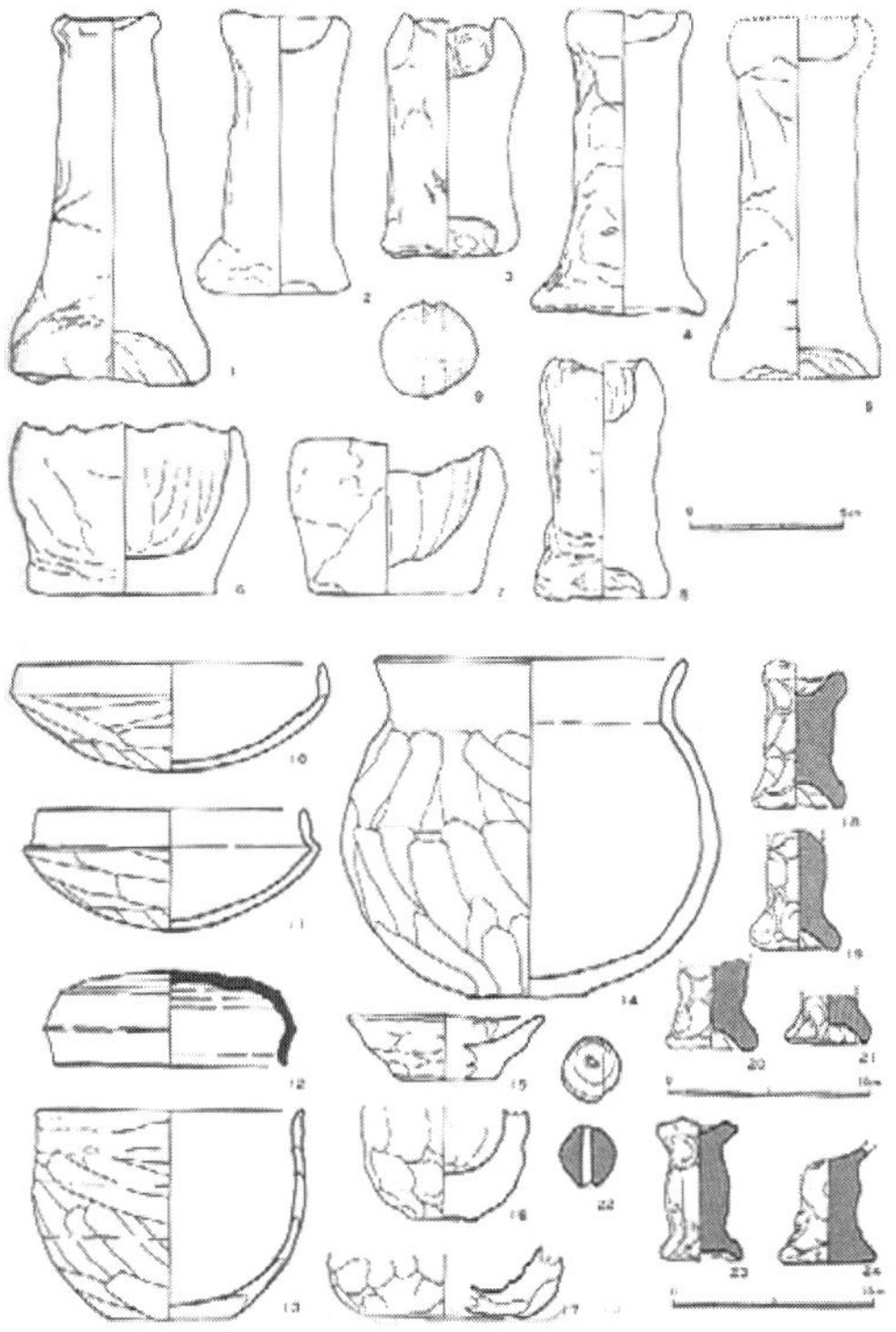

第２図　鹿島神宮境内（稲荷神社周辺）遺跡出土品
1・2　鹿島神宮出土、大場磐雄資料　3～9　鹿島神宮参道脇出土 10～24　大生神社に近い大貫立野 50 号住居跡出土品一括（杉山 1994 より転載）

鹿島神宮境内の考古学調査例としては、戦前の大場磐雄による稲荷神社周辺遺跡の調査（第2図では鹿島神宮出土と表記）と本殿周辺の鹿島神宮経塚がある。戦後の調査例は昭和四十四年に戦前調査された稲荷神社周辺遺跡（第2図では鹿島神宮参道脇と

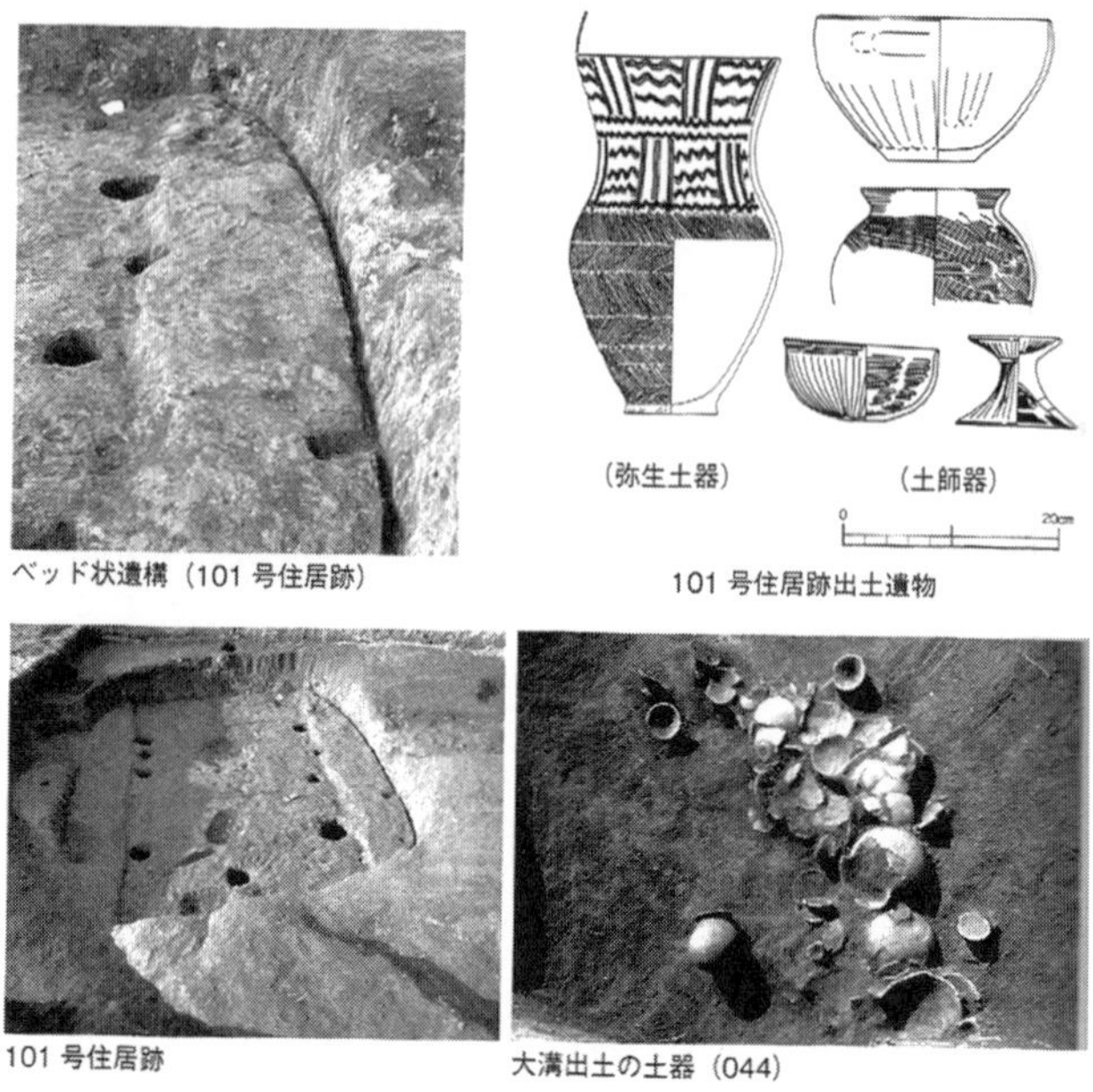


第3図　木滝台遺跡の遺構と遺物の一部

表記）を鹿島文化研究会が防護柵設置に伴い調査を行った。鬼高期の竪穴住居跡二軒を検出し、多量の手捏《てこね》土器が出土している。第2図は戦前の調査と昭和四十四年に稲荷神社周辺遺跡から出土した手捏土器の実測図〔杉山 一九九四〕である。また、昭和五十九年九月に鹿島神宮防災工事の配管工事に伴う調査により十世紀代の竪穴住居跡・溝跡・ピット群等を検出〔鹿島町遺跡保護調査会 一九八五〕している。更に、昭和五十九年十二月に防火水槽設置工事に伴う調査〔鹿島町遺跡保護調査会 一九八五〕、平成十七年に木材倉庫改築に伴う調査〔㈶鹿嶋市文化スポーツ振興事業団 二〇〇五〕がある。

平成二十一～二十四年にかけて調査された鹿島神宮祈禱殿・社務所建設に伴う確認・発掘調査〔㈶鹿嶋市文化スポーツ振興事業団 二〇一二〕では、奈良時代の竪穴状遺構二軒、中世の竪穴状遺構二軒と溝状遺構二条等を検出した。他に確認調査時に羽口など鍛冶関連遺物が検出されたが鍛冶遺構は確認出来なかった。また、仮殿の周辺より近世の寺院跡である護摩堂の境界溝と思われる溝を確認したが東夷征伐と香島大神の成立に関する遺構遺物は確認されていない。

鹿嶋市内の考古学調査例では、弥生終末期から古墳時代前期にかけての墓制から見ると国神遺跡（弥生時代後期）の土器棺墓、棚木平遺跡の方形周溝墓、しばらくして古墳時代前期後半に宮中野古墳群お伊勢山古墳（鹿嶋市内の最古の古墳、全長九六㍍の前方後円墳）が出現する。集落遺跡では、代表的な遺跡として、弥生時代終末の十王台式土器と古墳時代初期の五領式土器が共伴した木滝台遺跡〔日本文化財研究所 一九七八〕がある。同遺跡の一〇一住居跡の土器の共伴関係により大和王朝の征服・集団移住を考えることが出来る。それは、同風土記に見える大和王権の司祭する天の大神の社と地元神である坂戸社・沼尾社の三社を合わせて香島の天の大神とする記事と整合するように思える。

東夷征伐の時期を考えると弥生終末期・古墳時代前期とするが鹿嶋市内の調査例では明確に出来ないが、関東における大和王朝の勢力は、埼玉県「稲荷山古墳出土鉄剣銘文」により、辛亥年（四七一年）倭の五王のワカタケル（雄略天皇）の銘文により、現在の埼玉県行田市まで及んでいたと思われ、鹿島神宮の成立は古くは三世紀末から五世紀頃の間であろう思われる。

## 2 『常陸国風土記』における建借間命の東夷征伐と杵嶋（鳴）唱曲

養老年間に成立したと思われる『常陸国風土記』行方郡の条〔秋本 一九五八〕に「古老のいへらく、斯貴の瑞垣の宮に大八洲所馭しめしし天皇の御世、東の垂《さかい》の荒ぶる賊を平けむとして、建借間命《たけかしまのみこと》を遣しき。即ち、此は那賀の国造が初祖なり。軍士を引率《ひきい》て、行く凶猾《にしもの》を略《こと》け、安婆の島に頓宿《やど》りて、海の東の浦を遙望す時に、烟見えければ、交、人やあると疑ひき、建借間命、天を仰ぎて誓《うけ》ひていはく、「若し天人の烟《けむり》ならば、来て我が上を覆へ。若し荒ぶる賊の烟ならば、去りて海中に靡け」という時に、烟、海を射《さ》して流れき、爰に、自ら凶賊《にしもの》ありと知りぬ。即ち、徒衆たちに命じて、褥食して渡《わた》りき。是《ここ》に、国栖《くず》、名は夜尺斯《やさかし》・夜筑斯《やつくし》というもの二人あり。自ら首帥となりて、穴を掘り堡を造りて、常に居住めり。官軍を覘伺《うかが》い、伏し衞り拒抗《ふせ》ぐ、建借間命、兵を縦ちて駈追らふに、賊、盡に逋げ還り、堡を閉じて固く禁《さ》へき。俄にして、建借間命、大きな權議を起し、敢死つる士を挍閲りて、山の阿に伏せ隠し、賊を滅さむ器を造り備へて、厳しく海渚を餝い、舟を連ね栰を編み、雲のごとく盖を飛ばし、虹のごとく旌《はた》を張り、天の鳥琴、天の鳥笛、波の随に潮を逐い、杵嶋の曲唱を七日七夜遊び楽しみ歌い舞いき。時に、賊の黨、盛なる音楽を聞きて、房を挙げて、男も女も悉盡に出《い》で来《き》、濱傾して歡咲ぎけり。建借間命、騎士をして堡を閇じしめ、後より襲い撃ちて、盡に種属を囚へ、一時に焚き滅しき。此の時、痛く殺すと言いし所は、今、伊多久の郷と謂い、段《ふつ》斬ると言いし所は、今、布都奈の村と謂い、安く殺る言いし所は、今、安伐の里と謂い、吉く殺くと言いし所は、今、吉前の邑と謂う。」とある。『日本書紀』記載以外での東夷征伐記事の代表的な事例である。

この記事には、近年、大きな問題が指摘されている。それは、代表的な『常陸国風土記』の写本である西野宣明本〔秋本 一九五八〕では「杵嶋唱曲」と記載されているが、同じ水戸彰考館の菅政友本〔沖森ほか 二〇〇七〕では「杵鳴唱曲」と表記されている。この「嶋」字と「鳴」字の相違については、従来の東夷征伐への物部氏・多氏の関与説〔大場 一九七二〕の根拠の一つである肥前国杵嶋山の杵嶋とカシシマの関係を否定しかねない。しかし、「杵鳴唱曲」で東夷征伐への物部氏・多氏の関与を否定するものではない。それは『常陸国風土記』の信太郡条、『続日本後紀』の匝瑳《そうさ》郡〔森田 二〇一〇〕を見ても物部氏の関与は明らかである。

## 3　神郡の成立

神郡とは、律令国家において、特定の神社の神域であり、かつ神社の修理・祭祀の用度、その他の諸費用に、部内の田租および調・庸を供しめる特定の郡のことである。

神郡の初見は『日本書紀』巻第二十二推古天皇二十五年夏六月の条に「出雲國言さく、〔神戸郡に瓜有り。大きさ缶の如し」とまおす。」とあるが、現在の歴史研究者間では、この神戸の郡は出雲の国には存在しないとされている。

神郡の分布は、全て大社(神宮・神社)の周辺であり、『延喜式』によれば、安房国安房郡(安房坐神社)、下総国香取郡(香取神宮)、常陸国鹿島郡(鹿島神宮)、伊勢国多気郡・度会郡(伊勢太神宮)、紀伊国名草郡(日前神社・国懸神社)、出雲国意宇郡(熊野坐神社・杵築大社=出雲大社)、筑前国宗像郡(宗像神社)の八郡がある。

伊勢神郡は、寛平年間(八八九〜八九八)に飯野郡を加え、その後に員弁・三重・安濃・飯高、朝明郡など、文治年間(一一八五〜一一九〇)までに八神郡を数える。この伊勢神郡は神郡の代表的な存在であり、多くの論考がある。しかし、神郡の全体像は不明確な部分が多い。特に神郡と神戸については『古事類苑』[神宮司庁 一九八二]では、「神郡トハ、全郡皆神戸ナルヲ云フ」と記載され、神郡=神戸としているが、岩崎小弥太説[岩崎 一九七一]、熊田一九八〇]は、神郡=神領、神戸=神民と整理している。さらに、平野説[平野 一九八五]は神郡と神戸の区分としては、神郡=土地=田租、神戸=人身=調・庸としている。

神郡の設置された時期は、大化年代から天武朝の間とする説が一般的であるが、ほかに第二の説として大化以前の国造・県主が奉仕していた神社の神領が建郡の時に国造が郡司となり、その奉仕していた神領が、そのまま神郡となった説、第三説としては大和王朝の領土拡張と東夷征伐のための前線基地として拠点の大社・神社を神郡としたとの説がある。しかし、神郡の規定は、律令の本文には記載されておらず、神郡は律令制定以前の制度と考えられ、設置については不明な点が多い。

近年、東夷征伐の時期と順路に関する論文は少なく、筆者の誤認かも知れないが昭和四〇年代頃から大きく発展してないように思える。当時の論説では、東夷征伐の順路に関し、古墳の出土品(同笵鏡など)を中心に大和から原東海道を経て駿河・富士山から原東山道ルート(甲斐国・上野国・武蔵国・下野国)と海上の道=原東海道ルート(相模国・走水の海=浦賀水道・上総国・安房国・常陸国)の二ルートで関東を制圧・集団移住した(第1図)。鹿島・香取は安房坐神社・銚子河口を経由して、常陸国の上陸地点が鹿島であり、下総国の上陸地点が香取であった。それは大和王朝の軍事基地であり、兵站基地であったために鹿島神社・香取神社が創建され、大化年代から天武朝の時代に神郡として整理されたものと思える。他の神郡についても同様であろうと思える。

## 4　鹿島神宮の祭神「武甕槌神」と「経津主神」

鹿島神宮の祭神である武甕槌神の表記については、『日本書紀』では武甕槌神、武甕雷神、『古事記』〔倉野ほか 一九五八〕では　建御雷之男神《たけみかづちのをのかみ》、建布都神《たけふつのかみ》、豊布都神《とよふつのかみ》、建御雷神、『古語拾遺』〔西宮 一九八五〕では武甕槌神、鹿嶋神、『先代舊事本紀』〔大野 一九八九〕では建甕槌之男神、建布都神、豊布都神、健甕尻命、健甕槌命、健甕之尾命、常陸國鹿嶋に坐す大神、石上布都大神、『鹿島宮社例伝記』〔神道大系編纂会 一九八四〕では武甕槌神、『常陸国風土記』では香島の大神、香島の天の大神、天つ大御神、天の大神と表記されている。

香取神宮の祭神は『日本書紀』巻第二神代下〔坂本ほか 一九六七〕では、「是の時に、齋主《いわひ》の神を齋《いわひ》の大人《うし》と號《まう》す。此の神、今東國《あずま》の檝取《かとり》の地に在す。」とあり、『古語拾遺』では経津主神を祭神としているが、『続日本後紀』の承和六年（八三九）条〔森田 二〇一〇〕には「下総國《しもうさ》香取郡に座す正二位伊波比主命《いわいぬしのみこと》、常陸國鹿嶋郡に座す正二位勲一等建御加都智命《たけみかづちのみこと》並びに従一位、河内國河内郡に座す正三位勲二等天児屋根命《あめのこやねのみこと》に従二位、従四位上比売《ひめ》神に正四位下を授け奉った。」とある。

香取神宮の祭神を六国史の『日本書紀』『続日本後紀』では齋主《いわひ》の神・伊波比主命《いはいぬしのみこと》と記し、斎部広成が大同二年（八〇七）に著した『古語拾遺』では経津主神と記している。古くから鹿島神宮の祭神武甕槌神と香取神宮の祭神経津主神は別神・兄弟神、または同一神〔本居 一九六八〕として論議されている。

本居宣長は『日本書紀』神武天皇の高倉下の記事に伴い師霊剣《ふつのみたまのつるぎ》を神格化したのを「経津主神」とし、同神論を展開した。近年、鹿島香取の祭神論は本居宣長の別神・兄弟神、または同一神論を経て、鹿島・香取一体説〔岡田 一九八五〕、鹿島神宮・香取神宮の内宮外宮説〔大和 一九八四〕、鹿島本宮説〔川口 一九九三〕などが論じられている。

## 5　中臣鎌足鹿島出生説と大和国大原出生説

鹿島神宮と藤原氏の関係は深く、始祖である中臣鎌足の出生地についても大和国高市郡大原説と常陸国鹿島説があり、いずれも特定するに至っていない。大和国高市郡大原説は『大職冠伝』〔竹内 一九六二〕に鎌足は高市郡の人で御食子《みけこ》の長子で、母は大伴夫人といい、豊御炊天皇(推古天皇)二十二年(六一四)に藤原第で生まれたとしている。常陸国鹿島説は『大鏡』の巻五藤氏物語〔松村 一九六〇〕を根拠とし、鹿嶋市宮中下生で生まれたと記述され、その地には鎌足神社が祀られている。『大鏡』は物語性が強く、鎌足と不比等の功績などに記載間違いが多く、信憑性が低いとの評価が定着しているため、常陸国鹿島説は中臣氏の東国進出後、鹿島社との関係が成立したのちに流布した二次的な説という見解もある。

鎌足を祀る談山《たんざん》神社の『多武峯縁起《とうのみねえんぎ》』では大和国高市郡説を主としながらも常陸国鹿島説を併記している。現在まで、常陸国鹿島説を採用している学者は少なく、大和国高市説を多くの学者が採用している。三対七の割合で鹿島説が劣勢である。しかし、大和国高市郡説は、地名の「藤原第」を誕生地としているが鹿嶋説にも鎌足神社周辺の小字名に「藤原」という地名もあった。

近年、前述の二説を包括する「鹿島・香取の中臣氏が蘇我と物部の争いにより中臣氏宗家の没落後、宗家の座を継ぎ常磐流中臣氏として祭祀氏族の基盤を守って中臣鎌足の出生に至った」とした横田説〔横田 一九八二〕が著された。

しかし、その後も、多くの学者によって大和説・鹿島説の論議はなされた。その後、この横田説を補完するような加藤説［加藤 二〇一二］が著された。それは「鎌足の出生は大和国大原・常陸国鹿島であろうと鎌足は鹿島・香取の中臣氏の出である」とした。

## まとめ

本稿は東夷征伐と香島大神の成立、神郡・鹿島神宮の祭神・中臣鎌足出生地説などを述べてきたが、いずれも明確な根拠は示すことの出来ない事項である。日本歴史の原史料である『日本書紀』『古事記』『常陸国風土記』と、昭和四〇年代からの高度成長そしてバブル経済下での記録保存と言う名で実施された膨大な発掘調査資料を検証しても、大和王朝の東夷征伐と香島神郡・香取神郡・安房神郡が辺境の地である関東に設置されたかは明確に出来ない中で、記述したものである。

### 参考文献


秋本吉徳　二〇〇一『常陸国風土記』講談社学術文庫　講談社
秋本吉郎　一九五八『風土記』日本古典文学大系　岩波書店
茨城県史編さん原始古代史部会　一九六八「編年史料」『茨城県史料　古代編』茨城県
岩崎小弥太　一九七一『神道史叢説』吉川弘文館
大野七三　一九八九『先代舊事本紀　訓註』新人物往来社
大場磐雄　一九七一「古代における多氏一族の活動」『常陸大生古墳群』雄山閣
大和岩雄　一九八四「香取神宮」『日本の神々　神社と聖地　第十一巻　関東』白水社
岡田精司　一九八五『神社の古代史　朝日カルチャーブックス』大阪書籍
沖森卓也ほか　二〇〇七『常陸国風土記』山川出版社

鹿島町遺跡保護調査会　一九八五『鹿島神宮境内遺跡第二次調査』鹿島町教委
鹿島町遺跡保護調査会　一九八五『鹿島神宮境内遺跡第三次調査』鹿島町教委
加藤謙吉　二〇一一「中臣氏の氏族組織と常磐流中臣氏―中臣と占部―」『藤氏家伝を読む』吉川弘文館
川口謙二　一九九三「鹿島神宮」『日本神祇由来事典』柏書房
熊田亮介　一九八〇「律令制下伊勢神宮の経済的基盤とその特質」『日本古代史研究』吉川弘文館
倉野憲司ほか　一九五八『古事記　祝詞』日本古典文学大系　岩波書店
坂本太郎ほか　一九六七『日本書紀　上』日本古典文学大系　岩波書店
坂本太郎ほか　一九六五『日本書紀　下』日本古典文学大系　岩波書店
㈶鹿嶋市文化スポーツ振興事業団　二〇〇五『鹿島神宮作業場・木材倉庫改築に伴う埋蔵文化財確認調査報告書』
㈶鹿嶋市文化スポーツ振興事業団　二〇一二『国史跡 鹿島神宮境内附郡家跡』
杉山林継　一九九四「鹿島神宮」『風土記の考古学①　常陸国風土記の巻』同成社
神道大系編纂会　一九八四「鹿島宮社例伝記」『神道大系　神社編二二　香取・鹿嶋』
神宮司庁　一九八一「神祇部六〇　大神宮一〇神領」『古事類苑　神祇部三』吉川弘文館
竹内理三　一九六二「大職冠伝」『寧楽遺文』東京堂出版
西宮一民　一九八五『古語拾遺』岩波文庫　岩波書店
日本文化財研究所　一九七八『木滝台遺跡・桜山古墳埋蔵文化財発掘調査報告書』鹿島町木滝台遺跡発掘調査会
平野邦雄　一九八五「神郡と神戸」『大化前代政治過程の研究』吉川弘文館
松村博司　一九六〇『大鏡』日本古典文学大系　岩波書店
本居宣長　一九六八「古事記傳」『本居宣長全集　第九巻』筑摩書房
森田　悌　二〇一〇『続日本後紀　上　全現代語訳』講談社学術文庫　講談社
森田　悌　二〇一〇『続日本後紀　下　全現代語訳』講談社学術文庫　講談社
横田健一　一九八二「中臣氏と卜部」『日本古代神話と氏族伝承』塙書房

# 『常陸国風土記』にみる道と駅家

猪狩 俊哉

## はじめに

いつの時代も人間の活動には移動が伴い、移動には道が伴う。『常陸国風土記』（以下、「風土記」とする）が編まれた奈良時代の道は陸と海にあった。陸の道は、現代にその痕跡を残し、当時の交通・交流の研究対象となっている。幸い茨城県には風土記が残されているので、その記述と道の痕跡をあわせることで、当時の社会を明らかにすることができる。本稿では風土記に記された道と駅家の記述を挙げ、その記述に合致するような遺跡の調査成果を紹介する。

## 1 風土記に記された道と駅家

### (1) 道に関する記述

風土記には、行政区分としての「道」を除けば、その中の十か所で、当時の常陸国内の道を「東海大道」「常陸路」「駅道」「道路」「道」「路」と表している（第1表）。風土記本文の全体量からみれば、わずかな記載にとどまるが、常

第1表　道に関する常陸国風土記の記載

| 記載箇所 | 本文 | 内容 |
| --- | --- | --- |
| 総記 | 往来の道路 | 常陸国名の由来 |
| 新治郡条 | 越え通う道路を葦穂山と称ふ | 新治郡家から笠間村までの経路 |
| | 東海大道にして、常陸路の頭なり | 榎浦津駅家または常陸国の入口の説明 |
| | 即ち、香島に向う陸の駅道なり | 椎井に沿う道は香島社へ続く駅路であるとする説明 |
| | 当麻大夫の時に築きし池、今も路の東に存り | 国宰の当麻大夫が築いた池との位置関係 |
| | 車駕の経る道狭く、地に深浅ありき。悪しき路の義に・・・ | 当麻郡の名の由来 |
| 行方郡条 | 道に迎へて拝みまつる | 国栖の寸津毘売が倭武天皇の行幸にあたり出迎えた道 |
| 香島郡条 | 秋にその路を過ぐれば・・・ | 香島社周辺の四季の風景 |

陸国の国名の由来のひとつとして象徴的に取り上げられているので、道は特別な構造物であったと言える。「東海大道」「常陸路」「駅道」は、広い視点で道を捉えたものと理解できるが、「道路」「道」「路」は、種類(構造)等の違いによる用語上の使い分けがあったかは不明である。[1] なお、風土記に当時の道の幅や構造(側溝の有無等)を知る記述はないが、唯一、行方郡の条に「車駕の経る道狭く…」がある。風土記編纂当時の道の実状を記したようにもとれるが、文脈からは風土記編纂当時ではなく、地名の由来になった倭武天皇時代(風土記前代)の状況と読める。

## (2) 駅家に関する記述

風土記が編まれた当時、常陸国内には一二か所の駅家があったと考えられているが、風土記(逸文を含む)に記されているのは、榎浦津駅家(信太)・曾尼駅家(行方)・板来駅家(行方)・平津駅家(那賀)・河内駅家(那賀)・助川駅家(久慈)・藻島駅家(多珂)・大神駅家(新治・逸文)の八か所である(第2表)。記述がない駅家は、他の文献から復元された、

第2表　駅家に関する常陸国風土記の記載

| 記載箇所 | 本文 |
|---|---|
| 信太郡条 | 榎浦の津あり。便ち、駅家を置けり。 |
| 行方郡条 | 今、駅家を置く。此を曾尼と謂ふ。 |
| | 此より南のかた十里に、板来村あり。近く海辺に臨みて、駅家を安置けり。此を板来の駅と謂ふ。 |
| 那賀郡条 | 平津駅家の西一二里に、岡あり。名を大櫛と曰ふ。 |
| | 郡より東北に、粟河挟みて駅家を置く。〔本、粟河に近ければ、河内駅家と謂いき。〕 |
| 久慈郡条 | 此より艮卅里に助川駅家あり。 |
| 多珂郡条 | 郡の南卅里に、藻島駅家あり。 |
| 新治郡条・逸 | 新治郡。駅家あり。名をば大神と曰ふ。 |

曾禰（茨城）・安侯（那賀）・石橋（那賀か）・棚島（多珂）の四か所である。これらの駅家が風土記に記述されていないのは、風土記の省略部分にあたったためと考えられる。なお、風土記より後の『延喜式』が編まれた時代（十世紀代）の駅家は、榛谷（信太か）・曾禰（河内か）・安侯（茨城）・河内（那賀）・田後（久慈）・山田（または小田。久慈）・雄薩（多珂か）の七か所である（第3表）。

第3表　風土記以外の文献に記された常陸国の交通関係記事

| 文献 | 記載箇所 | 本文 |
|---|---|---|
| 日本後紀 | 巻廿一 弘仁二年 四月乙酉条 | 陸奥国の海道十駅を廃し、更に常陸国に通ずる道に長有・高野の二駅を置く。危急を告げんが為なり。 |
| | 巻廿二 弘仁三年 十月癸丑条 | 常陸国の安侯・河内・石橋・助川・藻島・棚島の六駅を廃し、更に小田・雄薩・田後等の三駅を建つ。 |
| | 巻廿四 弘仁六年 十二月戊午条 | 常陸国の板来駅家を廃す。 |
| 延喜式 | 兵部省 諸国駅伝馬条 | 常陸国駅馬　榛谷五疋。安侯二疋。曾禰五疋。河内・田後・山田・雄薩各二疋。<br>伝馬　河内郡五疋 |

常陸国内の駅家については、風土記の記述から以下の四点がわかる。

①東海道における常陸国の入口（信太・榎浦津駅）

②海辺に臨む立地（行方・板来駅）

③他所との位置関係（那賀・平津駅、那賀・河内駅、久慈・助川駅、多珂・藻島駅）

④設置場所の変更（那賀・河内駅）

なお、風土記本文に駅家自体の構造（建物の棟数・種類・配置等）を推定しうる記述はない。

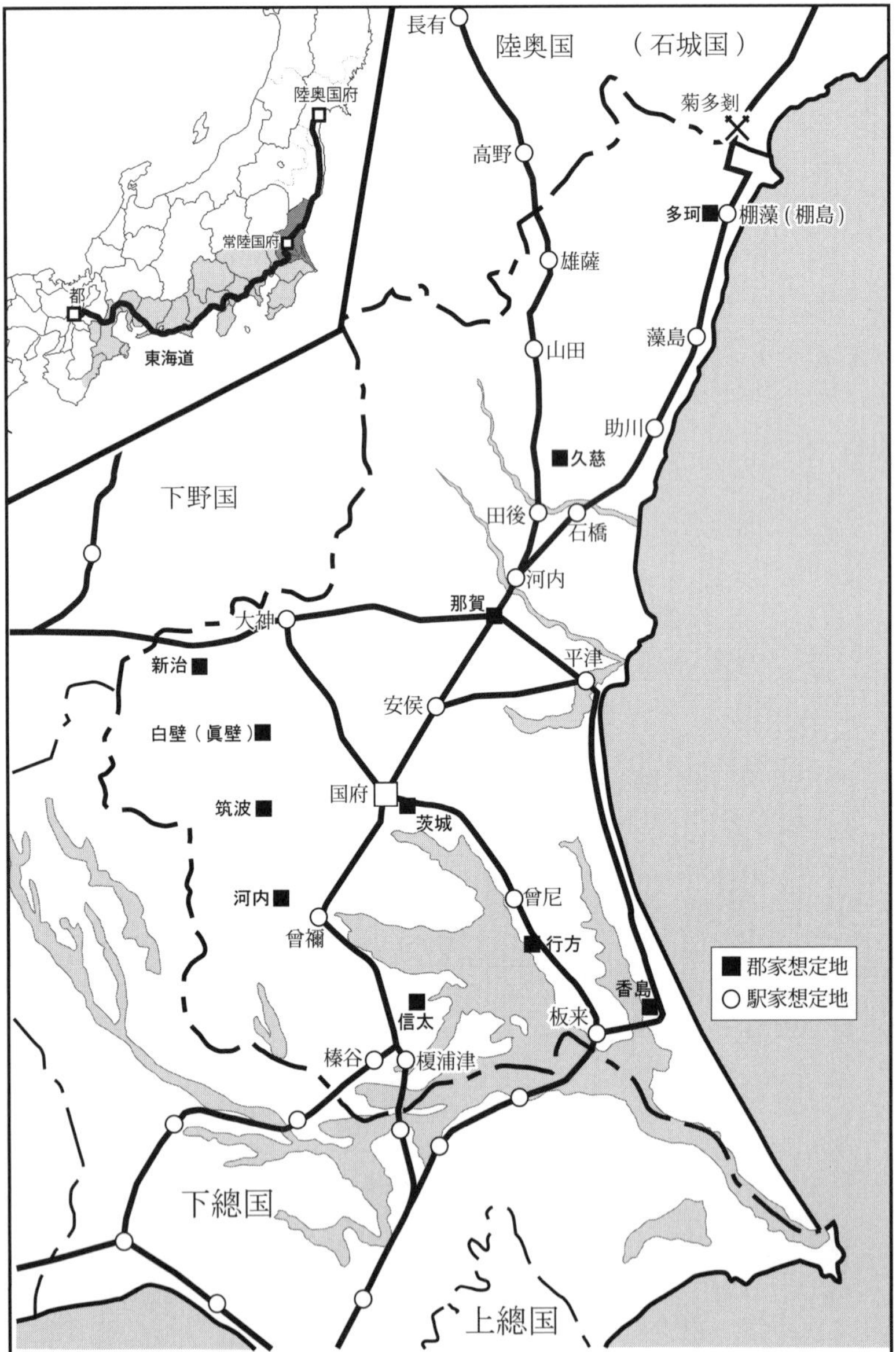


第１図　常陸国における官道と駅家の位置

### (3) 遺称地名から推定する駅家位置

常陸国内の駅家の位置は、風土記に記載された駅家名と現在の地名とを比較することでおおむね推定することができる（第4表）。さらに、その推定地において考古学的な発掘調査の成果が得られれば、駅家推定地としての確度を上げることにつながる。藻島駅家として推定されている長者山遺跡が好例である。

駅家位置は風土記以外の文字史料から推定することもできる。『日本後紀』や『延喜式』は先に挙げたとおりだが、ここではいわゆる正倉院宝物の記銘を例に挙げる。

常陸国の太平洋沿岸で最北の駅家はこれまで「棚島駅家」とされてきた。これは『日本後紀』の弘仁三年の記事（第3表）を根拠にしているのだが、近年、正倉院宝物の記銘のある調布等の研究でこの駅家名称についての新たな研究成果があった〔杉本二〇一八〕。これは杉本一樹が正倉院宝物の麻製品の調査を進める中で得た成果をもとに、松嶋順正による『正倉院宝物銘文集成』第三編〔松嶋編一九七八〕の一部を補訂したものである。この調査によれば、常陸国多珂郡の記銘のある繊維製品（太狐児面袋〔南倉五ノ一四〕）の銘文の一部が修正された。

【太狐児面袋の釈文】

常陸國多珂郡棚藻驛子戸主矢作部石前戸口矢作部小僧輸調曝壹端〈専當國司史生正八位上志貴連秋嶋郡司擬少領无位君子部臣足〉天平勝寶四年

※傍線は筆者。〈　〉内は割注。

上記釈文の傍線部「棚藻驛」を、『正倉院宝物銘文集成』では「棚藻嶋」としており、これは、隣り合う棚島駅家

第４表　常陸国内の駅家とその遺称地

| 駅家 | 遺称地　　※括弧内は遺跡名 |
|---|---|
| 藻島 | 日立市十王町伊師字目島・目島中道・目島中町（長者山遺跡） |
| 助川・遇鹿 | 日立市助川町・会瀬町・相賀町 |
| 平津 | 水戸市平戸 |
| 安侯 | 笠間市安居（東平遺跡） |
| 板来 | 潮来市潮来町 |
| 大神（逸文） | 桜川市岩瀬町平沢字大神（大神台遺跡） |

と藻島駅家を混同し誤記したものと解釈されてきた。しかし、杉本の調査により、『日本後紀』に記された「棚島駅家」は、「棚藻駅家」である可能性を考えなければならなくなった。

ところで棚島駅家の推定地はかねてより茨城県北茨城市磯原町付近とされてきた〔志田 一九八八〕。管見の限り、この磯原町の周辺に「棚藻」を窺わせる地名は見当たらないが、鎌倉時代の『万葉集註釈』と近世の『新編常陸国誌』に「棚藻」を解く鍵が見出せる〔中山ほか 一九七六〕。

その鍵とは、『万葉集註釈』にある「桁藻山（タナメヤマ）」と、『新編常陸国誌』で歌枕として紹介される「田辺磯（タナベイソ）」を、音の類似性を根拠に同一視するものであり、さらに『新編常陸国誌』では磯原村（現北茨城市磯原町）の天妃山こそ、歌枕である田辺磯にふさわしいとする。(2) したがって、正倉院宝物の記銘の新たな釈文が、『万葉集註釈』に基づく『新編常陸国誌』における解釈を補強したのである。つまり、今は無き駅家の遺称地を古文献中に見出したとも言える。

### (4) 各郡の記載順

風土記は「総記」の後、「新治郡」「筑波郡」「信太郡」「茨城郡」「行方郡」「香島郡」「那賀郡」「久慈郡」「多珂郡」の順に記されている。「河内郡」と「白壁郡」が省略されているものの、総記に記された国造のクニの記載順と一致しているので、風土記前代の東山道経由による常陸国（東国）への経路を示しているとの考え〔志田 二〇〇六〕がある。筆者は、この可能性を認めつつも、河内郡と白壁郡の記述が省略された風土記では、この説の妥当性を証明できないと考えている。一方で、記載順に影響を与えた別の要因としては、風土記前代ではなく例えば風土記を編纂した当時のルール、常陸国内に設定された広域行政区画における情報伝達のルート等を挙げておく〔平川 二〇一四〕。

## 2　道と駅家に関する考古学的調査成果

### (1) 道に関する考古学的調査成果

**笠間市　五万堀古道**（第2図）［茨城県教育財団 二〇〇〇、仲村 二〇〇三］

安侯駅家推定地の東平遺跡から北東約一・五㌔。両側溝と補修痕のある硬化した路盤からなる道路状遺構が、長さ約二八〇㍍にわたって確認された。路面幅と変遷時期は報告書刊行後に仲村浩一郎が再検討し、第1時期は奈良朝初期で約一〇㍍、第2時期は奈良朝・平安初期で九～一一㍍、第3時期は平安期で七～八㍍とした。なお、第2時期面の覆土中から出土した七世紀後半と考えられる須恵器の横瓶は、調査報告では伝世品としたが、仲村の再検討では「道路修復または道路敷設に伴う混入品と修正」した。この再検討の中で、仲村は、須恵器横瓶の混入は、直線的な計画道が駅制施行以前の七世紀後半に存在した可能性を示唆しているとした［仲村 二〇〇三］。

第2図　笠間市　五万堀古道（茨城県教育財団 2000）

**北茨城市　仁井谷遺跡**（第3図）［北茨城市教委 二〇〇五、茨城県教育財団 二〇〇七］

棚藻駅家推定地の大北川河口から北約四㌔。二度の調査で、全長約一二〇㍍の道路状遺構が確認された。走行方向は真北より東へ五〇度振れている。側溝芯々間七・六㍍（側溝内側間六・九㍍）から、九・〇㍍（八・二㍍）に拡幅された。拡幅時の掘り込みである遺構覆土から出土した須恵器大甕の破片の製作年代観及び出土状況をもとに、二次調査

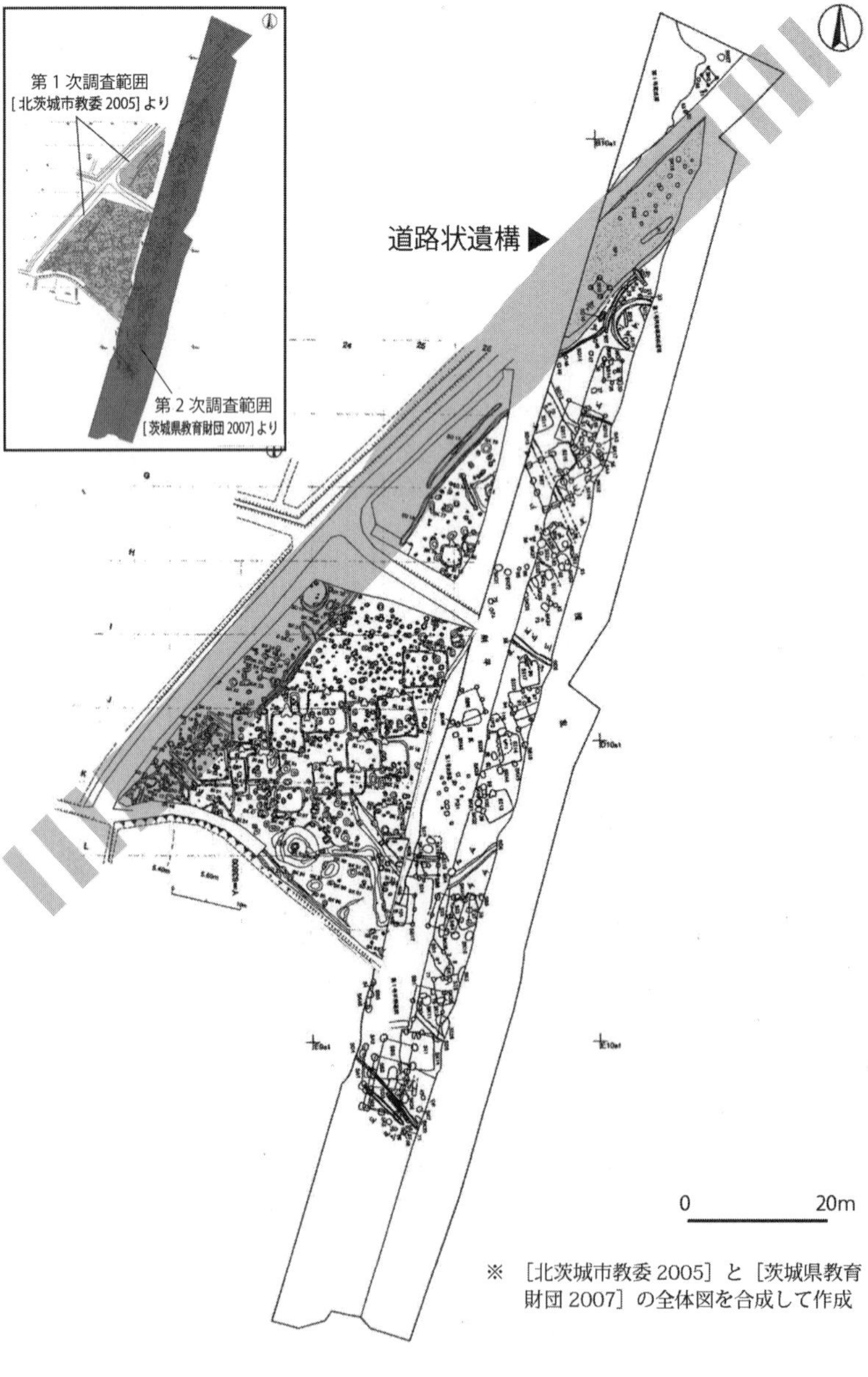


※ ［北茨城市教委 2005］と［茨城県教育財団 2007］の全体図を合成して作成

第３図　北茨城市　仁井谷遺跡

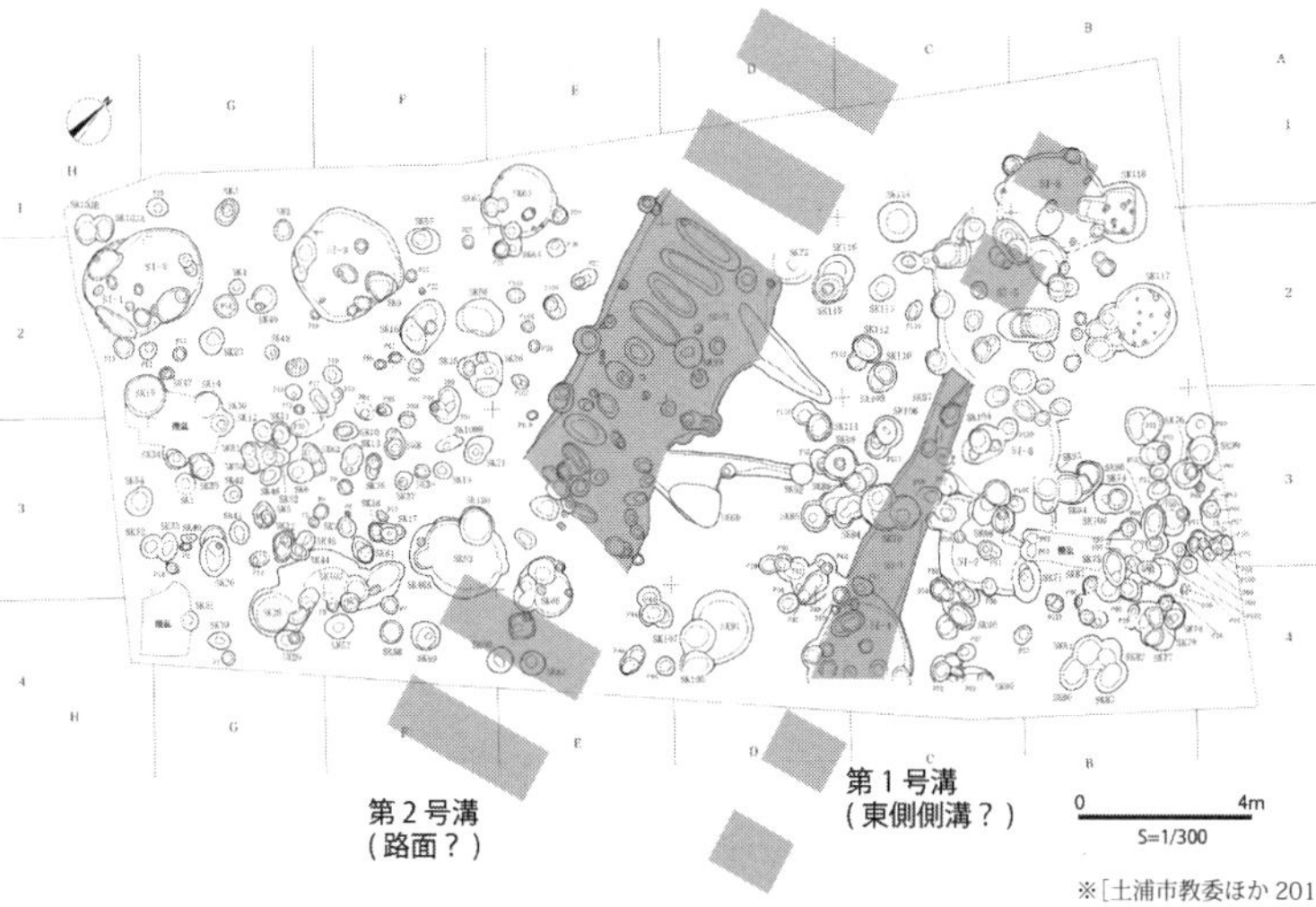


第４図　土浦市　小松貝塚

※［土浦市教委ほか 2012］
に加筆して作成

では道路状遺構を七世紀後半に敷設されたものと報告した［茨城県教育財団二〇〇七］。一方、一次調査では道路状遺構の範囲内に八世紀から九世紀の竪穴建物跡が重複し、道路状遺構の「覆土中より、小破片で土師器、須恵器片が出土しているが、明確な時期を示すものではない。なお、隣接・重複するどの遺構よりも、道路状遺構の方が新しいと考えられる」と報告し［北茨城市教委二〇〇五］、各調査による道路状遺構の構築時期が一致しない。[3]

**土浦市　小松貝塚**（第４図）［土浦市教委ほか二〇一二］

曾禰駅家推定地周辺。第１号溝と第２号溝が確認された。第１号溝は、幅が最大約一・五㍍、長さは約五・四㍍以上である。[4]遺物は出土しなかったが、覆土の状況から「古墳時代以降の可能性が高い」と報告された。第２号溝は、幅が約三・六㍍、長さが七・六㍍以上である。覆土中からは多量の縄文土器とともに、数点の須恵器片が出土し「覆土の様子と主軸方向から、第１号溝と近い時期」で「硬化面の存在や、その下に石・土器敷きのピットが確認できたことから、道路状遺構の可能性が考えられる」と報告された。

その後、右記の調査報告をもとに、第１号溝は道路状遺構の東側側溝で、第２号溝及びその周辺は路面として捉えられた［堀部二〇一三］。両溝跡が道路状遺構を構成していた場合、道路状遺構の幅は八㍍以上になる。発掘調査では、調査面積が狭く、道路状遺構の全体像が把握しきれていないようなので、周辺の同一想定路線上での、道路状遺構の再確認が期待される。

**日立市　藻島駅路跡・長者山遺跡**（第5図）［日立市教委 二〇一七］

藻島駅家推定地及びその周辺。藻島駅路跡は、上端幅約一〇㍍、下端幅約七㍍で北へ下る切通し状の地形である。その底面で両側溝に挟まれた硬化面が確認された。側溝芯々間は約六・七㍍である。遺物が出土せず、構築時期は不明だったが、その後に実施した藻島駅路跡の南方約一〇〇㍍の長者山遺跡の調査において、道路状遺構に沿った官衙関連施設が確認されたことで古代官道であることが裏付けられた。長者山遺跡内では次のことがわかった。①道路状遺構は両側溝と硬化した路盤からなる。ただし、西側側溝は連続しない可能性あり。②少なくとも3時期の変遷がある。③Ⅰ段階は両側溝の芯々間で幅約五・五㍍。Ⅱ段階は遺跡中央部（建物群の西側隣接地）の路盤が最大で推定一八・五㍍に拡幅される。Ⅲ段階は側溝が埋没した後の段階で、Ⅱ段階の西側側溝の上位にも路盤が形成される。幅員は不明。④年代観がわかる出土遺物がなく、各段階の構築時期は不明。

**水戸市　町付遺跡**（第6図）［川口 二〇〇八、水戸市教委 二〇〇九］

那賀郡家正倉別院と想定される大串遺跡第7地点から北西四・五㌔。上端幅三・五〜四・〇㍍、下端幅二・八〜三・〇㍍で地面を逆台形状に深く掘り込んだ、道路状遺構が約三三㍍にわたって確認された。四面の硬化面（使用時期）をもつ。報告では、構築時期の特定は困難としながらも、各硬化面は古代から近世にかけて構築されたものとした［水戸市教委 二〇〇九］。古代に限っては、那賀郡家と平津駅家を結ぶ伝路の可能性が指摘されている［川口 二〇〇八］。

**那珂市　下大賀遺跡**［茨城県教育財団 二〇一三］

田後駅家推定地周辺。久慈川を挟んだ北東約四㌔に久慈郡家推定地の常陸太田市・長者屋敷遺跡が位置する。平安

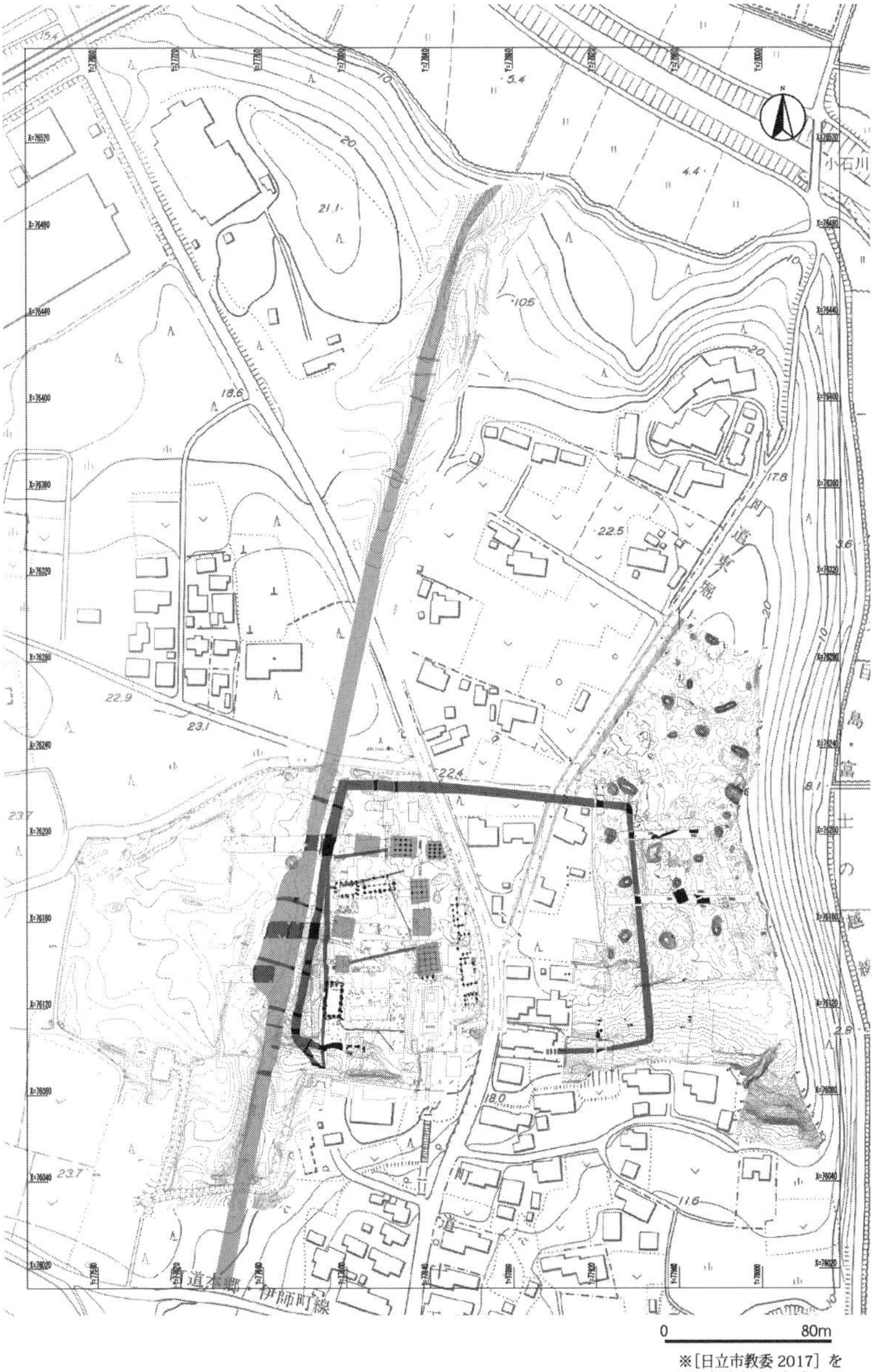


※[日立市教委 2017] を
一部改変して作成

第 5 図　日立市　藻島駅路跡・長者山遺跡

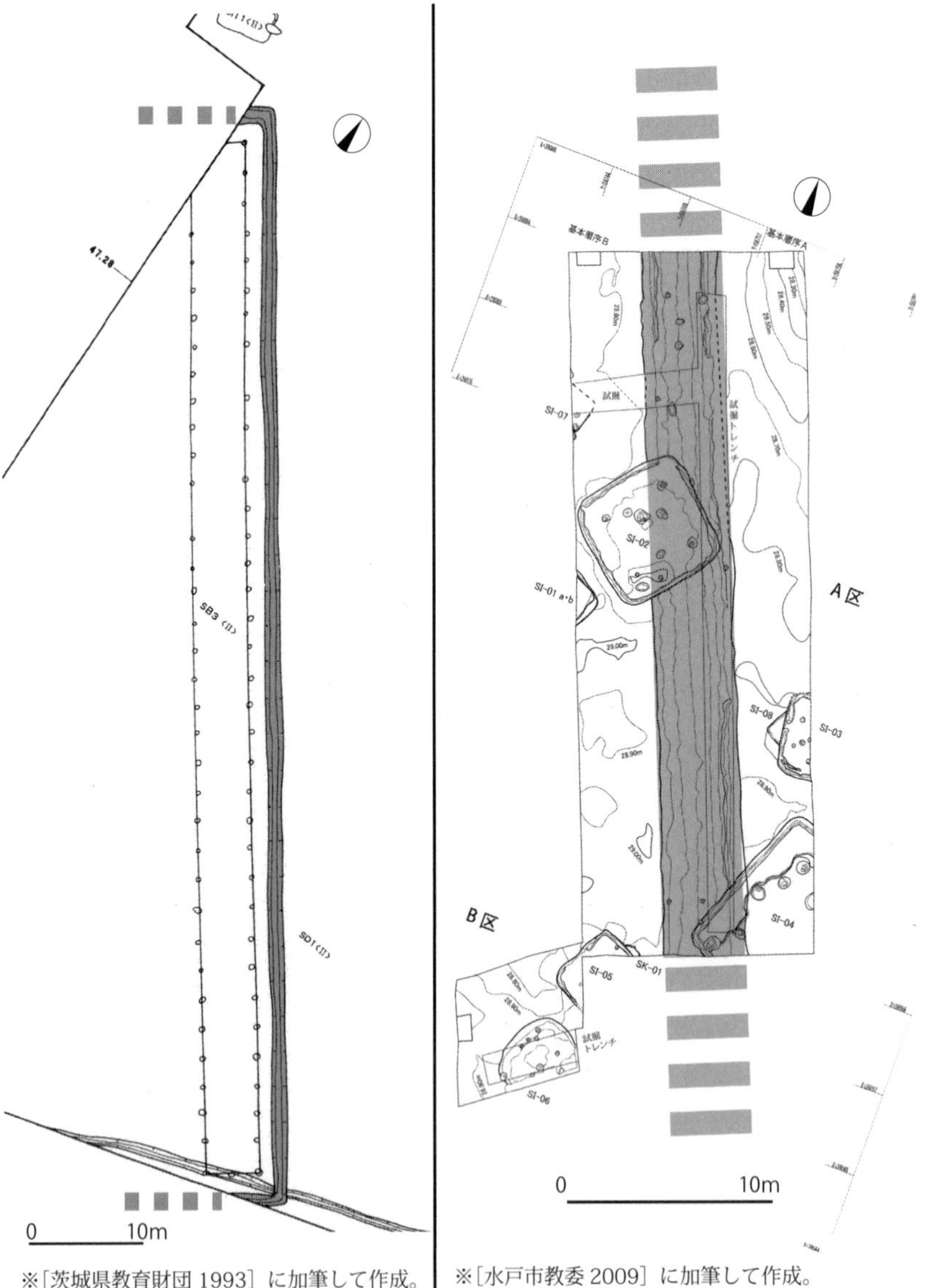


※［茨城県教育財団 1993］に加筆して作成。
アミカケ部分は区画溝跡

※［水戸市教委 2009］に加筆して作成。
アミカケ部分は道路状遺構

第6図　水戸市 町付遺跡（右）・水戸市 白石遺跡

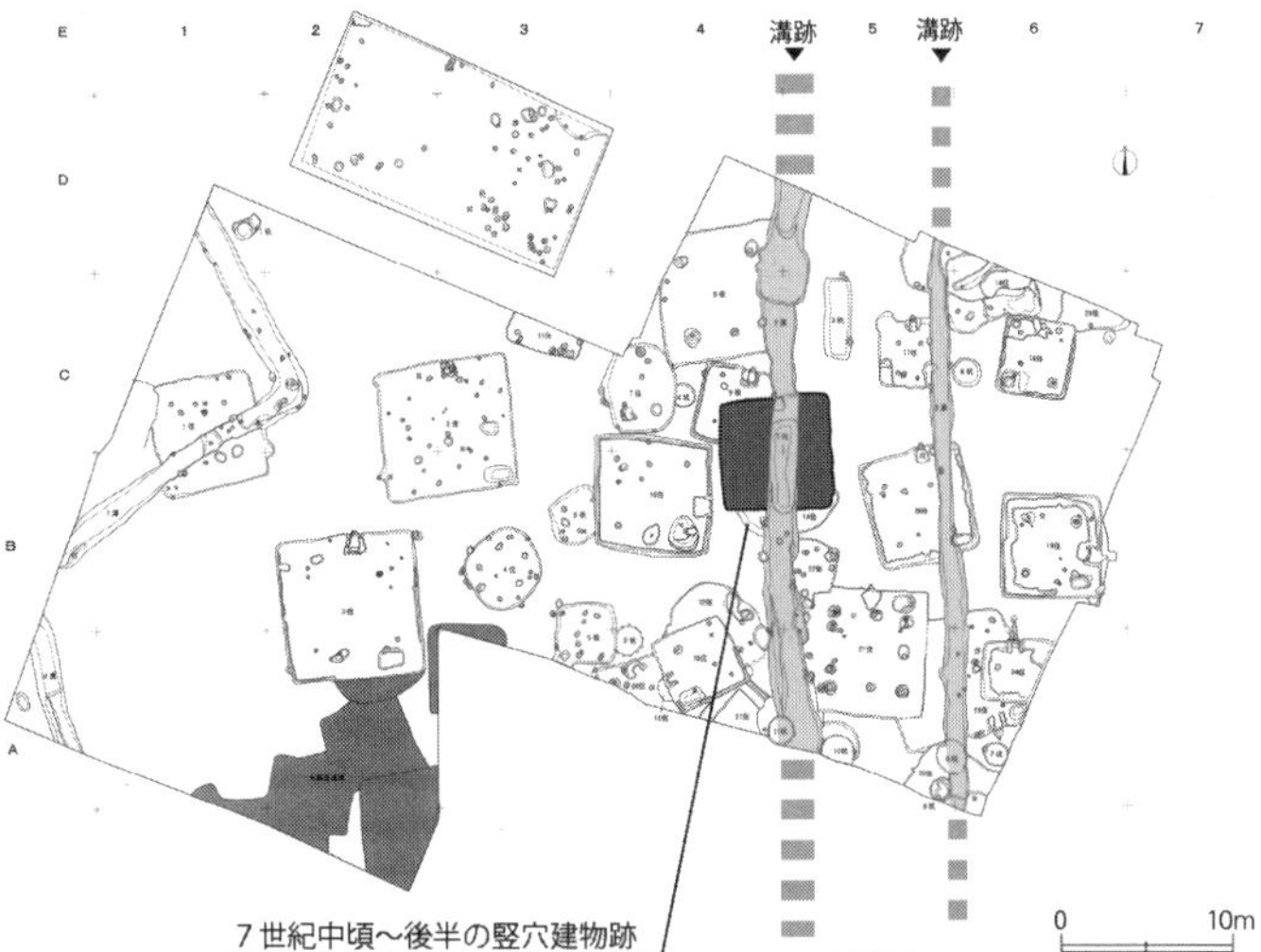


第7図　いわき市　応時遺跡

※［いわき市教育文化事業団 2006］の図面に加筆して作成。

時代につくられた、上幅九㍍以上で断面逆台形状の切通しの底に石敷きを伴う遺構が台地の北辺部でみつかった。路面は土層の堆積状況等から二面ある。幹線道路ではなく、集落のある台地と低地をつなぐ生活道路と想定されている。

**福島県いわき市　応時遺跡**（第7図）

〔いわき市教育文化事業団二〇〇六〕

陸奥国の菊多郡家推定地の郡遺跡に隣接する遺跡。(5) 幅〇・九～二・五㍍前後、深さ〇・五㍍で南北約三〇㍍にわたって並走する二本の溝跡が確認された。出土遺物やその出土状況、竪穴建物跡との重複関係から、七世紀後半から八世紀前半までに開削されたと想定されている〔いわき市教育文化事業団二〇〇六〕。後に、この溝跡を古代官道の両側溝とする考えが示された〔猪狩〔み〕二〇〇七〕。溝跡の間に路盤となるような硬化面は報告されていないが、両溝跡の芯々間は約一〇㍍であり、筆者もこの溝跡を古代官道（駅路か伝路かは不明）の両側溝と考えている〔猪狩〔俊〕二〇一七〕。

### (2) 駅家に関する考古学的調査成果

**水戸市　大串遺跡第7地点**(第8図)〔川口 二〇〇八、水戸市教委 二〇〇八〕

平津駅家推定地の北西約二㌔。約一〇㍍四方の基礎地業をもつ礎石建物跡三棟が約九㍍間隔で並び、六間×三間の床束建物を含む掘立柱建物跡三棟が大型の区画溝跡とともに確認された。区画溝からは、那賀郡家正倉と同型式瓦のほか、炭化した穎稲が出土したため、駅家に付属する正倉もしくは那賀郡衙の正倉別院と想定された〔川口 二〇〇八、水戸市教委 二〇〇八〕。

**水戸市　田谷遺跡・白石遺跡**〔飯田 一九六三、茨城県教育財団 一九九三、樫村 一九九三〕

河内駅家の推定遺跡。田谷遺跡では、玉砂利が敷かれた礎石建物跡数棟分が確認され、那賀郡家の正倉と同型式の瓦が出土した〔飯田 一九六三〕。白石遺跡は官道想定路線を挟んで田谷遺跡の東側に位置し、一辺九七㍍、上幅一・二㍍、深さ〇・六〜一・〇㍍の区画溝に沿って、三六間×二間(桁行八八㍍)の掘立柱建物跡が確認された。両遺構は主軸方向が一致するため同時期と捉えられた。区画溝の覆土下層から出土した須恵器甕や坏の製作年代観から区画溝は八世紀前半のものと報告された〔茨城県教育財団 一九九三〕。この報告後、樫村宣行は考古学的及び文献的側面から検討を行い、遺構は官衙的施設で河内駅家の可能性があるとした〔樫村 一九九三〕。なお、河内駅家は風土記の記述から、新旧の駅家の存在が想定されており、旧駅家は那珂川近くに、新駅家は一段高い田谷遺跡と白石遺跡の周辺と考えられている。

**日立市　長者山遺跡・伊師東B遺跡**〔日立市教委 二〇一七〕

藻島駅家の推定遺跡。道路状遺構に沿って、区画溝に囲まれた官衙施設が確認された。八世紀代から十世紀代を中心にした二〇棟以上の掘立柱建物跡と礎石建物跡がみつかり、おおまかには掘立柱建物跡群が八世紀中頃〜九世紀中頃、礎石建物跡群が九世紀中頃〜十世紀代の施設と考えられている。南北一一〇〜一一六㍍、東西一三四〜一六五㍍

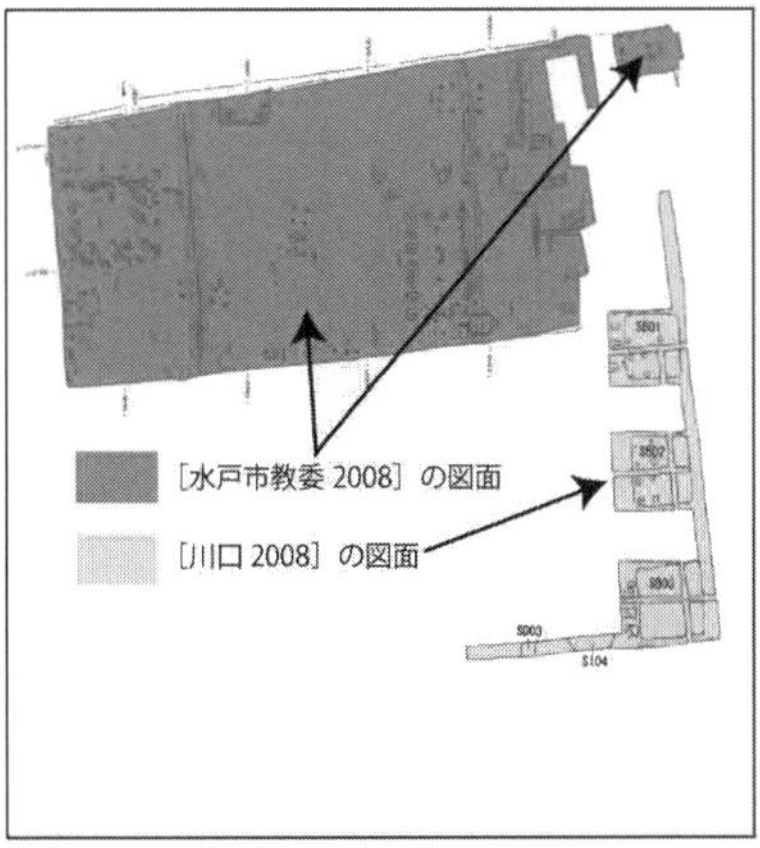


※ 「水戸市教委 2008」と「川口 2008」の図面を合成・加筆して作成。
なお、両図面の合成は同一座標系による合成ではない。

第８図　水戸市　大串遺跡第７地点

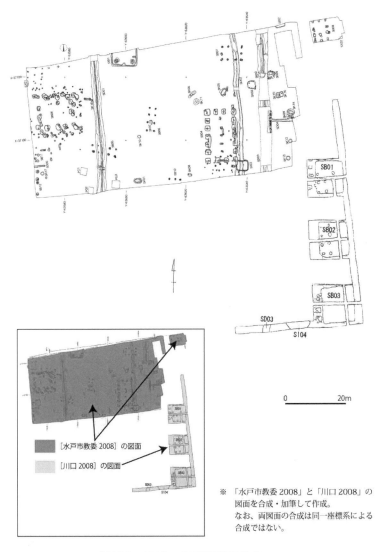

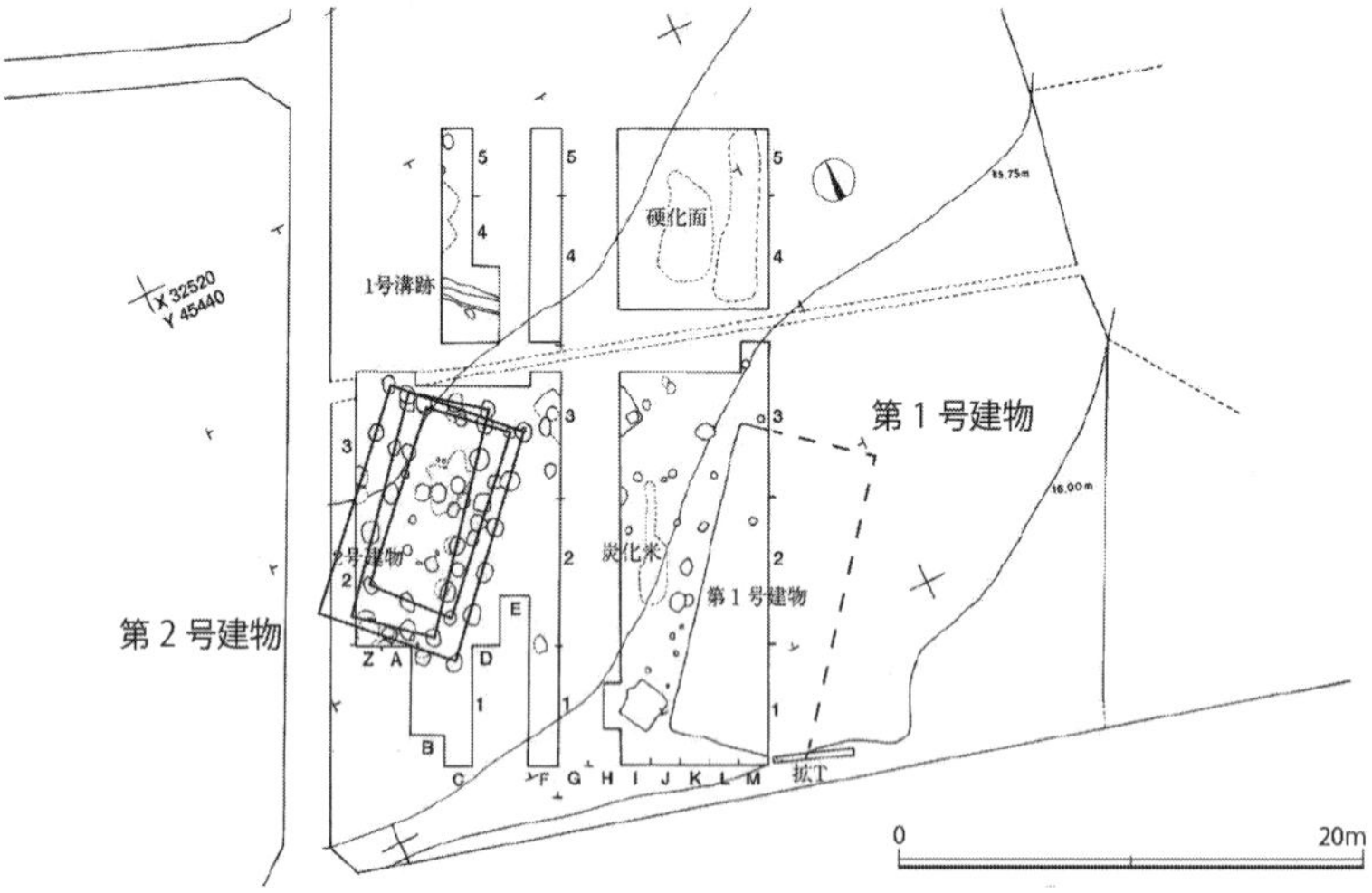


※［岩間町教委ほか 2001］の図面に加筆して作成。

第9図　笠間市　東平遺跡

の範囲を囲む区画溝は、礎石建物跡群に伴う区画施設と考えられる。また、掘立柱建物跡や礎石建物跡に先行する、七世紀後半代の竪穴建物跡六棟も確認された。八世紀代の掘立柱建物群は、風土記の記述や遺跡周辺にある「目島」地名、藻島駅家の想定存続時期（養老三年頃～弘仁三年）と同時期の建物の存在を根拠に藻島駅家跡の可能性がある。なお、礎石建物群は稲穂の状態で炭化した稲が一部で出土しており、多珂郡衙正倉別院の可能性がある。

**笠間市　東平遺跡**（第9図）［岩間町教委ほか二〇〇一］

安侯駅家の推定遺跡。桁行二一㍍、梁間九・九㍍で版築工法による長方形の基壇をもつ第1号建物跡と、五間×四間で桁行一五㍍、梁間九・六㍍の掘立柱による第2号建物跡が確認された。第1号建物跡は炭化米と同じ深さで出土した須恵器の年代観から八世紀後半に位置づけられ、第2号建物跡は出土遺物や第1号建物跡との位置関係から、八世紀から九世紀初頭にかけて二度の建て直しがなされたものとした。両建物跡の主軸は、東側を南北に走る官道想定路線に平行している。報告では、長大な建物が存在する理由を、郡衙正倉別院である可能性を示しつつも、征夷事業の最中にある当時の社会情勢及び人とモノの輸送に適した立地条件を背景にした安侯駅家の特殊性の顕れとした。

**那珂市　下大賀遺跡**［茨城県教育財団二〇一五・二〇二二・二〇二三］

田後駅家の推定地周辺。奈良時代から平安時代までの竪穴建物跡約二〇〇棟のほか、掘立柱建物跡・井戸跡・道路状遺構・溝跡などが確認された。[6]「馬長」「馬」「神前」「褐井」「大足ヵ家」などの墨書土器、鉄鐸・権・錠・鎌などが出土した。これらの出土遺物等から判断して、下大賀遺跡でみつかった集落は物資や馬の管理に係わる集落であり、田後駅家推定地の周辺であることを考慮すれば、駅家の経営に携わる駅戸集落である可能性を窺わせる。

## おわりに

『常陸国風土記』に記された道や駅家は、近年の発掘調査によってその実態が明らかになりつつある。一方で課題もある。駅家と道の認定である。駅家は機能重視の側面があるため官道に沿って設置される以外は、駅家施設に特化した共通の構造物（建物の数量や配置等）は見出しがたい。つまり、遺跡の調査成果を分析するのみでは駅家と認定しがたい。遺跡の調査成果に加え、立地、地名、周辺遺跡の状況、他駅家の推定地との距離など、多要素の分析を経て、ようやく駅家の機能を遺跡に付与できる。道も同様である。切通し状の道であるならば容易に認識できるが、長年にわたる人馬の往来や風雨にさらされた路盤は、流失と補修を繰り返し敷設当時の原形をとどめず、少ない出土遺物から敷設時期を推定できることはほとんどない。想定路線上でみつかったために単なる溝が道路の側溝になることもあれば、想定路線上にないために、単なる溝として認識され続けているものもあるだろう。「駅路」「伝路」等の機能を道路に付与するのにはさらなる困難を伴う。遺構としての認定が難しい道や駅家を慎重に分析することで当時の交通や交流が明らかになり、ようやく私たちは色鮮やかに風土記を読むことができる。

## 註

（1）近江俊秀は「営繕令」の「津・橋・道・路」の記述を挙げ、「路は都や国府の周辺など都市の道路を指し、道はそれ以外の道路を指していると考えられる。」と述べている［近江 二〇一六］。
（2）棚藻駅家の名称に係る解釈の詳細は堀部猛氏の論考［堀部 二〇二〇］を参照されたい。
（3）調査時の図面や写真をもとに、仁井谷遺跡の道路状遺構の構築時期を検討している早川麗司から「道路状遺構の側溝を跨いで確認された八世紀代の竪穴建物跡の土層観察用ベルトでは道路状遺構の覆土が観察できない。また、地面を掘り込んで構築された道路状遺構の路面の深さより浅い位置で、重複する竪穴建物のカマド等が確認されたので、道路状遺構は八世紀代の竪穴建物跡より以前に構築されたものと考えられる」旨、意見を得た。
（4）報告書の計測値は図の縮尺率を読み誤ったためか、筆者が図面から計測した値とは異なっていたので、本稿で示す第1号溝跡と第2号溝跡の計測値は、報告書に掲載された遺構実測図面をもとに筆者が計測したものである。
（5）応時遺跡周辺は陸奥国菊多郡の範囲内であるが、菊多郡は養老二年の石城国新置に伴い、当時の常陸国多珂郡の一部を割いて建郡された範囲であり、常陸国との関係が深い地域であるため、本稿で取り上げることとした。
（6）下大賀遺跡の三万一〇〇〇㎡超の発掘調査で把握する限りでは、約二〇〇棟の竪穴建物跡は九世紀中葉から後葉にかけて急増する傾向にある。これは『日本後紀』にある弘仁三年の三駅家設置（小田・雄薩・田後）の直後にあたる。駅家の廃止・設置時期における集落の動向については稿を改める。

## 引用文献


飯田瑞穂　一九六三「第四章　律令制下の水戸地方」『水戸市史　上巻』
猪狩俊哉　二〇一七「トピック　東国北縁の国堺―菊多剗の所在―」『古代東国の考古学4　古代の坂と堺』高志書院
猪狩みち子　二〇〇七「古代の風⑰」『いわき民報』二〇〇七年八月十三日掲載記事
茨城県教育財団　一九九三『茨城県教育財団調査報告第八二集　白石遺跡』
茨城県教育財団　二〇〇〇『茨城県教育財団文化財調査報告第一六二集　仲丸遺跡・久保塚群・五万堀古道・向原遺跡・向原塚群・前原塚・仲丸塚』（上巻・下巻）
茨城県教育財団　二〇〇七『茨城県教育財団文化財調査報告第二七五集　仁井谷遺跡・神岡上遺跡・古屋敷遺跡・叶南前A遺跡』

茨城県教育財団　二〇一五『茨城県教育財団文化財調査報告第三九九集　下大賀遺跡』

茨城県教育財団　二〇二一『茨城県教育財団文化財調査報告第四五二集　下大賀遺跡2』

茨城県教育財団　二〇二三『茨城県教育財団文化財調査報告第四六七集　下大賀遺跡3』

いわき市教育文化事業団　二〇〇六『いわき市埋蔵文化財調査報告第一一五冊　応時遺跡―古墳時代後期集落跡の調査―』

岩間町教委・東平遺跡発掘調査会　二〇〇一『東平遺跡発掘調査報告書―推定安侯駅家跡―』

近江俊秀　二〇一六『古代日本の情報戦略』朝日新聞出版

樫村宣行　一九九三「白石遺跡で検出された遺構について」『研究ノート』二号　茨城県教育財団

川口武彦　二〇〇八「茨城県水戸市台渡里廃寺跡長者山地区　大串遺跡第七地点」『古代交通研究会　第一四回大会資料集　アヅマの国の道路と景観』

北茨城市教委　二〇〇五『県営ほ場整備事業神岡上地区埋蔵文化財発掘調査報告書第二集　富士ノ腰遺跡　神岡上遺跡　叶南前A遺跡　叶南前B遺跡　古屋敷遺跡　仁井谷遺跡』

志田諄一　一九八八『北茨城市史　上巻』北茨城市史編さん委員会編

志田諄一　二〇〇六「古代の常陸―道後・評造と帰服の蝦夷―」『古代常陸国シンポジウム―常陸国風土記・国府・郡家―』

杉本一樹　二〇一八「正倉院の繊維製品と調庸関係銘文―松嶋順正『正倉院宝物銘文集成』第三編補訂　前編―」『正倉院紀要』第40号　宮内庁書陵部

土浦市教委・土浦市遺跡調査会　二〇一二『小松貝塚』

仲村浩一郎　二〇〇三「常陸国府以北の駅路について―五万堀古道の再検討―」『領域の研究―阿久津久先生還暦記念論集』

中山信名修・栗田寛補　一九七六『新編常陸国誌(宮崎報恩会版)』崙書房

日立市教委　二〇一七『日立市文化財調査報告第一〇八集　東海道常陸路及び長者山官衙遺跡―藻島駅家推定遺跡発掘調査成果総括報告書―』

平川　南　二〇一四『律令国郡里制の実像　上』吉川弘文館

堀部　猛　二〇一三『第十二回特別展　古代のみち―常陸を通る東海道駅路―』上高津貝塚ふるさと歴史の広場

堀部　猛　二〇二〇「常陸国棚島駅と「棚藻駅子」」『日本歴史』二〇二〇年九月号　吉川弘文館

松嶋順正編　一九七八『正倉院宝物銘文集成』吉川弘文館

水戸市教委　二〇〇八『水戸市埋蔵文化財調査報告第一四集　大串遺跡(第七地点)』

水戸市教委　二〇〇九『水戸市埋蔵文化財調査報告第二四集　町付遺跡(第一地点)』

# 『常陸国風土記』と古代の久慈郡

皆川 貴之

## はじめに

常陸国北部に位置する久慈郡は、久慈川中・下流域と太平洋沿岸地域を主な範囲とし、現在の行政区分では常陸太田市、常陸大宮市、那珂市、日立市の地域にあたる。『和名類聚抄』（以下『和名抄』）には二〇郷が記載されており、常陸国では隣接する那賀郡につぐ郷数である。地形からみると、久慈川流域を境に南側は関東平野、北側は八溝山地であり、広大な関東平野の最奥部としてみることができる。また、久慈川は八溝山を水源とする河川で、陸奥国白河郡から常陸国久慈郡へと流れ太平洋へと注ぐため、平野を利用した陸上交通と海・川を利用した水上交通の結節点としての役割が想定される地域である(第1図)。

本論では、『常陸国風土記』（以下『風土記』）久慈郡条の記事から地域的特徴について検討していきたい。なお、文中の郡名や郷名などの行政単位について、『風土記』に関連して用いる場合のみ『風土記』の記載に従い、その他は『和名抄』記載の名称を用いることとした。

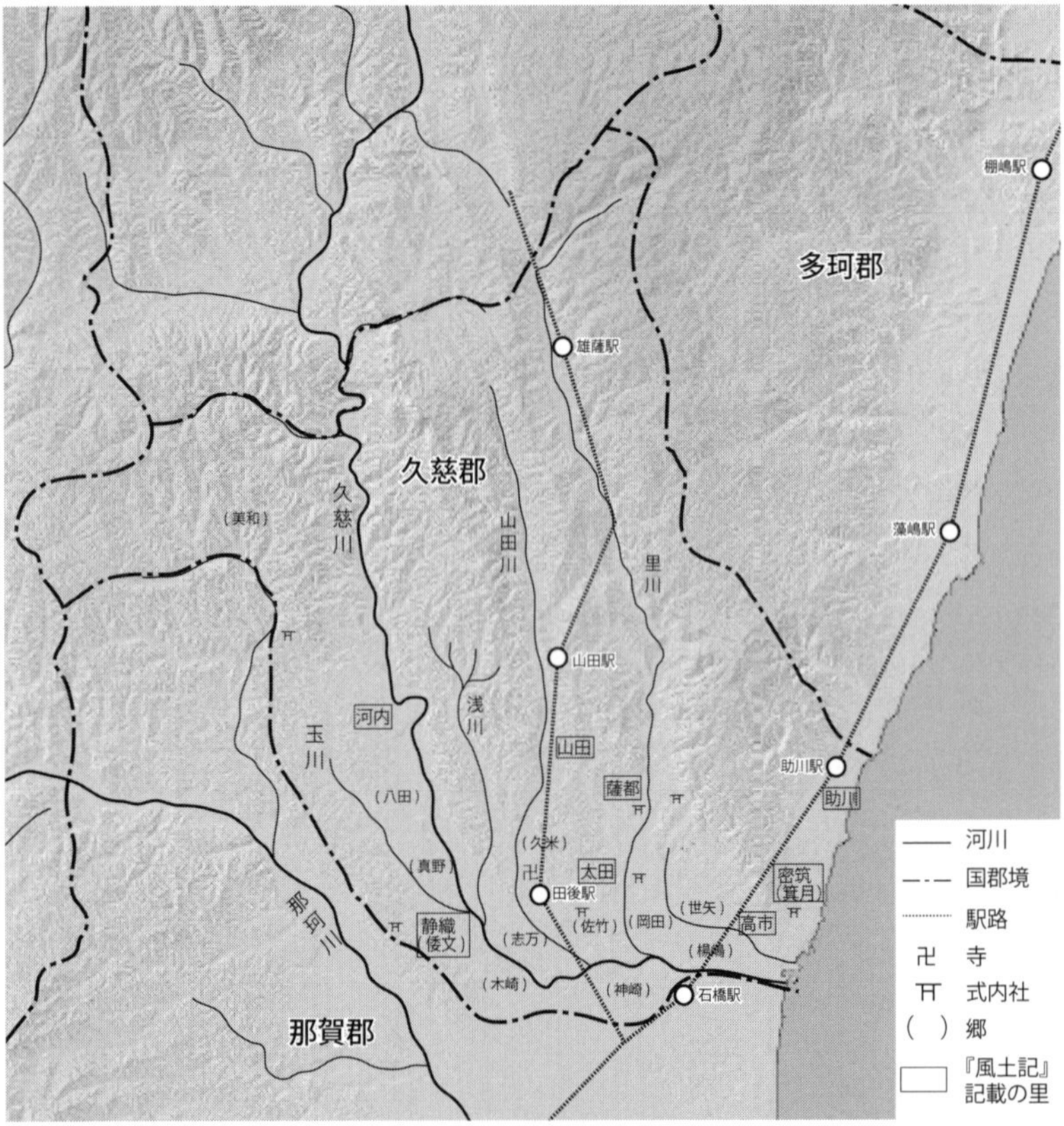


第1図　久慈郡の範囲と地形

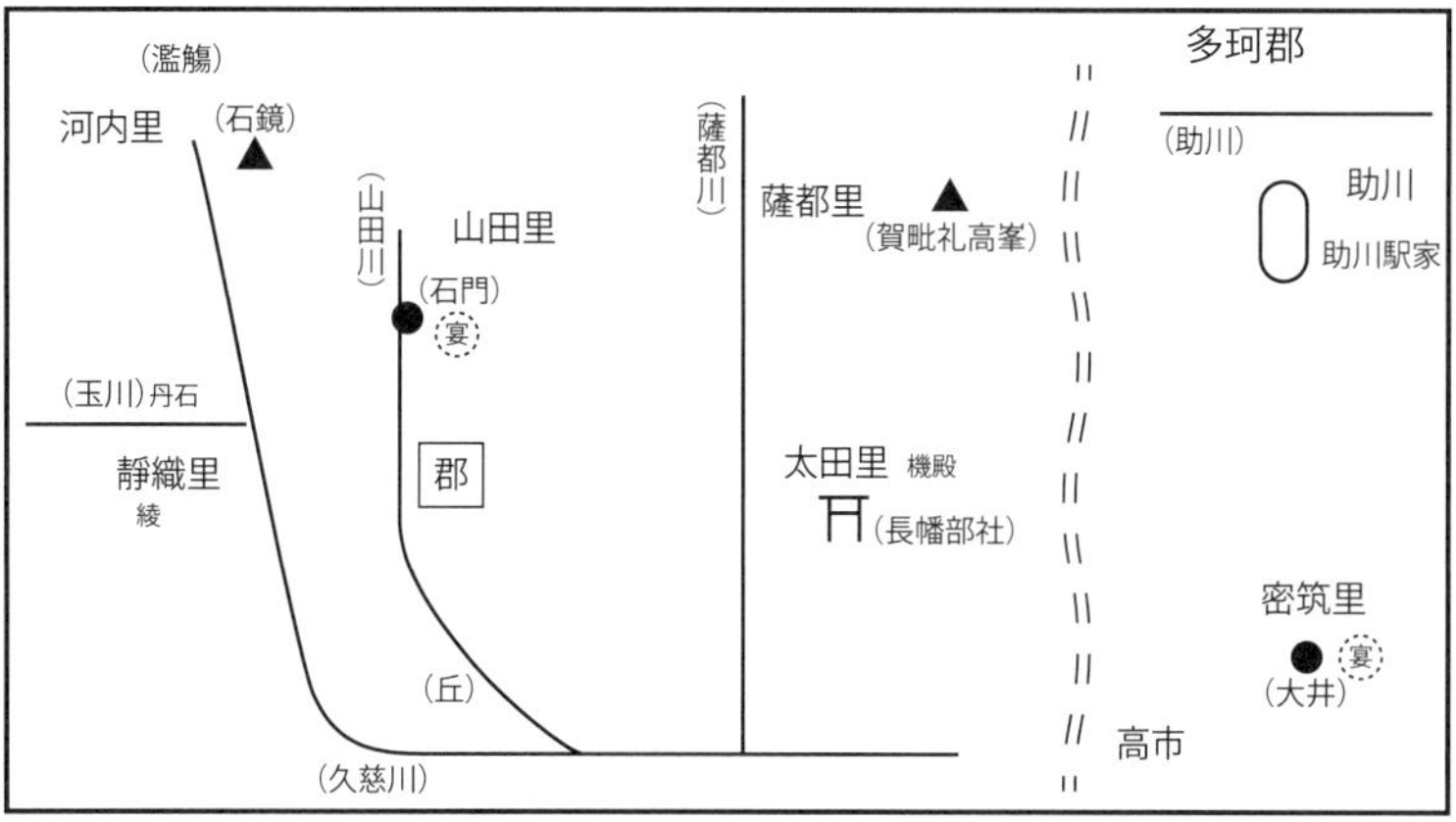


第2図 『風土記』の久慈郡模式図

## 1 『風土記』からみた久慈郡

まず『風土記』久慈郡条を概観する(第2図)。久慈郡条は、その他の郡と同様に郡の四至と郡名の由来についての記載から始まる。郡名は、「郡」の南に位置する丘が鯨鯢に似ていたことから久慈と名付けたとある。本来はこの後に続いたであろう郡家が所在する里の記述が省略されているため、「郡」に関する情報がみられないが、郡家を指す用語として用いられていると考えられ、後述する常陸太田市長者屋敷遺跡周辺の大里・薬谷地区(久米郷)に比定できる。

文中にはところどころに省略が入り部分的な記述ではあるものの、方角と距離から遺称地の比定も進んでいる[黒澤 二〇一七など]。記載された内容は主にそれぞれの里にまつわる説話を取り上げて列記しており、①河内里、②静織里、③山田(小田)里、④太田里、⑤薩都里、⑥高市、⑦密筑里、⑧助川という順に記載されている。⑥と⑧は「里」とは明記されないが、『和名抄』に同一郷名が見える。

①河内里では、東の山にある石鏡の説話に続く一文に、「久慈河の濫觴(源)ここより出づ」とある。石鏡は常陸大宮市照山の鏡岩に比定するのが通説で、河内里はその西側の久慈川沿いとなるので、久慈河の濫觴という

のは久慈郡のなかで最奥に位置するものとして捉えているようである。

省略をはさみ、②静織里では、初めて綾を織ったこと、里の北には丹石(瑪瑙)のとれる小川があり、玉川と名付けたことが記されている。この河川名は現在まで残っており、常陸大宮市から流れ那珂市瓜連で久慈川に合流する。③山田里でも川にまつわる説話があり、「清き河」は北の山から郡家の南を経て久慈河に合流するとある。その流路から現在の山田川を指していることは明らかである。この河には「石門」という淵(常陸太田市猫渕か)があり、夏の暑い日に遠近の村々から人が集まって歌をうたい、酒を飲みかわしているとある。郡家の側を流れる山田川の上流にあたるこの地は、様々な地域から人の集まる交流の場であったのである。

④太田里は長幡部神社と機織りに関する説話で、長幡部絁が美濃国を経由して久慈郡へ伝播したとある。長幡部絁は常陸国の調のひとつとして『延喜式』にみえ、長幡部氏と関わる渡来系の産物と考えられている[荒井 二〇〇九・二〇一七]。式内社である長幡部神社は常陸太田市幡町に所在する。『延喜式』「神名帳」には久慈郡の官社として名神大社一座を含む七座が記載され、長幡部神社はその筆頭に登場する。「神名帳」は弘仁式以後、官社を機械的に追加して記し、記載順序が早いものは官社登録も同様に早かったとされ[宮城 一九五四]、渡来人の系譜をもつ長幡部氏と関わる長幡部神社が久慈郡内でも初期に官社となった主要な神社として位置づけられることは注目される。

⑤薩都里では、神が人の多い場所から「賀毗礼の高峯」へと移ったことの記述に続き、薩都河(里川)が北の山から南に流れて久慈川に入るとある。③山田里と同様に久慈川との合流点が示されており、川の合流する箇所については強く意識されているようである。⑥高市は省略の後に名称のみが唐突にあらわれ、高市から東北二里に位置する⑦密筑里の記述が始まる。村の中に「大井」とよばれる泉があり、ここから湧きでる水が流れて川となる。夏の暑い日にあちこちの村から男女が酒肴をもち集まり憩い楽しむ様子がみられ、海と山の幸に恵まれていることが記されている。密筑里は日立市水木に比定される太平洋沿岸の里である。交流の場としては③山田里と同じく、夏の暑い日のこ

ととして語られる点が共通し、山田里では川の淵、密筑里では泉（湧水点）が舞台となっており、多くの人が集う場は清らかな水辺が好んで選ばれている。

最後に⑧助川は、駅家が所在することが明記される。もとは遇鹿とよばれたこの地では鮭のとれる川があり助川と名付けられた。『風土記』多珂郡条には「久慈の堺の助河をもって道前と為す」とあり、この助川が久慈郡と多珂郡の堺であったことがわかる。

以上、それぞれの里について記載順にみてきた。特筆される点をあげると、A川に関する記事の多さ、B渡来系の産物からうかがえる渡来人もしくはその子孫の存在、C水辺においての交流、以上の三点である。Aは水運・河川交通との関連性の強さを物語っている。『風土記』に見られる河川の記載は、久慈郡を除くと三例のみであり、際立って多いことが久慈郡条の特徴の一つとして指摘されている〔志田 一九九八〕。Bについては、後に述べる長者屋敷遺跡（郡寺）出土の瓦塼や土器に渡来系の要素が含まれる点で重要で、郡内における渡来文化の在り方は多様であった状況がうかがえる。Cは③山田里と⑦密筑里に見られるものである。時期は異なるが、いずれも駅路が付近を通ることが想定でき、交通・交流の拠点であったことが考えられる。

## 2　交通路と地域の様相

### (1) 交通路

前項でみてきたように、久慈郡条では各里についての説話がみられるが、実際の地域はどのような様相だったのだろうか。状況をみる上でまずふれておきたいのが交通路である。

奈良時代の駅路は、那賀・久慈郡境に想定される石橋駅から久慈川を渡り、『風土記』にあらわれる高市・密筑里をぬけ助川駅へ、そして多珂郡、陸奥国へと向かう海道ルートであった。このルートは、『日本後紀』弘仁三年(八一二)十月癸丑条に「廃常陸国安侯・河内・石橋・助川・藻嶋・棚嶋六駅、更建小田・雄薩・田後等三駅」とあるように常陸国内の駅路の変更に伴い、廃止されている。新たに置かれた「小田」は、「山田」の誤記で山田郷内に想定される。「田後」は山田駅より下流域にあると捉えられ、山田駅より南に、「雄薩」は遺称地不明であるが、そのほかの駅との位置関係から久慈郡の最奥に想定されている[木下 一九九六]。新たに駅路となったこのルートは久慈郡の山間部を通り、陸奥国白河郡へと通じるもので、前年四月に陸奥国側で海道十駅を廃し、長有・高野二駅を置くことと対応する。常陸・陸奥国間の駅路が山道ルートへと変更されたことを示し、「東海道白河延長路」ともよばれるこの駅路は、新設されたというよりは、従来から存在していた交通路をもとに整備された可能性が高い[荒木 二〇一五]。

また、駅路の他に、久慈川をはじめとした河川交通も考慮する必要がある。先に述べたように、『風土記』からは河川への意識が強くみられ、交流・交易に大きな役割を担っていたことが想像される。実際に、古墳時代前期以降、久慈郡域においての大首長墓は久慈川中・下流域に脈々と築造されている。特に山田川や里川などの支流が久慈川に合流する地域は、星神社古墳(九〇㍍)や梵天山古墳(一五一㍍)をはじめとした大型前方後円墳や、これらに対応する豪族居館とみられる森戸遺跡が存在し、久慈郡域におさまらない関東と東北を結ぶ交通と交流を掌握した首長像がうかがえる[広瀬 二〇一四]。さらに古墳時代後期では、幡山28号墳や六ツケ塚古墳の横穴式石室の構造は福島県いわき市金冠塚古墳や宮城県仙台市法領塚古墳と共通し、太平洋沿岸地域での古墳築造に関して緊密な技術交流があったと考えられる[古川 二〇一三]。古墳時代に形成されていた水陸の交通と交流の基盤は、古代にも通じるものであったことは想像に難くない。

## (2) 各地域の諸相

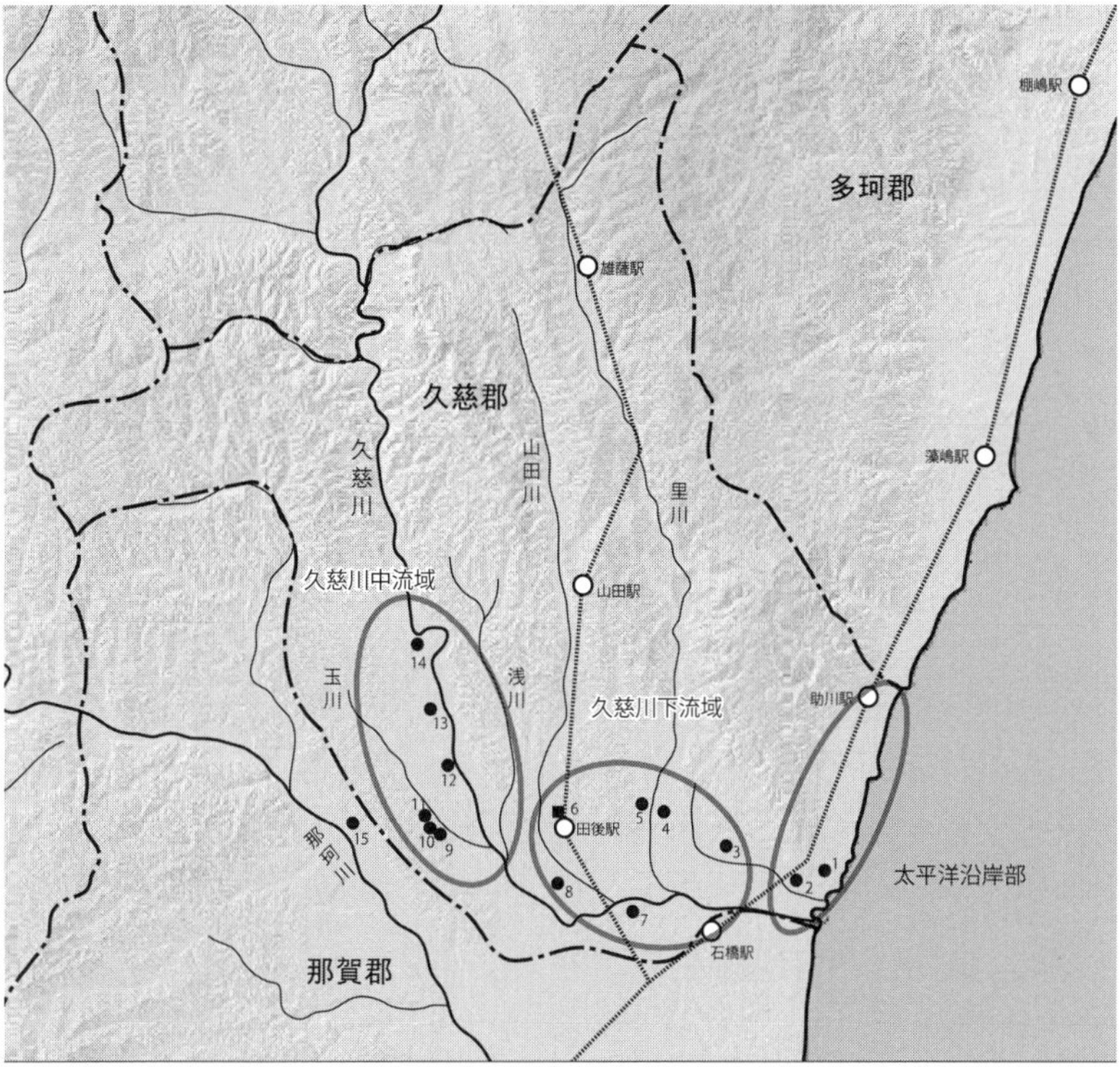


1：六ツケ塚古墳　2：原の内遺跡　3：日向遺跡　4：幡山窯跡・幡山28号墳　5：瑞龍遺跡　6：長者屋敷遺跡　7：森戸遺跡　8：梵天山古墳
9：下大賀遺跡　10：一騎山遺跡　11：上村田小中遺跡　12：上ノ宿遺跡　13：鷹巣原遺跡　14：北原遺跡　15：小野中道遺跡

第3図　久慈郡の地域と主な遺跡

久慈郡を太平洋沿岸部、久慈川下流域（一部久慈川支流を含む）、同中流域の三つの地域に分ける。これらの地域は、奈良時代の駅路が通る地域（太平洋沿岸部）、弘仁三年以降に駅路が整備された地域（久慈川下流域）、駅路が通らない久慈川沿いの地域（久慈川中流域）と捉えられる（第3図）。

**太平洋沿岸部**　高市郷・箕月郷（密筑里）・助川郷が含まれる。古墳時代には多くの横穴墓が築かれ、いわき地域などをはじめとした太平洋沿岸部での強い関係性が認められる。

推定東海道に接する日立市原の内遺跡では、八世紀代のものとされるL字型配置の掘立柱建物群や、八世紀後半～九世紀前半の掘込地業のある建物が確認され、周辺が『風土記』記載の「高市」に推定されることからも地域の中核となる官衙・居宅関連遺跡と考えられる［佐藤ほか二〇〇五、木下ほか二〇二三］。

**久慈川下流域**　木前郷、神前郷、久米郷、太田郷（太田里）、岡田郷、世矢郷、薩都郷（里）が含まれる。この地域では山田川や里川（薩都河）など複数の河川が久慈川に合流する。これら支流の上流域は山地となり、まとまった集落は確認されていない。古墳時代には、前期から大型古墳や豪族居館が営まれた久慈郡域の一大中心地である。横穴墓は、里川流域に濃密に分布している。七世紀には常陸国でも早い段階の須恵器窯（幡山窯跡）が操業され、八世紀以降には長者屋敷遺跡で直線状の区画溝や多数の瓦塼、「久寺」墨書土器などが出土し、郡寺が置かれていたことが明らかとなっている。付近では炭化米が確認されていることから郡家も周辺に置かれたと推定される。このほか、里川右岸の常陸太田市瑞龍遺跡や亀作川左岸の同市日向遺跡などで比較的まとまった集落が調査されている。瑞龍遺跡では一部に掘立柱建物の集中がみられるものの、規則的な配置は認められないため、郷の中心的集落であろう。

**久慈川中流域**　河内郷（里）、八田郷、真野郷、倭文郷（静織里）が含まれる。久慈川支流である玉川の右岸には倭文郷が位置し、那賀郡と接している。郡境近くには式内社である静神社（名神大社）が、さらに北には同じく式内社の立野神社が鎮座し、久慈・那賀郡境に二つの式内社が位置している。

常陸大宮市上ノ宿遺跡や北原遺跡では八〜十世紀、とくに九世紀代を中心とする集落が確認された。両遺跡とも久慈川に面した低位段丘に立地する集落で、風字硯や円面硯をはじめ、灰釉・緑釉陶器などが出土している。玉川右岸の台地上に広がる那珂市下大賀遺跡でも、竪穴建物数で八世紀39棟、九世紀99棟、十世紀42棟と九世紀代を中心とする集落が確認されている［獅子内ほか二〇二三など］。

また、那賀郡に近接した位置にある上村田小中遺跡では「丈」や「曹」といった墨書土器や、「丈」の印字をもつ焼印が出土している。

## 3　久慈川・那珂川流域の丈部関連資料

久慈郡では、久慈川・玉川流域で「丈」の文字資料の出土が散見される。太平洋沿岸地域や里川、山田川流域での出土は未だ確認されておらず、その分布に偏りがみられる。また、那賀郡となる那珂川流域においても同様に河川近傍の遺跡で丈部関連資料が確認でき、弘仁十四年(八二三)以降の那賀郡のものとみられる正倉院文書の「常陸国戸籍」に丈部氏の名が記載されていることからその関連が注目される[佐伯 一九八〇]。

### (1) 久慈郡

ア　上村田小中遺跡は玉川右岸に位置する集落で、北・南に玉川から延びる谷が入り込んでいる。九〜十世紀を中心とする竪穴建物24棟などが確認された[大宮町教委 一九八八]。このうち十世紀前半の第8号住居から先にふれた「丈」や「曹」の墨書土器、「丈」の印字をもつ焼印が出土している(第4図1・4)。墨書・焼印で共通する「丈」は集団の指標と理解でき、丈部氏との関わりを示す[高島 二〇〇〇]。また、一キロほど南東に位置する一騎山遺跡でも「丈」ら

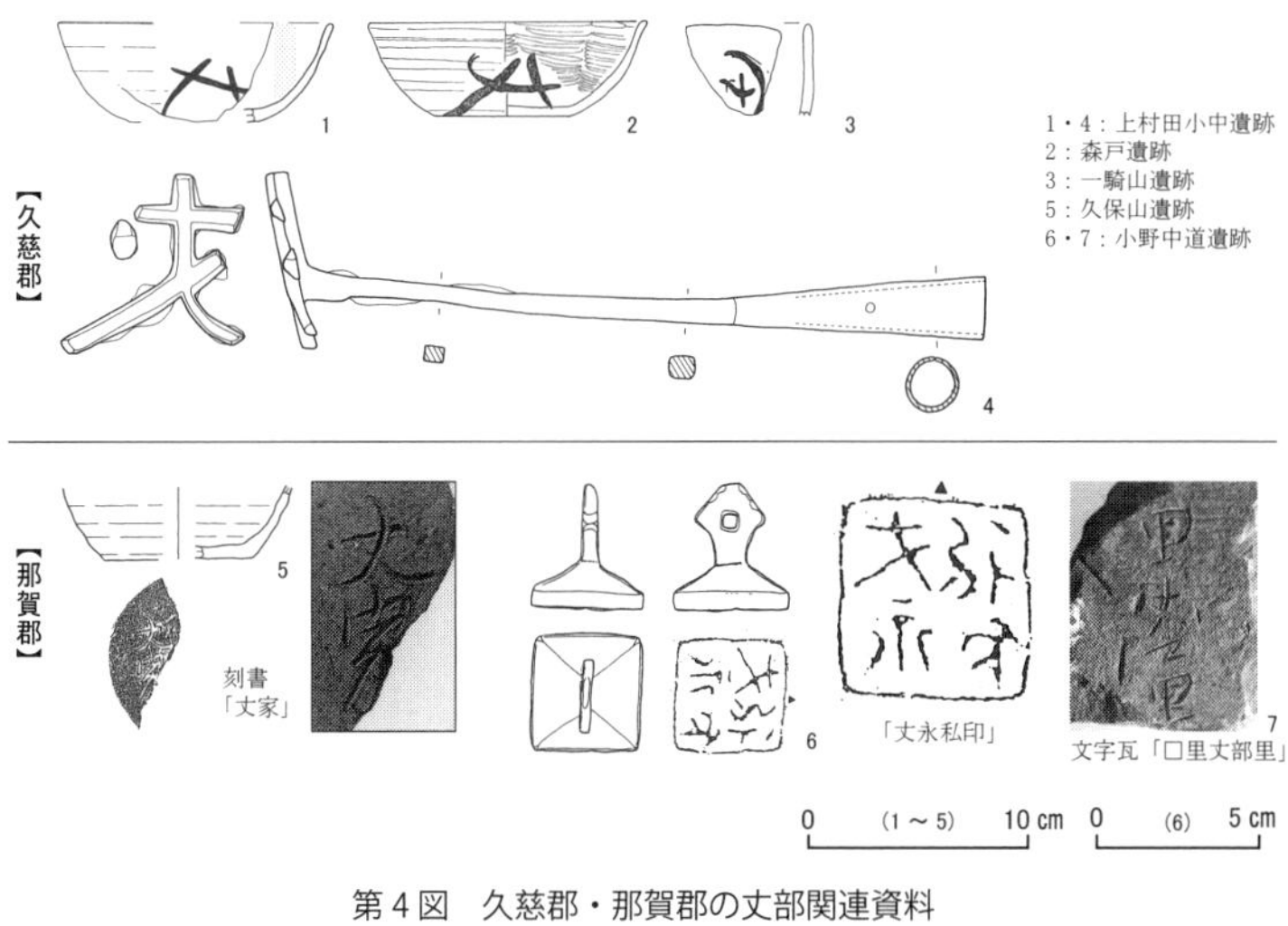


第4図　久慈郡・那賀郡の丈部関連資料

しき墨書土器が出土している(第４図３)。

イ　那珂市森戸遺跡は久慈川右岸の台地縁辺に位置する。出土状況は不明だが、九世紀後半の内黒土師器坏に「丈」の墨書がみられる(第４図２)［那珂町 一九八五］。古墳時代前期の豪族居館が確認された遺跡で、久慈川を北に臨む遺跡の立地から河川への意識がうかがえる。

### (2) 那賀郡

ウ　那珂市久保山遺跡は那珂川左岸に位置し、南西側は沖積低地に向かって傾斜している。八世紀後葉～九世紀中葉の竪穴建物22棟、掘立柱建物25棟などが確認された［小松﨑ほか 二〇〇七］。丈部関連資料は、八世紀後葉の第９号住居から出土した「丈家」刻書の木葉下窯産須恵器坏がある(第４図５)。焼成前の刻書であることから生産地へ発注し供給された土器であることがうかがえ、丈部氏との強い関連性が認められる。このほか竪穴建物から少量の瓦が出土しているが瓦葺建物を想定できるものではなく、遺跡の西方にある水戸市田谷遺跡に想定されている瓦葺建物と関連するものであろう。田谷遺跡では那賀郡正倉院である同市台渡里官衙遺跡群長者山地区と共通する「丈マ毛」、「丈マ□(戸ヵ)」文字瓦が出土している［川口・齊藤 二〇二三］。

エ　常陸大宮市小野中道遺跡は南西に那珂川を望む立地で、「丈永私印」の銅印や「□里丈部里」とヘラ書きされた文字瓦(第４図６・７)が採集されている［瓦吹 一九八八、茨城県立歴史館 一九八五］。小野中道遺跡の那珂川対岸にあたる城里町阿波山は那賀郡阿波郷に比定され、台渡里官衙遺跡群長者山地区出土の「阿波丈部里」「郷丈部里」文字瓦と関わることから、銅印や文字瓦のみでなく「丈部里」と地名が記載されるほど丈部氏との強い結びつきが見て取れる。九世紀中葉以降の阿波山周辺は、常陸国分寺補修用軒丸瓦の瓦笵を用いて瓦を生産し、那珂川右岸に位置する台渡里廃寺へと供給した窯が想定され［皆川 二〇二四］、窯業生産と河川による製品運搬を実行する地域となった。

以上のように、久慈川とその支流である玉川、そして那珂川の近傍に位置する遺跡では丈部関連資料が多く分布している。両水系のさらに上流域に目を向けてみよう。まず久慈川の上流は陸奥国白河郡である。『続日本紀』には、神護景雲三年（七六九）三月に白河郡の丈部子老ほかが阿部陸奥臣を賜るとあり、多賀城出土木簡のうち白河郡に関わるものの中には、丈部力男、丈部立男の名がみえる〔平川 二〇〇一、吉野 二〇一〇〕。那珂川上流の下野国那須郡では、承和十年（八四三）に下野国那須郡大領として丈部益野の名が『続日本後紀』に記載されている。丈部氏の分布は常陸国内に留まらず、久慈川・那珂川の上流である陸奥国白河郡・下野国那須郡でも認められるのである。

この状況をふまえて上村田小中遺跡と小野中道遺跡の位置を見ると、久慈川水系と那珂川水系が最も接近する地域であることがわかる。河川交通を意識した場合、二河川の間で同一氏族が分布していることはそれぞれの水系を繋ぐ陸路による交流・交通をうかがわせる。

上村田小中遺跡の南東約三㌔に位置する下大賀遺跡では、台地縁辺部の急峻な斜面を切り通し、玉川の流れる低地と台地上を繋ぐ道路遺構（第2号道路跡）が検出されている〔獅子内ほか 二〇二三〕。集落の北端に位置する第2号道路跡は、少なくとも二面の路面をもち、礫が敷設された波板状凹面が確認されている。集落の盛行期と重なる九世紀後半〜十世紀中葉に機能し、灰釉・緑釉陶器や鉄鐸のついた錫杖など特殊な遺物が出土した（第5図）。道路の全容は見えないが調査区内での長さ二五㍍、比高差二・三㍍と掘削土量は膨大で、多くの労働力が割かれた大規模な土木工事である。一集落で利用されたとするより、西方にある式内社の静神社、さらにその先の那珂川へと向かう連絡路と考えられる。また、上村田小中遺跡で出土した焼印について、これまでに指摘されているようにその使用対象が牛馬か木器・材木か判断する術はないが、異なる水系の河川を繋ぐ道路と同時期であることをふまえ、陸路で利用する牛馬の管理用と考えたい。なお、九世紀前葉とやや時期差があるものの、下大賀遺跡では「馬」「長」・「馬長」墨書土器が出土している。人名とみる向きもあるが、馬と長が別部位に書かれていることから人名ではない可能性があり、第

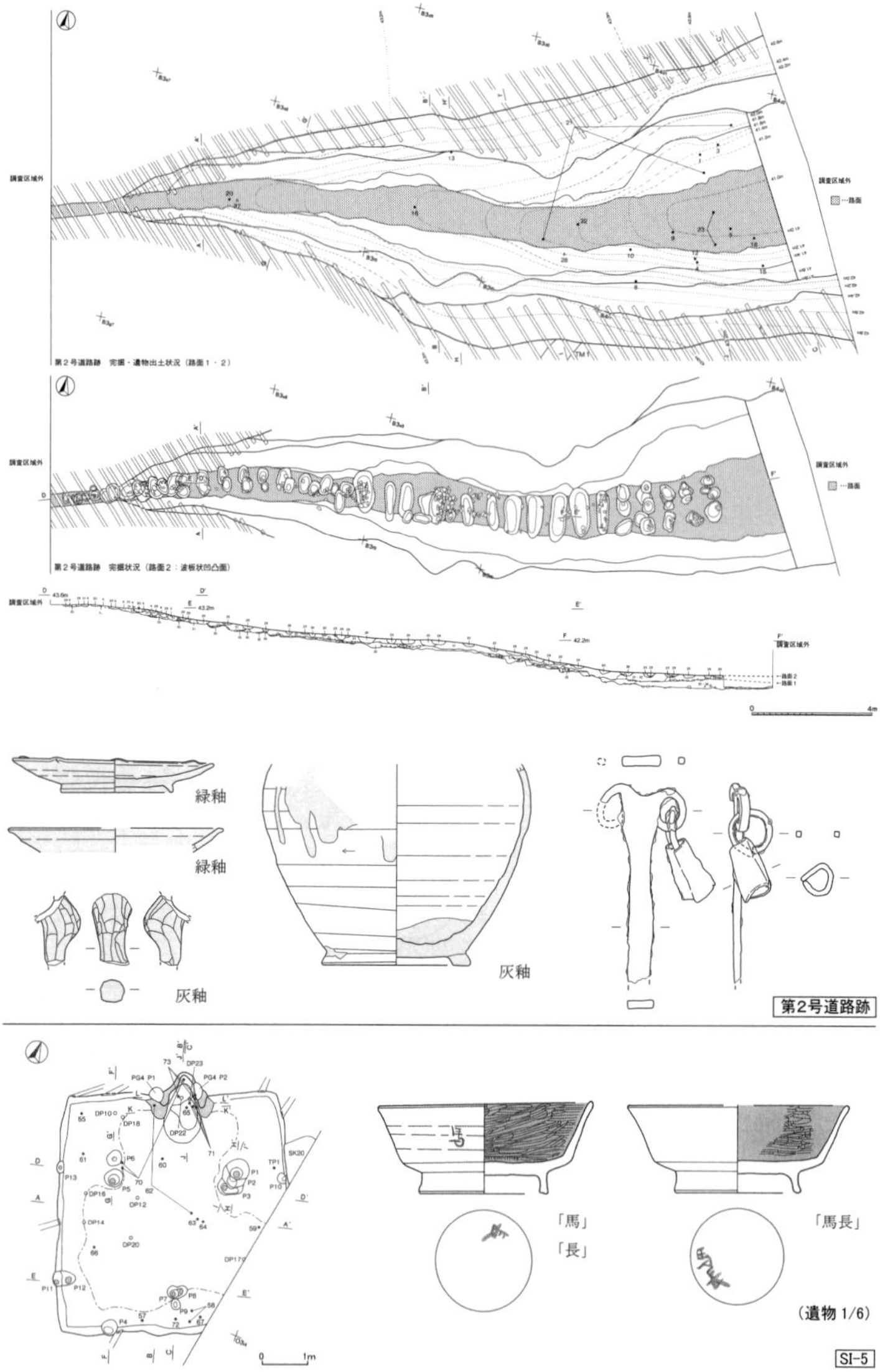


第５図　下大賀遺跡の道路跡と「馬」「馬長」墨書土器

2号道路跡の機能開始以前にも私的な馬の管理者の存在と馬利用を想定する余地がある。

陸奥国白河郡と下野国那須郡の関連性は、すでに指摘されているとおりで［眞保 二〇一五］、両地域から流れる河川を繋ぐ陸路の交通、それぞれに分布する丈部関連資料から、陸奥国白河郡と下野国那須郡、そして常陸国久慈郡と那賀郡を結ぶ交通の結節点が見えてくる。

## 4 久慈郡の渡来文化

『風土記』久慈郡太田里条には、長幡部の遠祖が美濃国から久慈に移り、機殿をつくり初めて織るとある。これは渡来系氏族である長幡部氏との関わりで、渡来系技術による産物であったことが注目される。長幡部神社が式内社となり、「神名帳」で久慈郡の筆頭に記載されていることからも、こうした渡来系集団が根付いていたことが推測される。こうした前提にたち、考古資料から渡来系の様相ついて検討してみる。

まず代表的な資料として、長者屋敷遺跡出土の瓦塼類があげられる(第6図)。出土した「久寺」墨書土器から郡名を冠した寺の存在がうかがえる［矢ノ倉 一九九七］。瓦塼は軒瓦・丸瓦・平瓦・鬼瓦・文様塼が出土・採集され、なかでも軒丸瓦と文様塼に渡来系の要素が強くみられる。軒丸瓦では3型式5種確認でき、このうち素文縁単弁四葉蓮華文軒丸瓦は、花弁・間弁や間弁付近の唐草の配置、中房が断面半球形を呈することから渡来系の文様と考えられる。文様塼は長方形を呈し、側面に笵によって文様が表出されている。完形の資料はないが、三面に文様が確認できるものがあるため、四辺に施文されていると推定できる。文様は幾何学文、唐草文、宝相華文が確認でき、五種の文様構成が認められる。この他にも、鬼瓦や凹面縄目痕の平瓦など国内には類例の少ない資料が認められ、多様な工人が瓦作りに関わっていた。また、茨城県教育財団調査第39号土坑からは、湖西産須恵器を含む七世紀末～八世紀第1四半期

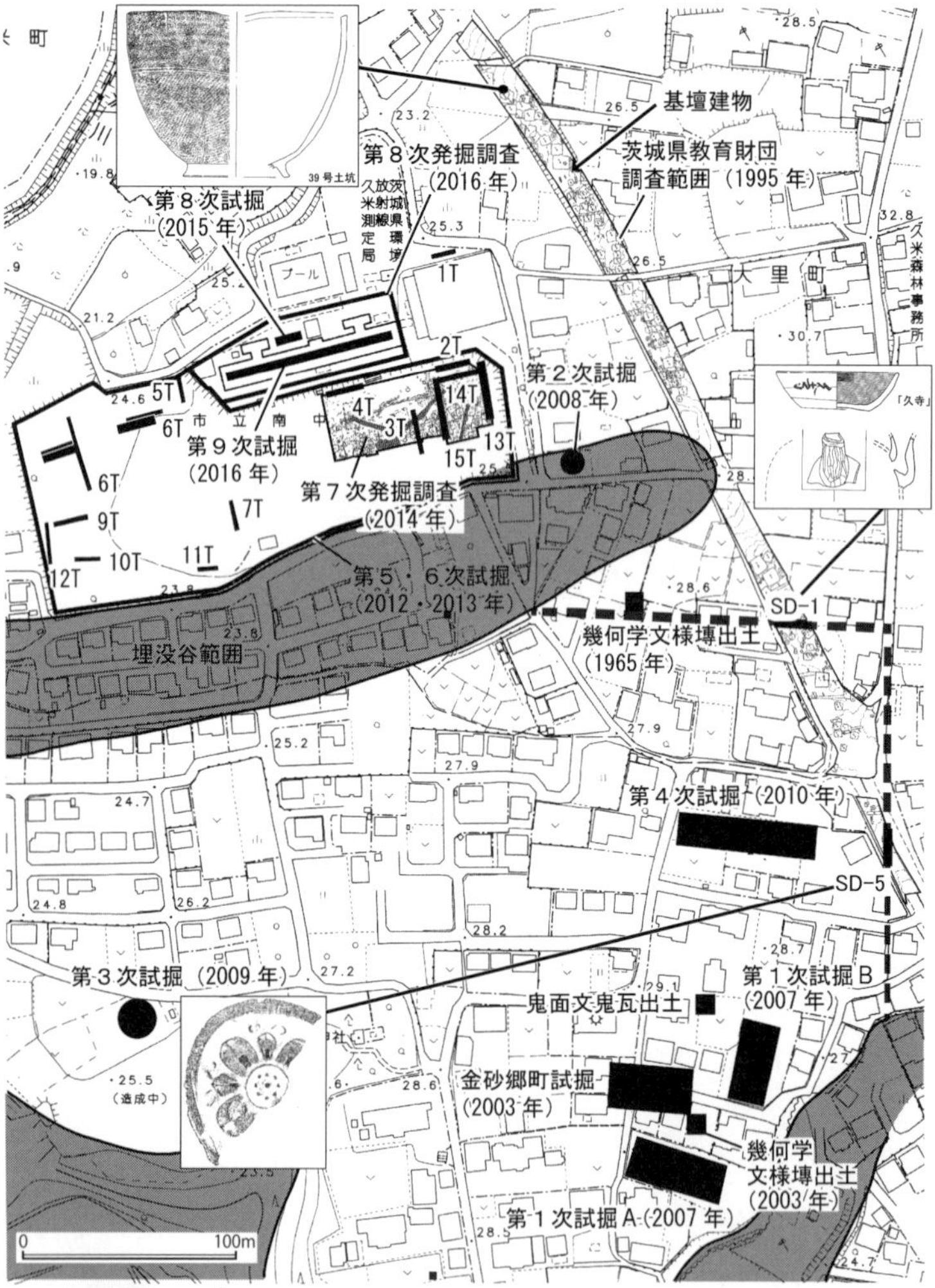


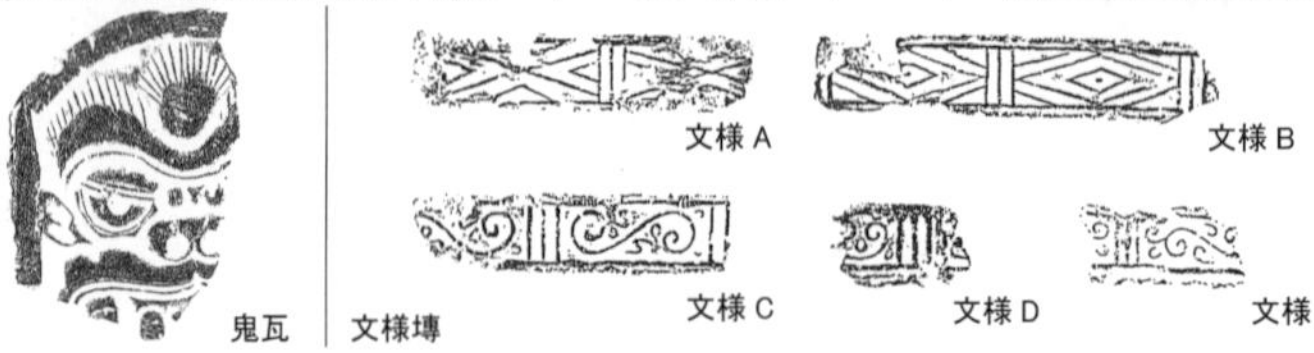


第６図　長者屋敷遺跡と出土遺物（黒澤 2006・諸星ほか 2018 をもとに作成）

の土器とともに高台付片口鉢が出土している。橙色を呈する軟質な焼成で、体部外面から底部にかけて平行叩きを施した後、ロクロナデを施し、再び平行叩きを行う。体部の中ほどに二条の沈線がめぐり、内面には当て具の痕跡が残る。高台内側の底部にも叩きが残るため叩きによる成形の後に高台が貼り付けられている。在地にはない器形・成形技法で、その製作者の出自の検討も課題となる。黒澤彰哉は、瓦塼類の分析から、高句麗系工人の関与を指摘し、『日本書紀』持統元年(六八七)三月条にみられる高句麗人の常陸国移配に結び付けた[黒澤 二〇〇六]。しかし、こうした瓦塼類が、全て高句麗系の影響下で捉えることができるか検討を要する。特に文様塼の文様D宝相華文は、統一新羅の瓦当文様と共通することから新羅地域の影響をうかがわせる[皆川 二〇二三]。他方、七・八世紀の新羅土器の中には、外面叩きの後、軽くロクロナデを施し体部に沈線を巡らせるものがあり[重見 二〇一二]、器形を含め細部は異なるが第39号土坑の高台付片口鉢と一部共通する特徴が認められ、今後さらに検討を加える必要がある。『日本書紀』の記載にみえる高句麗人に限らず、多様な渡来系要素の影響を想定すべきであろう。いずれにしても渡来系の資料があることは間違いなく、郡寺の瓦に渡来系の要素が色濃く反映されていることは、渡来人やその技術が久慈郡において重要な位置を占めていたと言えるだろう。『風土記』にみられる織物の技術のみならず、多様な生産技術が渡来人を介してもたらされたことになる。

長幡部集団が美濃経由で久慈郡へ至ったという伝承は、崇神天皇の時代の説話として登場する。考古資料として確認できるなかでは古墳時代中期から渡来系の遺物がみられ、森戸遺跡と東海村真崎権現山古墳から出土している(第7図)。

森戸遺跡は久慈川を望む台地上に立地し、前期前葉の豪族居館が確認され、近い時期の星神社古墳や梵天山古墳などの大規模な前方後円墳との関わりで注目される[加藤ほか 一九九〇]。居館の堀は下層から前期前葉の土器、上層から中期前葉~中葉の土器が出土している。上層土器群は、堀の張り出し部とその周辺に集中し、居館への祭祀行為が想

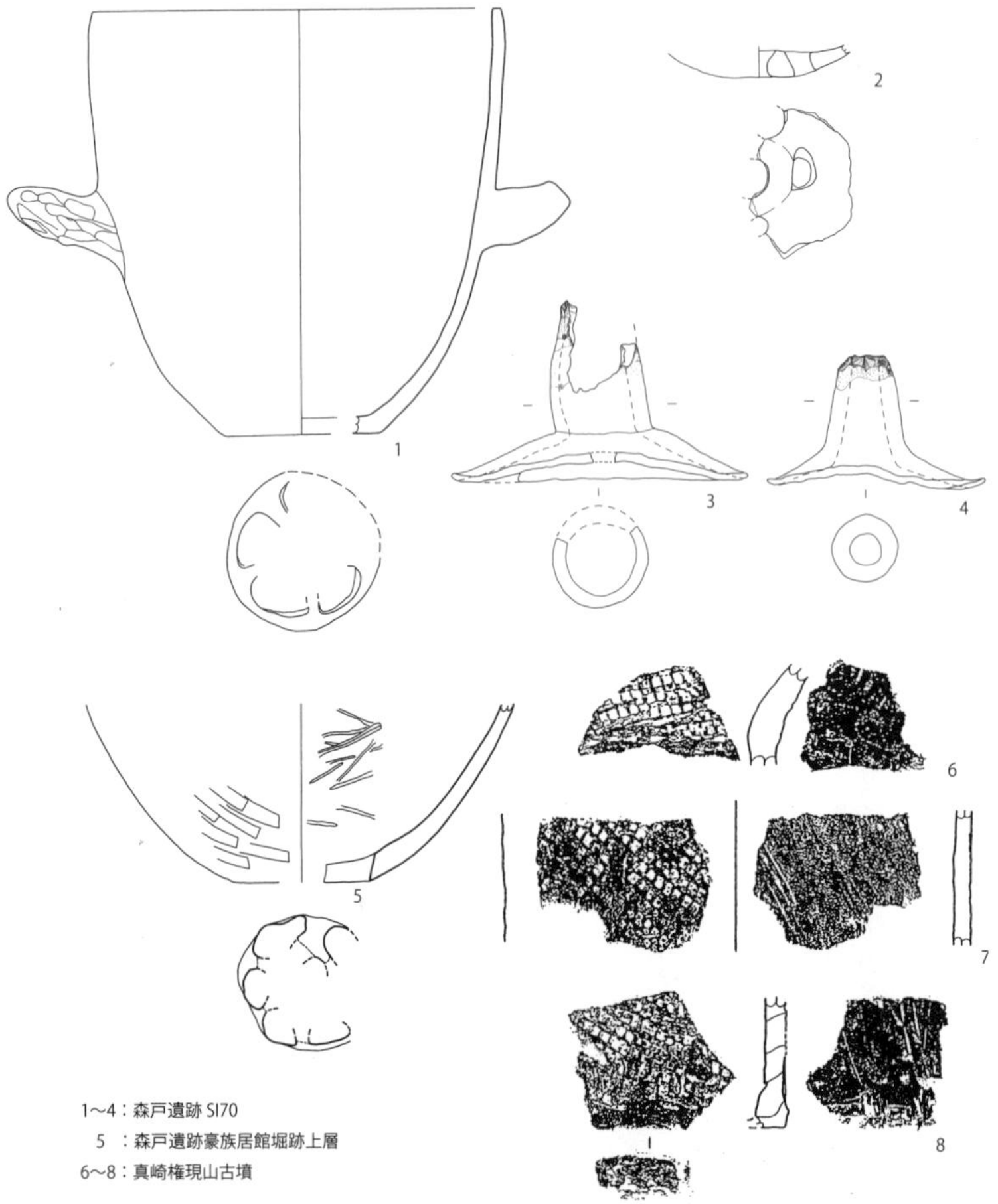


第７図　古墳時代中期の渡来系遺物

定され、この土器群のなかに、渡来系の土器である多孔式甑が含まれている。さらに、近い位置にある中期中葉の鍛冶工房からも二点の多孔式甑や高坏脚部転用羽口が出土し、多孔式甑の系譜は朝鮮半島の馬韓地域に求められる［坂野 二〇〇七］。

真崎権現山古墳は、久慈川河口付近の右岸側台地の縁辺部に位置する墳長八七㍍の前方後円墳である。古代には那珂郡石上郷の範囲となるが、古墳時代は久慈型埴輪の分布状況から久慈国造の影響下にあった地域である［白石 一九九二］。主体部や副葬品は不明だが、墳丘の各所で埴輪が採集され、中期前葉〜中葉に位置づけられている。技法や調整等により分類可能で、このうち外面に格子叩きが用いられるものがある。格子叩き調整が従来の土器製作技法に存在せず、朝鮮半島系の軟質土器に同様の叩きが認められることなどから、朝鮮半島の土器製作技術者を埴輪工人として編成し生産された製品とされている［太田 二〇〇八］。

両遺跡とも久慈川流域に立地し、古墳時代中期の段階から地域のなかで活動していた痕跡としてみてとることができる。その後の古墳時代後期の資料は現状では不明と言わざるを得ないものの、六世紀以降の久慈川下流〜河口域には、横穴墓や古墳に馬具が副葬される例が多く、常陸地域の中では比較的濃い分布状況を示している［片平 二〇一七］、久慈川流域の特徴としてあげられるだろう。

『風土記』には、国造のクニ段階から立評・再編の過程が記され、各郡（評）は分割や統合による地域の再編を経て成立していることがわかる。しかし、久慈郡は国造段階以降、分割・統合されないため、国造系の郡（評）となったと考えられる。古代以前から首長層に関わる遺跡で渡来系資料が確認できることは重要である。そして、集住した渡来人のもつ技術などが郡を代表する寺の瓦などに表れることは、久慈郡と渡来文化の関わりの強さを示している。

## おわりに

『風土記』久慈郡条を概観し、久慈郡の特徴となる点について取り上げてきた。久慈郡（久慈川流域）は、大型古墳や横穴墓の分布状況からもうかがえるように、古墳時代から地域的な重要性が注目されている。冒頭でふれたように、地形的にみた久慈郡の位置は、関東平野の最奥とみることができ、これを超えると陸奥国へと続く地域である。那須国造碑にあるように、下野国那須郡では新羅人との関係が強く、陸奥国白河郡と接する常陸国久慈郡・下野国那須郡のそれぞれで渡来人が関与した点は、国家による境界地域への渡来人配置という観点で重要視される［眞保 二〇一六］。久慈郡においては渡来人の痕跡が七・八世紀以前にも認められることから、すでに渡来人の技術・文化が少なからず存在していたのであろう。また、これらの地域において時期幅をもちつつ丈部氏という同一氏族が分布し、久慈川水系と那珂川水系を繋ぐ交通が形成されていることも確認でき、坂東と陸奥の境界でありながら一連のまとまりを示す関係性がうかがえる。

本来であれば、機織・紡織に関することなど他に注力すべき点があるにも関わらず、本稿は『風土記』に関する趣旨とは大きく離れた内容となってしまった。こういった内容については今後の検討課題としたい。

参考文献


荒井秀規　二〇〇九「房総の渡来人―土器と技術工芸―」『房総と古代王権―東国と文字の世界―』高志書院

荒井秀規　二〇一七『覚醒する関東』古代の東国3　吉川弘文館

荒木　隆　二〇一五「史跡「流廃寺跡」成立の背景―平安時代の交通路と国境祭祀との関連―」『福島県立博物館紀要』第29号

茨城県立歴史館　一九八五『茨城県関係古代金石文資料集成』

太田博之　二〇〇八「古墳時代中期東日本の埴輪製作技術と渡来工人」『日本考古学』第二五号

片平雅俊　二〇一七「茨城県域における馬具出土古墳の様相」『馬具副葬古墳の諸問題』東北・関東前方後円墳研究会

加藤雅美ほか　一九九〇『北郷C遺跡・森戸遺跡』茨城県教育財団文化財調査報告第五五集　㈶茨城県教育財団

川口武彦・齊藤達也　二〇二三「文字瓦について」『瓦から読み解く古代社会の諸相　基礎資料の集成と分析から』茨城県考古学協会

瓦吹　堅　一九八八「常陸の古印」『婆良岐考古』第十号

木下　実ほか　二〇二三『原の内遺跡　宅地造成工事に伴う令和3年度発掘調査報告書』日立市教育委員会

木下　良　一九九六「東海道―海・川を渡って―」『古代を考える　古代道路』吉川弘文館

黒澤彰哉　二〇〇六「常陸における高句麗系瓦の受容について―長者屋敷遺跡（薬谷廃寺跡）出土瓦の分析から―」『茨城県立歴史館報』第三三号

黒澤彰哉　二〇一七『ヤマトタケルと常陸国風土記』茨城新聞社

小松﨑和治ほか　二〇〇七『久保山遺跡』茨城県教育財団文化財調査報告第二七四集　（公財）茨城県教育財団
佐伯有清　一九八〇「丈部氏および丈部の基礎的研究」『日本古代史論考』吉川弘文館
佐藤正則ほか　二〇〇五『原の内遺跡第13次調査報告書』日立市教育委員会
重見　泰　二〇一二『新羅土器からみた日本古代の国家形成』学生社
獅子内一成ほか　二〇二三『下大賀遺跡3』茨城県教育財団文化財調査報告第四六七集　（公財）茨城県教育財団
志田諄一　一九九八『『常陸国風土記』と説話の研究』雄山閣
白石太一郎　一九九一「常陸の後期・終末期古墳と風土記建評記事」『国立歴史民俗博物館研究報告』第三五集
眞保昌弘　二〇一五『古代国家形成期の東国』同成社
眞保昌弘　二〇一六「陸奥国隣接地域の歴史的諸相と中央集権化」『日本古代考古学論集』同成社
高島英之　二〇〇〇「古代の焼印」『古代出土文字資料の研究』東京堂出版
那珂町　一九八五『那珂町史　自然環境・原始古代編』
坂野和信　二〇〇七「東国の古墳時代中期土器と韓半島系土器」『古墳時代の土器と社会構造』雄山閣
平川　南　二〇〇一「蝦夷と多賀城」『木簡が語る古代史　下　国家の支配としくみ』吉川弘文館
広瀬和雄　二〇一四「東国の初期前方後円墳をめぐる諸問題―古墳時代像の再構築をめざして―」『国立歴史民俗博物館研究報告』第一八三集
古川一明　二〇一三「宮城県地域における古代地方行政単位の形成過程について」『国立歴史民俗博物館研究報告』第一七九集
皆川貴之　二〇二三「渡来系の瓦塼について」『瓦から読み解く古代社会の諸相　基礎資料の集成と分析から』茨城県考古学協会
皆川貴之　二〇二四「城里町阿波山出土の軒丸瓦・平瓦」『研究ノート』第21号　（公財）茨城県教育財団
宮城栄昌　一九五四『延喜式の研究』論述篇　大修館書店
諸星良一ほか　二〇一八『長者屋敷遺跡　第8次』常陸太田市教育委員会
矢ノ倉正男　一九九七『長者屋敷遺跡』茨城県教育財団文化財調査報告第一一七集　㈶茨城県教育財団
吉野　武　二〇一〇「宮城・多賀城跡」『木簡研究』第三二号

# 墨書土器に見る『常陸国風土記』『和名類聚抄』の地名

川井正一

## はじめに

墨書土器は、須恵器や土師器の外面か内面に、墨あるいは朱墨で施設名・人名・地名などの文字が書かれたものである。しかし、その半数以上は欠損によって文字が判読できず、判読できても一文字か二文字が大半で、吉祥文字か意味不明のものが多い。筆者は、二〇〇〇年から茨城県域における文字資料の集成をしており、二〇二〇年現在で約七五〇〇点にのぼっている。本稿ではそのうち『常陸国風土記』と『和名類聚抄』に見える茨城県域の郡名や郷名が記された墨書土器(篦書土器も含む)の例を紹介したい。

郡名や郷名の事例を紹介する前に、国名である「常陸」と記された例をあげておこう。

①つくば市東岡中原遺跡1588号土坑出土の土師器甕体部に「常陸国河内郡真幡郷　戸主刑部歌人」と国名・郡名・郷名の順で本貫地と人名を記す。土器の時期は八世紀後葉。

②水戸市大塚新地遺跡93号住居跡出土の土師器甕の体部に「×陸国ヵ」と記す。「陸」の上に「常」の字が存在した可能性が大で、時期は九世紀中葉。

③宮城県栗原市伊治城跡14号住居跡出土の須恵器盤底部に「常陸国」と記す。時期は八世紀末葉。

東岡中原遺跡の①は、道教思想の影響で病を封じ込めた土器とみられ、大塚新地遺跡の②も東岡中原遺跡と同じように国名の下に郡名や人名が記されていた可能性があり、性格は同じであったとみられる。伊治城跡の③は、常陸国から蝦夷征討に派遣された人物が持参したか、派遣された兵士の食事を賄う厨等で使用されていたと考えられるが、須恵器は宮城県産と見られることから、後者の可能性が大である。

## 1　墨書土器

『常陸国風土記』と『和名類聚抄』に記される郡の順に事例を紹介していこう。

**新治郡**　新治郡は十二郷からなるが、郡名あるいは郷名が確認できるのは「新治」のみである。「新治」は、結城市結城廃寺1号土坑出土の丸瓦に箆書きされていた。国を越えた地域からの出土で、郡名か郷名かは不明である。また、桜川市上野原瓦窯跡出土の須恵器皿及び同市当向遺跡出土の須恵器蓋に「新大領」と箆書きされた資料がある。「新」は「新治郡」が省略されたものである。

ほかに桜川市金谷遺跡87号住居跡出土の土師器甕に「坂」と墨書されたものがあり、同遺跡が所在する郷名の「坂戸郷」の略とみられる。さらに筑西市新治廃寺跡出土瓦に「川」「大」「真」「神」と箆書きされた資料があり、「川」は川曲郷、「大」は大幡郷、「真」は下真郷、「神」は巨神郷の略とみられ、寺の建立に新治郡内の諸郷から貢納されたことを示している。

**真壁郡**　『常陸国風土記』では省略されているが真壁郡は七郷からなり、郡名あるいは郷名が確認できるのは「真壁」のみである。「真髪」は、石岡市鹿の子C遺跡108号住居跡出土の須恵器高台付坏に墨書されていた。時期は九世紀中葉。『常陸国風土記』に郡の記載は失われているが、「白壁郡」という郡名は記されており、当初は「白壁郡」と称したが、八世紀末に「真壁郡」と改称されたと考えられている。また、「真髪」と記すこともある。鹿の子C遺跡の「真髪」は郡名・郷名のいずれとも判断できないが、当遺跡は国衙工房であるから、真壁郡から徴発された工人に関わるとみられる。

**筑波郡**　筑波郡は九郷からなるが、郷名が確認できるのは「栗原郷」のみである。「栗原」と記された資料は、石岡市鹿の子C遺跡42号住居跡出土の須恵器蓋に墨書されている。時期は九世紀前葉。栗原郡の比定地は現つくば市栗原付近であり、他郡からの出土となる。

**河内郡**　『常陸国風土記』では省略されているが河内郡は七郷からなり、前述した東岡中原遺跡出土の土師器甕に「常陸国河内郡真幡郷」と郡名と郷名が記されていた。そのほか「嶋名」「大山」と郷名が確認できるものがある。真幡郷の比定地は、東岡中原遺跡の南東約一七キロの現つくばみらい市豊体付近であり、墨書された「刑部歌人」は、真幡郷から何らかの理由で当集落を訪れ、この地で病にかかったとみられる。

①島名郷　つくば市島名熊の山遺跡204号井戸跡やそれに伴う水場遺構から出土した須恵器坏に「嶋名」と墨書されたものが十数点みられる。時期は八世紀中葉から九世紀後葉までの幅がある。当遺跡は島名郷の中心的な集落跡とみられ、「嶋名」と墨書された土器の大半は、204号井戸跡を含むその周辺から出土し、「巳　嶋名」「嶋名　巳」と記されている。「巳」の字は、口の下に「人」の字のようなものが小さく記されており、これをどう解釈するか問題である。筆者は「人」ではなく、二つに割れている蛇の舌を表しているものと想定しているが、巳とは蛇を意味し、『常陸国風土記』の行方郡の条に「蛇のことを夜刀の神という」とあり、当時蛇は神(おそらく水の神)と考えられていたことから、当集落の井戸付近で神である蛇を対象とした何らかの祭祀が行われたことが想定でき、『常陸国風土記』の世界を彷彿させるものである。

②大山郷　「大山」と墨書された資料は複数の遺跡で確認されている。つくば市東岡中原遺跡の19号住居跡と、同

「× 陸国」大塚新地遺跡

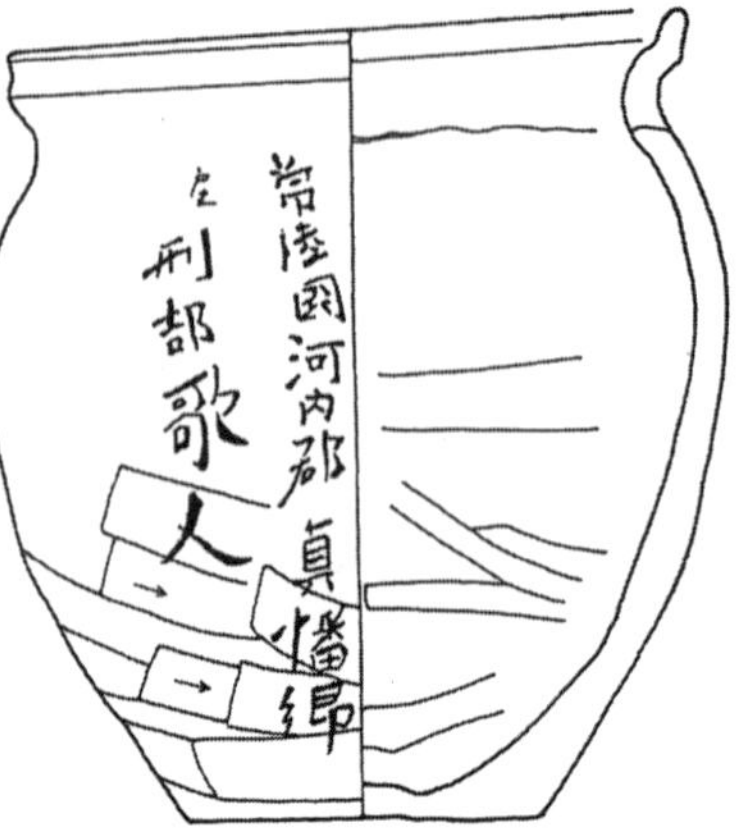

「常陸国」東岡中原遺跡

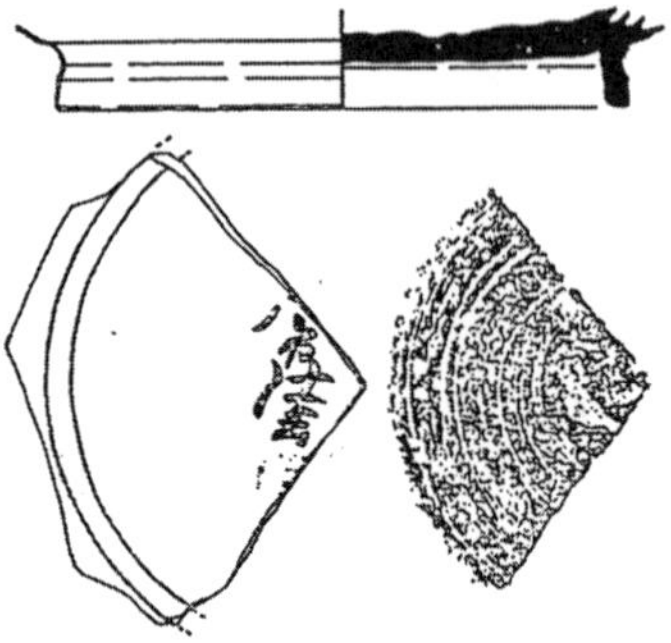

「常陸国」伊治城跡

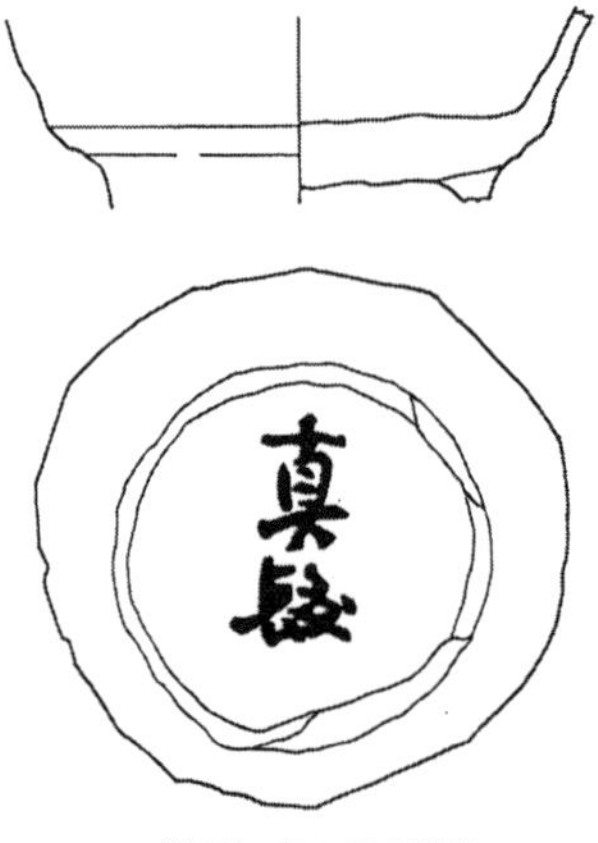

「真髭」鹿の子 C 遺跡

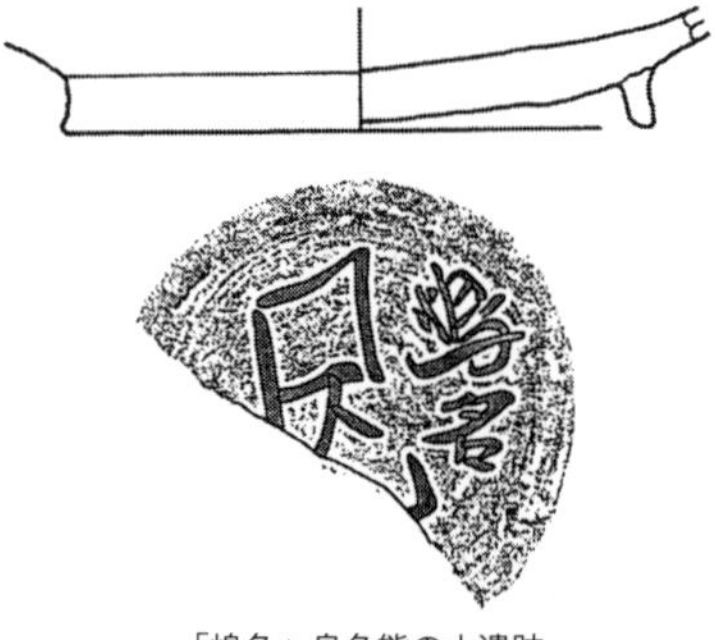

「嶋名」島名熊の山遺跡

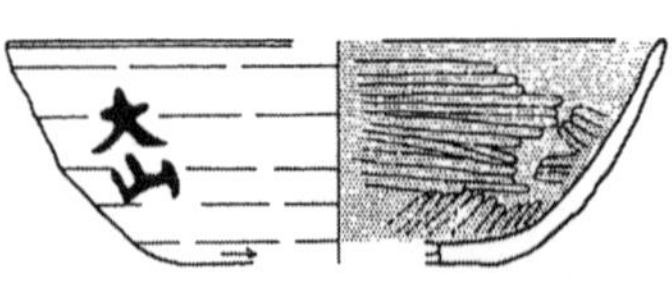

「大山」東岡中原遺跡

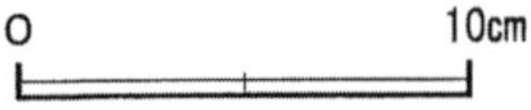


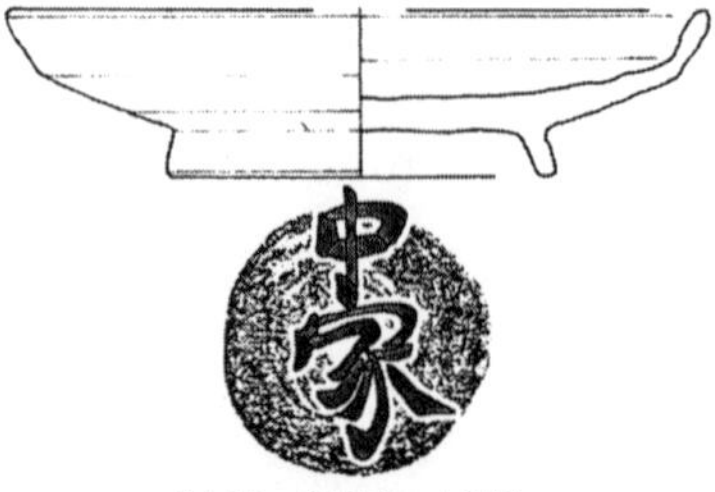

「中家」島名熊の山遺跡

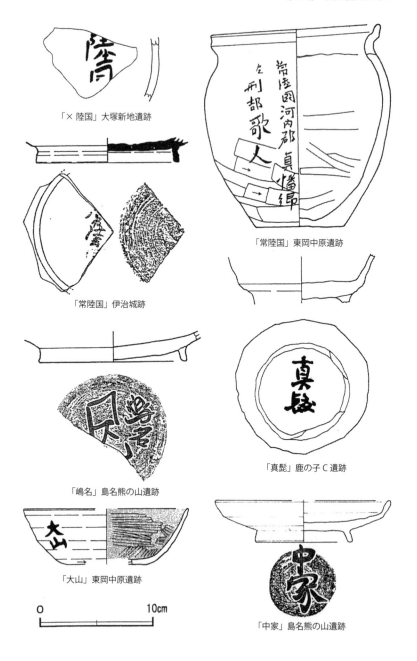

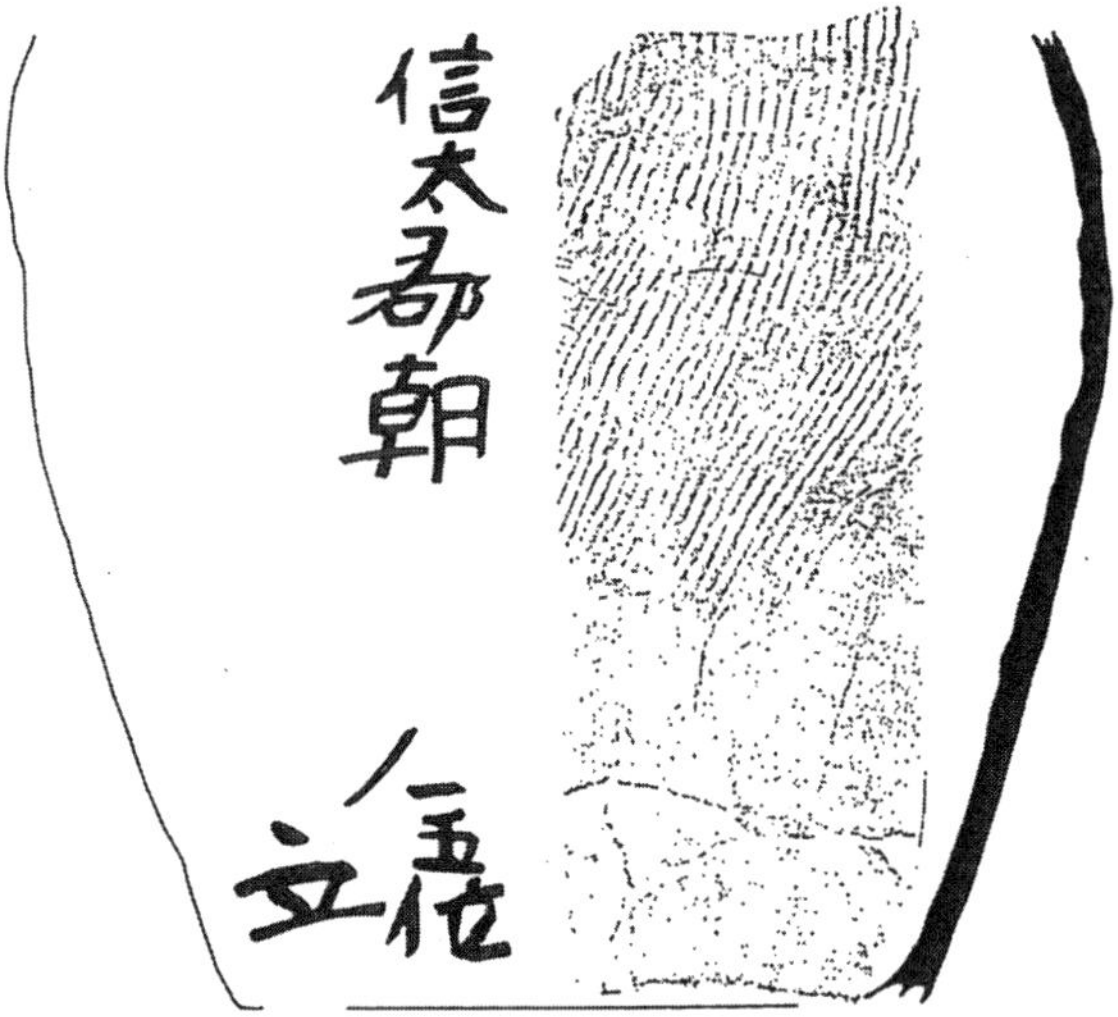

「信太郡朝 ×」屋代 A 遺跡

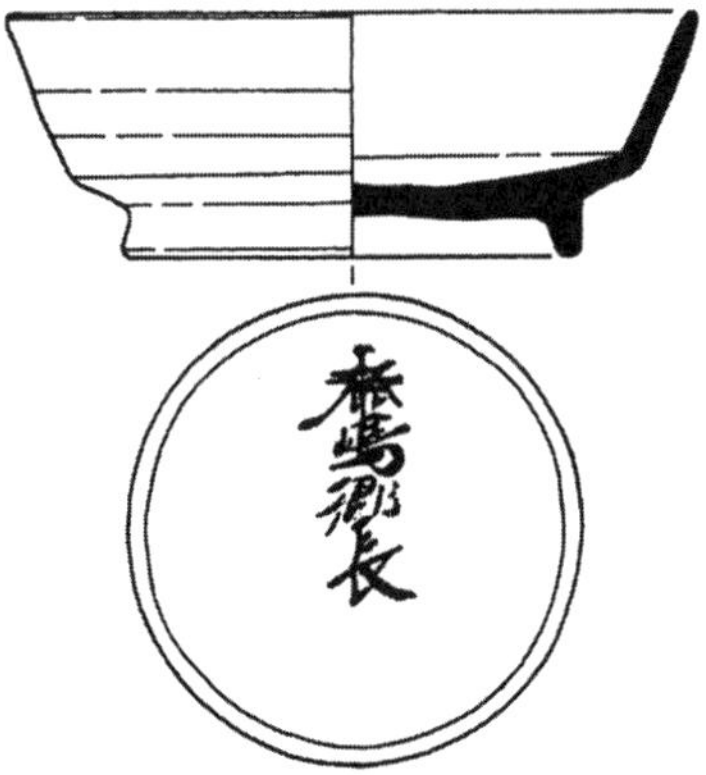

「鹿嶋郷長」厨台遺跡

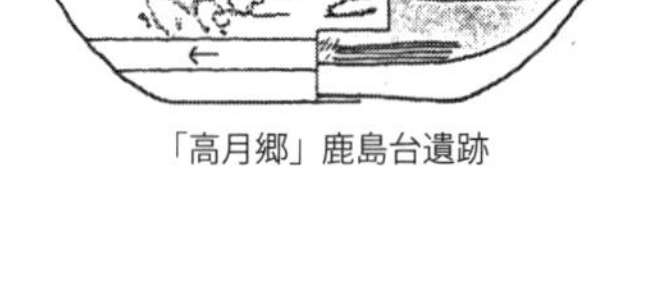

「高月郷」鹿島台遺跡

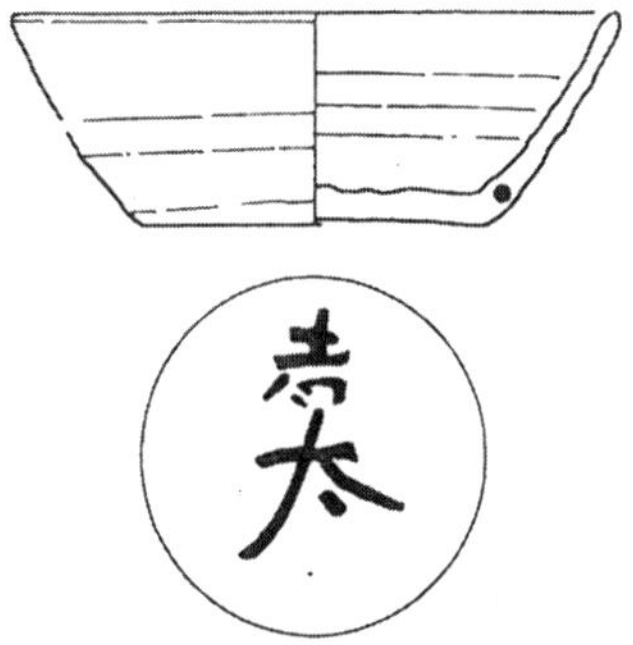

「志太」大作台遺跡

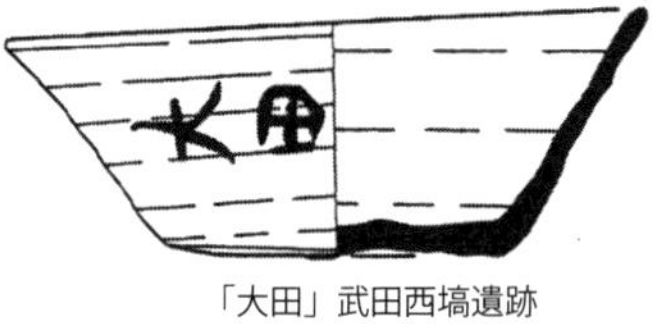

「大田」武田西塙遺跡

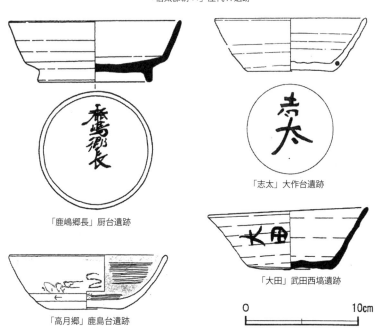

市菟間神田遺跡の148号住居跡出土の資料がある。土器の時期は後者が八世紀後葉、前者が九世紀後葉。大山郷の比定地は両遺跡から約一二キロ南西の現つくばみらい市南太田付近であり、両遺跡は菅田郷に属しているので他郷からの出土になる。ほかに下妻市野方台遺跡65号住居跡、常総市宮原前遺跡25号住居跡、行方市熊ノ平古墳群33号竪穴建物跡でも「大山」と墨書された土器が出土している。土器の時期は前二者が八世紀中葉、熊ノ平古墳群のものが九世紀後葉。ただし、前二者の遺跡の所在地は、古代にあっては隣国の下総国に属しており、特に宮原前遺跡までは約二〇キロと離れているので、河内郡の大山郷を指しているものではない可能性もある。熊ノ平古墳群は約三〇キロ離れた行方郡であり、他郡からの出土である。

**信太郡**　信太郡は十四郷からなり、郡名の他に「朝夷」「高田」「中家」「信太」「阿弥」の郷名が確認できる。

①朝夷郷　龍ケ崎市屋代A遺跡5号住居跡出土の須恵器甕に「信太郡朝□□□従ヵ五位　立」と墨書され、郡名と「朝夷郷」の可能性が高い「朝」まで判読できる。当遺跡の所在地は信太郡の稲敷郷に属していたとみられ、朝夷郷は当遺跡の東側に隣接する郷である。隣接する郷であれば、交流も盛んであったと想定できる。なお、『続日本紀』延暦五年(七八六)の条に「信太郡大領物部志太連大成、私物をもって百姓を救い外従五位下となる」とあり、墨書銘の「従ヵ五位」との関わりも考えられるが、土器の時期は九世紀後葉であるから、直接的な関連はないと思われる。

②高田郷　土浦市うぐいす平遺跡16号住居跡出土の須恵器坏に「高田」と墨書。時期は八世紀後葉。当遺跡の所在地は中家郷に比定され、高田郷は南東約一五キロの現稲敷市福田付近に比定されている。他郷からの出土となる。

③中家郷　数点の資料が確認されている。⑴土浦市念代遺跡6号住居跡出土の須恵器坏底部に墨書されたものは九世紀前葉。当遺跡の所在地は高来郷に比定され、中家郷はその北側約三キロの土浦市下高津付近に比定されている。他郡からの出土。⑵稲敷市神屋遺跡44号住居跡出土の土師器皿体部、⑶神屋遺跡の表土出土の土師器高台付坏底部、ともに時期は九世紀後葉。神屋遺跡の所在地は高田郷に比定され、中家郷は北西に約二四キロ離れている。⑷つくば市島

名熊の山遺跡204号井戸跡出土の須恵器坏底部の資料で、時期は九世紀中葉。⑸同遺跡2号遺物集中地点出土の須恵器坏底部、時期は八世紀後葉。⑹同遺跡2号遺物集中地点出土の須恵器盤体部、時期は九世紀後葉。島名熊の山遺跡は河内郡島名郷にあり、これらの文字が「中家郷」を指しているとすれば他郡からの出土になる。

④志太郷　信太郡あるいは信太郷は、「志太」と記されることもあり、四点みられる。⑴美浦村信太入子ノ台遺跡6号溝及び遺構外出土の土師器高台付坏底部、時期は九世紀後葉。⑵同村大作台遺跡2次調査5号住居跡出土の須恵器坏底部、時期は九世紀前葉。両遺跡とも所在地は信太郷に比定され、郷名を記したものとみられる。⑶土浦市烏山遺跡D56号住居跡出土の土師器坏底部、時期は九世紀後葉。烏山遺跡の所在地は、信太郷から北西へ一四㌔離れた阿弥郷に比定されており、他郷からの出土となる。なお、石岡市鹿の子C遺跡103号住居跡出土の須恵器坏底部に「信太家」と墨書された資料は、信太郡あるいは信太郷から徴発された人物に関わるものと考えられる。

⑤阿弥郷　牛久市ヤツノ上遺跡4号住居跡出土の土師器坏体部に「阿彌厨」の墨書がある。時期は九世紀後葉。阿彌郡家の厨に関わるものだが、ヤツノ上遺跡の所在地は、阿弥郷に隣接する河内郡河内郷に比定されている。この墨書土器が他郡へ持ち出されたと考えることもできるが、この地が本来は信太郡阿弥郷に含まれていた可能性もある。

**茨城郡**　茨城郡は十八郷からなるが、郡名・郷名とみられる資料は「茨城」「生国」「山前」である。茨城郡・茨城郷の墨書銘は、常陸国衙跡の表土から出土した土師器坏体部に「茨□□□」と墨書されているものと鹿の子遺跡2号住居跡出土の土師器高台付皿体部に「茨ヵ」と墨書されたものがある。時期はともに九世紀中葉。

①生国郷　石岡市杉ノ井遺跡18号土坑出土の土師器坏体部に「生□」と墨書されたものに可能性がある。時期は九世紀後葉。杉ノ井遺跡の所在地は茨城郷で、生国郷は北東に接する隣郷である。

②山前郷　常陸国分寺跡の採集瓦に「□□□山前郷山道　新新治□□□部人見」と箆書きされた資料がある。山前郷は茨城郷の北方に隣接する郷で、国分寺へ瓦を貢納した人物の本貫地を記したものである。

**行方郡**　行方郡は十七郷からなるが、郷名の墨書銘は「大生」「井上」「麻生」がある。
①大生郷　稲敷郡阿見町小作遺跡50号住居跡出土の土師器坏体部に「大生」と墨書。時期は九世紀後葉。小作遺跡の所在地は信太郡であるから、郷名であれば他郡からの出土である。
②井上郷　島名熊の山遺跡204号井戸出土の須恵器坏底部・須恵器高台付坏底部、2号不明遺構出土の須恵器坏底部、稲敷市沼田貝塚8号住居跡出土の土師器坏及び20号住居跡出土の土師器皿底部、石岡市常陸国衙跡出土の須恵器蓋天井部、水戸市梶内遺跡60号住居跡出土の土師器坏体部、桜川市辰海道遺跡525号住居跡出土の土師器坏、久慈郡大子町番城内遺跡9号住居跡出土の土師器坏に「井上」と墨書された資料がある。時期は九世紀中葉および後葉で、郷名であれば、いずれも他郡からの出土である。
③麻生郷　石岡市茨城廃寺出土の土師器坏体部、島名熊の山遺跡2号遺物集中地点出土の須恵器高台付坏底部に「麻生」と墨書され、時期は前者が九世紀後葉、後者が八世紀後葉。両者とも他郡からの出土である。

**鹿島郡**　鹿島郡は十八郷からなるが、確認できるのは郡名と「鹿島郷」「宮田郷」「大屋郷」のみである。鹿島郡という郡名は、鹿嶋市神野向遺跡1115号土坑出土の須恵器坏底部に「鹿島郡厨」と墨書されたもので、時期は九世紀中葉。神野向遺跡は鹿島郡衙であるから、郡衙の厨で使用された器であろう。同遺跡ではほかに「鹿厨」と島が省略されたもの十数点、「鹿」が二十数点出土している。また同市厨台遺跡でも須恵器蓋天井部に「□嶋郡」と墨書されたものが出土している。
①鹿島郷　厨台遺跡308号竪穴建物跡出土の須恵器高台付坏に「鹿島郷長」の墨書がある。時期は八世紀後葉。
②宮田郷　那珂郡東海村池ノ上遺跡1号竪穴建物跡出土の土師器高台付坏底面に「宮田」と墨書されている。時期は九世紀後葉。同遺跡の所在地は那賀郡石上郷に比定されることから、他郡からの出土である。
③大屋郷　東茨城郡大洗町千天遺跡包含層出土の須恵器高台付坏底部に「大屋厨」と墨書され、時期は九世紀前

葉。千天遺跡の所在地は大屋郷に比定されることから、郷内からの出土。

**那賀郡**　那賀郡は二二郷からなり、「吉田」「岡田」「大井」「川内」「川部」「全隅」「日下」「志万」「阿波」「石上」「廣島」「武田」「幡田」の郷名が、墨書や篦書あるいは刻印によって確認できる。

①吉田郷　水戸市台渡里廃寺観音堂山地区出土の平瓦に「吉田」と篦書きされている。

②岡田郷　台渡里廃寺及びひたちなか市原ノ寺遺跡出土の平瓦に「岡田」と篦書きされたもので原の寺遺跡では三点確認できる。

③大井郷　つくば市中台遺跡7号住居跡出土の土師器坏体部、東茨城郡城里町藤前遺跡42号住居跡出土の土師器坏内面に「大井」と墨書されている。時期は両者とも九世紀後葉。藤前遺跡の所在地は日下郷に比定されており、大井郷の比定地はその南東部にあたる水戸市上国井周辺である。ほかに台渡里廃寺観音堂山地区出土の須恵器坏体部に「大井」の刻印が押されているもの、ひたちなか市武田石高遺跡3号溝出土の須恵器坏底部、日立市原の内遺跡2号竪穴遺構出土の須恵器蓋天井部に、それぞれ「大井」と篦書きされた資料がある。いずれも他郷からの出土。

④川内郷　水戸市田谷遺跡出土の瓦に「川内郷」と篦書きされている。

⑤川部(邊)郷　台渡里廃寺出土の瓦に「川部」あるいは「川邊」と篦書きされている。

⑥全隅郷　水戸市成沢町遺跡採集の須恵器甕に「全隅郷」と篦書きされている。時期は九世紀。成沢町遺跡の所在地は全隅郷に比定され、郷内からの出土である。また水戸市元石川大谷遺跡5号住居跡出土の土師器皿底部に「全」と墨書された資料があり、「全隅郷」が略されたとみられる。時期は九世紀後葉。元石川大谷遺跡の所在地は、全隅郷の南西約一六キロ離れた吉田郷に比定され、他郷からの出土となる。

⑦日下郷　台渡里廃寺出土の平瓦に「日下」と篦書き。日下郷の比定地は城里町那珂西付近であり、他郷からの出土。

⑧志万郷　東茨城郡茨城町大塚遺跡126号住居跡出土の土師器坏体部に「志万」と墨書。時期は九世紀中葉。大塚遺

跡の所在地は八部郷に比定され、志万郷は北東約一一㌔離れた水戸市島田町付近に比定される。他郷からの出土。
⑨阿波郷　台渡里廃寺と田谷遺跡から出土した平瓦に「阿波郷」と箆書き。両者ともに他郷からの出土。
⑩石上郷　台渡里廃寺出土の軒平瓦に「石上」と箆書き。石上郷の比定地は那珂郡東海村石上外宿付近、他郷からの出土。
⑪廣島郷　水戸市散野遺跡49号住居跡出土の須恵器底部、同市大串遺跡1号溝出土の平瓦に「廣島□」と墨書されている。両遺跡の所在地は芳賀郡に比定され、廣島郷の比定地は北西に約二五㌔離れた城里町錫高野付近である。他郷からの出土。
⑫武田郷　ひたちなか市武田石高遺跡50B号住居跡出土の土師器椀体部に「武田」の墨書がある。時期は十世紀後葉。当遺跡の所在地は武田郷に比定されることから同郷からの出土。
⑬幡田郷　水戸市二の沢B遺跡9号住居跡出土の石製紡錘車に「幡田郷戸主君子部大得麻呂」と本貫地と人名を箆書きされている。時期は九世紀中葉。二の沢B遺跡の所在地は日下郷に比定され、幡田郷の比定地は南東へ約一七㌔離れたひたちなか市部田野付近である。他郷からの出土。
そのほか台渡里廃寺では、「安」「茨」「八」と瓦に箆書されたものが出土している。「安」は安賀郷、「茨」は茨城郷、「八」は八部郷の略とみられ、これらの瓦に墨書されたものは、瓦を貢納した人物の本貫地を記したものである。

**久慈郡**　久慈郡は二一郷からなり、「倭文」「高月」「神前」「大田」「世矢」「佐都」の郷名が、墨書や箆書きによって確認できる。
①倭文郷　鹿の子C遺跡1号連房式竪穴住居跡出土の須恵器蓋天井部に「倭文井上於□」、那珂市下大賀遺跡1号道路跡出土の土師器坏体部に「倭文田長」と墨書され、両者とも氏族名の可能性もある。時期は前者が九世紀前葉、後者が九世紀代。鹿の子C遺跡の所在地は茨城郡であるから、遠く離れた他郡で、下大賀遺跡は同郡である。

②高月郷　ひたちなか市武田西塙遺跡255号住居跡出土の須恵器坏底部内・外面に「高月」、那珂市鹿島台遺跡1号住居跡出土の土師器坏体部に「高月」、2号粘土採掘坑出土の土師器坏体部に「高月郷」と墨書されている。時期は武田西塙遺跡が八世紀後葉、鹿島台遺跡1号住居跡は九世紀後葉、2号粘土採掘坑は九世紀中葉。そのうち鹿島台遺跡の所在地は倭文郷で、同郷からの出土だが、武田西塙遺跡の所在地は那賀郡であるから他郡からの出土である。

③神前郷　常陸太田市長者屋敷遺跡111号ピット出土の土師器皿に「神前」と墨書され、時期は九世紀中頃。同遺跡の所在地は久米郷に比定されているので他郷からの出土。

④大田郷　前述の武田西塙遺跡292A号住居跡、ひたちなか市東中根清水遺跡埋没谷出土の須恵器坏体部、常陸大宮市一騎山遺跡4号住居跡出土の土師器坏体部及び土師器高台付坏体部に「大田」と墨書されている。時期は武田西塙遺跡が九世紀前葉、一騎山遺跡が九世紀後葉。武田西塙遺跡の所在地は那賀郡で、他郡からの出土。一騎山遺跡の所在地は倭文郷に比定されており、大田郷は東へ約九キロ離れた常陸太田市馬場町周辺に比定されている。他郷からの出土。

⑤世矢郷　那珂市北郷C遺跡3号住居跡出土の土師器坏体部に「世」と墨書され、「世矢」の略と考えられる。時期は九世紀後葉。北郷C遺跡の所在地は神前郷に比定されている。他郷からの出土。

⑥佐都郷　常陸太田市外ノ内遺跡採集の土師器蓋天井部に「佐都　中」と墨書され、時期は九世紀代。外ノ内遺跡の所在地は多珂郡道口郷に比定されている。他郡からの出土。

**多珂郡**　多珂郡は八郷からなるが、郷名等が確認のは、「助川」のみである。「助川」は、行方市小牧出津平遺跡111号住居跡出土の土師器坏に墨書されている。他郡からの出土。

## 2　漆紙文書と木簡資料

次に、石岡市鹿の子C遺跡から出土した漆紙文書と県内外の出土木簡に見られる常陸国の地名に触れておきたい。

鹿の子C遺跡は、奈良時代の常陸国衙に付属する工房跡で、漆容器の蓋に利用された「漆紙文書」が多量に出土した。常陸国の地名が記された文書は三点ある。

①42号竪穴住居跡出土の27号文書　新治郡に関わる検田関係文書で、文書中に「河曲郷占部刀良作田」とある。「河曲郷」は『和名類聚抄』にはみえないが、『和名類聚抄』に記された巡廻郷に当たると考えられており、『続日本紀』神護景雲二年の条に「常陸国新治郡川曲郷」とみえる。川曲郷は、現在の結城郡八千代町北東部及び下妻市北西部から筑西市南西部の地域に比定されている。

この27号文書には郷名ではないが、谷俣田・野依田・石田・迫里・真野里・中曽祢里・片山田・竹依田・嶋田里・槻生里・葦原里・岡田・西相尼里・草刈田など、自然地形と関わりのある地名が記されている。

②80号竪穴住居跡出土の145号文書　籍帳とみられ、「□珂□(郡ヵ)」と「□(新ヵ)□(居ヵ)郷」と記す。「□珂□(郡ヵ)」は多珂郡、「□(新ヵ)□(居ヵ)郷」は新居郷と考えられる。新居郷は多珂郡と鹿島郡にあるが、多珂郡であろう。

③158号竪穴住居跡出土の221号文書　鍛冶や漆塗作業に関わる諸種の匠丁の歴名簿と考えられている。文書には「朝妻郷」「広嶋郷」「八部郷」「岡田□」が記される。いずれも那賀郡の郷名で、このうち広嶋郷は、『和名類聚抄』高山寺本には「広嶋」とあるのに、刊本では「鹿島」とされているので、従来鹿島郷とみられてきた。この文書によって「広嶋郷」が正しいことが裏づけられた。

なお、158号住居跡出土の223号文書に「□伎郷」とみえるが、常陸国の郷名に該当のものはない。

木簡にみられる郷名には、筑西市栗島遺跡1号流路跡出土の1号木簡に「伊佐郷」と記す資料がある。木簡の内容は、国衙あるいは郡衙に納められた春米の量が記載された帳簿である。木簡の詳細な時期は不明であるが、八世紀代の可能性が高い。栗島遺跡の所在地は、新治郡伊佐郷に比定されているので、郷内からの出土である。ほかに、遠く離れた静岡市曲金遺跡から「常陸国鹿嶋郡□」と記された木簡が出土している。

以上、墨書土器などに残された『常陸国風土記』と『和名類聚抄』に記載されている地名を紹介してきたが、『和名類聚抄』等の文献に見えない地名も確認することができるので、最後に紹介しておく。

つくば市柴崎遺跡207号住居跡出土の須恵器坏体部に「大垣郷」と記されている。時期は九世紀中葉。柴崎遺跡の所在地は河内郡だが、河内郡以外の常陸国内に大垣郷は認められない。

さらに郷名ではなく、里名とみられる資料もいくつか確認できる。稲敷市柏木古墳群出土の「柏木」、茨城町上石崎向遺跡出土の「向」、常陸太田市日向遺跡出土の「日奈田」である。これらは現存する小字である。ほかに桜川市辰海道遺跡出土の「飯岡」、行方市炭焼遺跡出土の「山田」、鹿嶋市鍛冶台遺跡出土の「方野」は、遺跡所在地の近辺に現存する地名である。先述した台渡里廃寺では、「小川里」「大田里」「丈部里」「先妻里」、水戸市南台遺跡では「石前里」と記された資料が出土しており、郷名以外の地名も確認できる。

以上、墨書・篦書に見られる常陸国の郡名及び郷名の可能性があるものを紹介してきた。資料のすべてが郷名とは限らないが、島名熊の山遺跡や信太入子ノ台遺跡など、一部に同郡、同郷のものも見られるが、その大半は他郡あるいは他郷からの出土であることは明らかである。このことは、東岡中原遺跡出土の土師器甕に記された「河内郡真幡郷刑部歌人」に見られるように、交易や婚姻あるいは村落から逃亡し、戸籍から離れた浪人など何らかの理由によって他郡・他郷に赴き、その地で病にかかって治癒を願うなどの必要性が生じ、その人の本貫地が記された可能性がある。また文献にみられない地名も多数確認できる出土文字資料は、常陸国の古代社会の解明に資することは周知の事実であろう。

コラムという性格上、引用文献は不記載としました。ご容赦下さい。

挿図出典
大塚新地遺跡「大塚新地遺跡出土の墨書土器」『免玖波』
伊治城跡『伊治城跡Ⅱ』宮城県多賀城跡調査研究所
東岡中原遺跡『中根・金田台特定土地区画整理事業地内埋蔵文化財調査報告書Ⅱ―中原遺跡跡―』茨城県教育財団
鹿の子C遺跡「常磐自動車道関係埋蔵文化財調査報告書2―鹿の子C遺跡」茨城県教育財団
島名熊の山遺跡『島名熊の山遺跡XⅨ』茨城県教育財団
屋代A遺跡「龍ケ崎ニュータウン内埋蔵文化財調査報告書6―屋代A遺跡―」茨城県教育財団
大作台遺跡『大作台遺跡―第Ⅰ～Ⅲ次発掘調査報告書』美浦村教育委員会
厨台遺跡『鹿島神宮北部埋蔵文化財調査報告XⅨ―土地区画整理事業に伴う発掘調査LR9（厨台遺跡群片野地区）―』
武田西塙遺跡『武田西塙遺跡―奈良・平安時代編―』ひたちなか市文化・スポーツ振興公社
鹿島台遺跡『鹿島台遺跡・保土通遺跡』茨城県教育財団

# 執筆者一覧

阿久津久　奥付上掲載

田中　裕（たなか ゆたか）　一九六八年生まれ、茨城大学人文社会科学部教授。［主な著書論文］『古代国家形成期の社会と交通』（同成社）、『続常陸の古墳群』（編著・六一書房）、「古墳時代前期の列島東部と「豪族居館」―交換のための実利を伴う儀礼・祭祀という観点から―」（『日本考古学の論点』下、雄山閣）

笹生　衛（さそう まもる）　一九六一年生まれ、國學院大學神道文化学部教授。［主な著書］『日本古代の祭祀考古学』（吉川弘文館）、『神と死者の考古学』（吉川弘文館）、『まつりと神々の古代』（吉川弘文館）

田中広明　奥付上掲載

片平雅俊（かたひら まさとし）　一九六一年生まれ、日立市都市建設部道路管理課。［主な著書論文］「茨城県での初期馬具の事例・行方市（旧麻生町）城口遺跡」（『茨城県考古学協会誌』第三三号）、「茨城県における馬具出土古墳の様相」（『第22回東北・関東前方後円墳研究会大会《シンポジウム》馬具副葬古墳の諸問題　発表要旨資料』東北・関東前方後円墳研究会）、「駅路が存在―日立市域における復元路線の提示と若干の問題提起―」（『茨城県考古学協会誌』第二五号）

本田　勉（ほんだ つとむ）　一九五三年生まれ、茨城県埋蔵文化財指導員。［主な著書論文］「鹿島の郡家」（『風土記の考古学1　常陸国風土記の巻』同成社）、「常陸国鹿島郡家」（『東国の古代官衙』高志書院）

石橋美和子（いしばし みわこ）　一九七一年生まれ、公益財団法人鹿嶋市文化スポーツ振興事業団 鹿嶋市どきどきセンター センター長。［主な著書論文］「鹿島神郡における神戸の集落」（椙山林継先生古稀記念論集刊行会『日本基層文化論叢』雄山閣）、「宮中野古墳群と大生古墳群」（『季刊古代文化』第七二巻、古代学協会）、『史跡鹿島神宮境内附郡家跡確認調査報告書』鹿嶋市の文化財第一七三集（共著・鹿嶋市教育委員会）

新垣清貴（あらがき きよたか）　一九七八年生まれ、水戸市教育委員会。［主な著書論文］「神野向遺跡正倉院採集の瓦について」（『茨城県考古学協会誌』第一八号）、「古代常陸国鹿島郡の瓦生産について」（『利根川』三三）

小林佳南子（こばやし かなこ）　一九八八年生まれ、日立市広報戦略課（元日立市郷土博物館）。［主な著書論文］「後期古墳群と横穴墓の排他性―茨城県における事例研究の試み―」（『日立市郷土博物館紀要』9）

森下松壽（もりした しょうじ）　一九五〇年生まれ、鹿嶋市文化財保護審議会委員。［主な著書論文］『常陸国一之宮鹿島神宮の研究』（茨城新聞社）、「鹿島神郡の研究」（『常総台地』）、「鹿島神宮の成立に関する一考察1」（『茨城県考古学協会誌』）、「鹿島信仰」（『鹿島史叢』）

猪狩俊哉（いがり しゅんや）　一九七九年生まれ、日立市郷土博物館。［主な著書論文］「東国北縁の国界―菊多剗の所在―」（『古代の坂と堺』高志書院）、「『常陸国風土記』にみる道と駅家―茨城県内の発掘調査事例を中心に―」（『日立市郷土博物館　紀要』14）、

「問題提起3　日立市長者山遺跡と駅家推定遺跡に係る諸課題」（『地方史研究』第70巻第4号）

皆川貴之（みながわ たかゆき）　一九九一年生まれ、公益財団法人茨城県教育財団。［主な論文］「渡来系の瓦塼について」（『瓦から読み解く古代社会の諸相　基礎資料の集成と分析から』茨城県考古学協会）、「久慈郡の様相」（同上）

川井正一（かわい しょういち）　一九四六年生まれ、関東文化財振興会顧問。［主な著書論文］『茨城県史料　考古資料編　奈良・平安時代』（共著・茨城県）、「常陸国」（『日本古代道路事典』八木書店）、「茨城県域における文字資料集成1～21」（『研究ノート』茨城県教育財団）

【編者略歴】
阿久津 久（あくつ ひさし）
1942年生まれ、常総古文化研究所 顧問
［主な著書論文］
「国衙工房にみる鉄器生産について―鹿の子C遺跡を中心として―」（『茨城県立歴史館報』17）、「常陸の後期古墳の様相」（『国立歴史民俗博物館研究報告』44集）、「前近代における鉄山師の系譜―水戸藩内における砂鉄試吹のこと―」（『茨城県立歴史館館報』24）

田中 広明（たなか ひろあき）
1962年生まれ、公益財団法人埼玉県埋蔵文化財調査事業団 元調査部長　博士（文学〈歴史学〉・國學院大学）
［主な著書論文］
『古代の官人と地方の豪族』（柏書房）、『国司の館』（学生社）、『豪族のくらし』（すいれん舎）、「弘仁地震の被害と復興、そして教訓」『地殻災害の軽減と学術・教育』（日本学術協力財団）、「東北地方北部出土の石帯とその背景」『尾駮の駒・牧の背景を探る』（六一書房）

古代東国の考古学8
古代東国と風土記

2025年2月10日第1刷発行

編　者　阿久津久・田中広明
発行者　濱　久年
発行所　高志書院
〒101-0051 東京都千代田区神田神保町2-28-201
TEL03(5275)5591　FAX03(5275)5592
振替口座　00140-5-170436
http://www.koshi-s.jp

印刷・製本／亜細亜印刷株式会社

Printed in Japan ISBN978-4-86215-254-1